“美国病”与时代的变迁

王嵎生◎著

世界知识出版社

图书在版编目（CIP）数据

“美国病”与时代的变迁 / 王嵎生著. —北京：世界知识出版社，2015.1
ISBN 978-7-5012-4837-7

Ⅰ.①美… Ⅱ.①王… Ⅲ.①国际问题—文集
Ⅳ.①D815-3

中国版本图书馆CIP数据核字（2014）第310960号

责任编辑 胡孝文
责任出版 赵 玥
责任校对 陈可望

书 名 “美国病”与时代的变迁
“Meiguobing” Yu Shidai de Bianqian

作 者 王嵎生 著

出版发行 世界知识出版社
地址邮编 北京市东城区干面胡同51号（100010）
网 址 www.wap1934.com
电 话 010-65265923（发行） 010-85119023（邮购）
经 销 新华书店
印 刷 北京京科印刷有限公司
开本印张 720×1020毫米 1/16 23¼印张
字 数 400千字
版次印次 2015年1月第一版 2015年1月第一次印刷
标准书号 ISBN 978-7-5012-4837-7
定 价 48.80元

目 录

第一部分 “美国病”与时代的变迁

“美国病”与时代的变迁……3
奥巴马这么说，信不信由你……7
送给奥巴马一点小小的礼物……12
“无畏的勇气”和严酷的现实……14
“奥巴马主义”有待新的洗礼……16
奥巴马外交新政初露端倪……18
希拉里的外交“处女作”……20
希拉里说“美国回来了”！……22
希拉里这句话值得品味……23
希拉里“与时俱进”和美国梦……25
希拉里女士的“自信”与心虚……27
希拉里情不自禁露峥嵘……29
希拉里女士说得多么轻松！……30
美国应丢掉幻想，给自己找一个新的定位……32
奥巴马“外交新政”一年来价值几何……34
奥巴马身上的基因和危机感……36
奥巴马也打错了算盘……37
奥巴马真的在乎达赖吗……40
昔日“铁杆”今何在？……42
先贤遗训岂能忘怀……43

最珍贵的礼品……44
“自由女神”何以愁绪满怀……46
克林顿闪电访朝，醉翁之意不在“酒”……48
“特赦记者外交”和“克林顿效应”……50
希尔数落小泉，有意思！……53
兰德公司朋友言之有理……54
冷战思维冲昏了头脑……56
美国大使“两头不讨好”……57
美国心目中的“十字路口”国家……58
发人深思的幽默与讽刺……60
美国军火商快乐的春天……62
美国全球品牌谁说了算……64
美国对日本的鼓励、敲打与期盼……66
布什政府何处觅“灵丹”……67
好一个“旁观者”……68
失之毫厘，谬之千里……70
美国需要一个什么样的俄罗斯……72
是领袖还是孤家寡人？……74
数字说话，现实无情……75
美国政坛三大元老指迷津……76
赖斯看错了风向标……78
叫人如何羡慕它……79
亡羊补牢，未为晚也……80
都是“钱先生”惹的祸……83
谁是美国金融系统的太上皇……85
“要平衡”？“怕平衡”？……87
揭开拿“虎妈”说事的面纱……89
哪一个才是真正的希拉里？……91
拜登“魅力攻势”价值几何？……93
美国“十年反恐”的爱恨情仇……94

“亚洲减一”和“隐形同盟”是什么货色......96
美国的“太平洋世纪”？......98
美国战略重心东移和对中国两面下注......101
无可奈何要合作 情不自禁想遏制......104
美国战略重点东移的四大诉求......107
美国似“项羽”，中国非“刘邦”......109
美日“异梦之床”，岂能圆“鸳鸯好梦”......110
中美建立新型大国关系可能吗......112
奥巴马并非完全“换卿不换药”......115
美国会错失第三次战略机遇期吗？......117
美国的太平洋梦和日本梦......120
美国编排的“探戈舞”不好跳......122
美国会“享受相对衰落”吗？......124
美国何去何从？......127
美国应学会“享受合作”......130
美国何不痛饮一杯“清醒酒”？......132
美国“老大”，好好走路别摔了！......134
美国怎么办？......136
“徐娘半老”的G7尚存多少诱人姿色？......138

第二部分 国际形势与中国外交

“时代变迁”的四大征兆和中国外交面临的新课题......143
中国最新的外交实践与追求......150
千万莫被“忽悠”了......154
新中国外交“软实力”可圈可点......156
“中国因素”和奥运主题歌......158
关于“中美二重唱”一些问题的思考......160
中国会在一片颂歌中迷茫吗......162
坚持“韬光养晦”战略，增强“有所作为”意识......164

"单极稳定论"可以休矣……172
又闻"无极世界危险"声……175
萨科齐总统说错了吗……177
"大巫"与"小巫"……179
中国无需"杀出重围"……182
谨防挑拨离间……184
新兴大国组合和"金砖四国"……186
中美日三边关系新趋势……188
关于"东亚共同体"和美日因素……190
中美关系好比电视剧"金婚"吗?……194
中日"应为良马勿为虎"……198
中美经贸惠及美国千家万户……202
中印关系大局与时代的呼唤……203
中国金融闪现喜人的亮点……206
这不是"傲慢与悲情"的碰撞……207
中美关系何以解忧?……208
中国外交新政更上一层楼……211
"命运共同体"PK"价值观外交"……213
跨越太平洋的第二次握手……215
捍卫钓鱼岛:中国的双重权利和义务……217
关于中美关系一些战略性问题的探讨……219
以柔克刚　釜底抽薪　先礼后兵……228
对世纪之交国际形势的一些看法……231
美国三大错误战略部署……236
不是G2,胜似G2……241
"上海精神"是新时代的"照妖镜"……243
"3+1"一定大于"2"吗?……245
和平共处五项原则是"持续发光的金子"……247
中国外交的传承、发展与创新……249
2014年——中国外交创新发展的开局之年……251

第三部分 俄罗斯“牛”了吗？

俄罗斯“牛”了吗？......255
俄罗斯新总统的“第一把火”......257
布什普京“情未了，怨难消”......259
普京总统的妙棋与“甜酒”......261
普京总统的话意味深长......263
普京总统话里有话......264
普京总统言之有理......265
民主、土豆和速溶咖啡......267
美式“冲动”遇到俄式“韬光养晦”......269
戈尔巴乔夫痛批布什总统......271
戈尔巴乔夫“批判的礼物”......273
戈尔巴乔夫的反思与现实意义......275
避免冷战，“促和”为上......277
普京要归来兮，美倍感失落......279

第四部分 周边与国际组织

日本“醉翁”意欲何为......283
日本孤家寡人态度发人深思......285
日本拉“山头”的天真和轻狂......286
日本媒体恼羞成怒了......288
日本一些媒体忧从何来......289
日本右翼媒体：念念不忘为哪般？......291
乐闻日本智囊的务实建议......292
日本右翼媒体说了真话......294
福田参观孔子故乡引起的思考......295
安倍最想什么？最怕什么？......296

安倍不知天高地厚......298
“中国牌”不好打......299
澳新总理新外交，新在何处？......301
陆克文“外交新政”意味深长......302
中印关系大局与时代的呼唤......304
中印关系：说句公道话......307
中印向着新型大国关系迈进......309
印度对美日宣传说“不”......311
“印度梦”与“亚洲梦”血肉相连......313
“印度梦”和“日本梦”相通乎？......315
巴基斯坦政局和“美国因素”......317
千万不要自乱阵脚......319
“金砖四国”牵动着时代的脉搏......320
是金子总是要发光的......324
金砖国家“十年磨一剑”......326
“金风”送爽适时流......328
发展中国家的兴起与时代的变迁......330
“金砖四国”合作:我们时代的“亮点”......337
卡恩的“风流债”和“政治美誉”......339
G20生命力有赖于顺应时代诉求......341
G7需要新思维和新定位......343
乌克兰民众要亲手培植自己的鲜花......345
“西风”吹不活乌克兰的“玫瑰”......346
“文明冲突论”可以休矣......348
“全球治理”呼唤G20新型国际关系......350
金融危机形势逼人　国际格局不改不行......352
中国对APEC的贡献和影响......354
APEC战略成果与时代的变迁......357

编者后记......359

第一部分

“美国病”与时代的变迁

“美国病”与时代的变迁

最近，国际上流传着这样一首顺口溜：

“美国病了，欧洲老了，俄罗斯牛了，中国醒了——起来了！”

当然，这并没有全面反映当前世界各个大国的现状及其相互关系，但从其“调侃”中，人们还是可以看出一些大国的处境和动向，特别是“美国病”和我们时代的变迁。

一个时期以来，美国一些知名的专家学者，包括新保守主义理想家们和新现实主义派，忧心忡忡，纷纷议论当前国际形势的变化和美国的处境，为“美国病”寻病因，探出路，出谋划策。

他们有些观点是比较接近的，那就是承认美国“一超独霸”的辉煌已是“明日黄花”，美国在全球的领导地位正在衰落，单边主义再也行不通了。但他们对产生这种局面的“病因”和治疗前景，在很多方面意见相左，甚至大相径庭。

有些人认为，“病因”主要是布什政府奉行了“扩张性甚至侵略性的全球政策”，企图“按照自己的价值观塑造世界”；布什要努力实现“美国统治下的世界和平”并没有什么错误，这是美国的“历史使命”。但布什太倚重于“硬实力”，轻率发动伊拉克战争，以至造成如今这种难以收拾的局面，81%的美国民众都认为路线错了。

也有些人认为，“病因”主要是“反恐”扩大化和以“反恐”划线（说什么“不是站在美国一边，就是站在恐怖主义一边”），把“宝”几乎全压在这方面了。结果让中俄印等潜在对手“钻了空子”，趁机发展壮大起来，开始挑战美国的权威。结果，把好端端一个“美国一统天下的时代”让位于美国不得不与之“分享权力的时代”。

还有些人强调，“病因”一是美国的手“伸得太长了”，顾此失彼；二是随意挥舞制裁大棒，到处树敌；三是奉行双重标准，丧失人心。结果被动挨骂，成了孤家寡人。

更有些人认为，“病因”主要是“我们生活的这个时代变了”。实际情况“并不是美国变弱了，而是其他许多实体变强了”；“与其说是美国的衰落，不如说是印度、中国、海湾国家以及其他重要力量的兴起”，这些国家的兴起，正在改变着国际力量对比。美国现行的错误政策，只不过是我们时代变迁的一种“催化剂”而已；布什总统我行我素，一意孤行，只是进一步“加速了美国影响力的衰落”。

由于对美国“病因”诊断不同，“药方”当然也很不一样。

一、以罗伯特·卡根为代表的美国新保守主义理想家们认为，“民主政府和专制政府之间的全球竞争将成为21世纪的主要特点”，世界将再次被一场大规模的两极意识形态斗争所撕裂。鉴于中国和俄罗斯是这个“专制制度”体系的旗手，美国应未雨绸缪，筹组“民主国家同盟”来对付它们。

二、以美国众议院前议长纽特·金里奇为代表的新保守主义理想家们认为，当前有“五大战略威胁”正在逼近美国，其中首当其冲的是中国，其次是俄罗斯和伊斯兰“狂热势力”，以及“失败国家”对大规模杀伤性武器的图谋等。美国必须把挫败这些威胁作为国际战略和政策的出发点。

三、以《新闻周刊》国际版主编法里德·扎卡里亚和著名学者弗朗西斯·福山（他自称是经过反思从“新保守主义理想家们”阵营“变节”出来的）为代表的一些人认为，现在世道变了，“全球化所释放的力量正在形成一个使美国受到更多制约的世界”，“多极化体系已经出现，这正是主宰今天这个世界的现实”。美国“须有自知之明”，“最好是学着如何顺势而为，别总以为它可以阻挡潮流”。他们还认为，今天的新兴强国（主要指中国和印度）都相对温和，同历史上帝国的崛起不一样；俄罗斯也和“历史上的侵略者”没法比；伊斯兰狂热分子只是13亿穆斯林的极小部分，成不了气候。美国不应用冷战思维来观察和处理问题，夸大它们的威胁。美国“需要更有想象力的多边主义”，并让这些新兴大国成为国际规则中“利益攸关”的合作者。

四、还有一个“巧实力战略”处方。美国国际战略研究中心发表的一份报告声称，“能通过对外战略转型，帮助美国摆脱当前困境、重振全球领导地位”。这个报告的牵头人一个是前副国务卿阿米蒂奇，一个是前国防部副部长约瑟夫·奈，是跨党派的。他们提出，美国应该采取一种“更聪明的战略”，从“硬实力”阶段，“软实力”时期，进化到“巧实力”以取胜，从而“提高美国国际行动的合法性，巩固美国的全球领导地位”。这个药方强调要处理好几对矛盾，特别是软实力和硬实力的平衡，意识形态和现实利益的平衡。目的是“修正目前走偏了的外交政策路线”，摆脱顾此失彼的被动局面，重振美国的霸主地位。这个药方给的一个“药引”是：美国要表现得“更加宽容”，要投资世界的善事，要提供他国人民和政府需要、“但没有美国的领导就无法得到的东西”。一句话，就是奉劝美国要做一个“仁慈的霸主”。

很显然，上述前两付药方是“冷战思维”的产物。如果美国政府采用，无异于饮鸩止渴，既会破坏世界和平与发展大局，给人类带来更多和更大的灾难，也将加速美国霸权地位的衰落。后面的两付药方，都有些可取之处，在一定程度和意义上，有利于缓和国际局势，也有利于改进美国在国际上的形象和地位。但遗憾的是，这两个药方都念念不忘维护美国在国际上的“领导地位”，好像这个地球没有美国领导就不能转了，天下就要大乱了。因此，只能治标，不能治本。

那么，当前的“美国病”究竟应该如何诊治呢？

杜鲁门总统早在1945年联合国成立时就当众告诫说，今后，不论美国多么强大，在任何情况下，都不可以为所欲为。杰斐逊总统也有遗训告诫说，不要试图将美国的价值观强加给其他国家，盲目地卷入海外事务。他强调“战争是要努力避免的最大邪恶”，它“既是对受害者的惩罚，也是对惩罚者的惩罚”。当年“冷战”的始作俑者、美国外交元老乔治·凯南生前也曾以切身的体会奉劝美国政府，“最好把对领导世界的可能性的梦想和愿望缩小一点”，“这个星球绝不会由任何一个单独的政治中心来统治”，“不论美元还是刺刀都不能保证成功”。

“温故而知新。”如果美国的专家学者能重温一下美国先贤的这些遗训，他们兴许能开出更好的药方：

首先，必须看清，我们时代的变迁是客观存在的，是不依人们意志为转移的。近20年来，发展中国家大面积的兴起正在改变着国际力量对比。它们不是要求重新瓜分势力范围，而是要求公平、公正和平等的伙伴关系，要求和平发展。

第二，必须放弃“美国统治下的世界和平”这一不切实际的图谋，以及与之相伴的所谓“普世价值观”，同时坚决摒弃“冷战思维”这一味毒药，尊重发展模式多样化和国际关系民主化，采取“合作共赢”和“平等相待”的方针。

第三，发挥自己在高科技和创新等诸多领域的优势（包括在价值观方面某些可取的好东西），联合新兴国家，扶助弱小，做一个“好善乐施的强国”，共同应对恐怖主义等非传统领域的挑战，共创一个清洁与和谐的世界。这样，在笔者看来，在一个很长的历史时期，美国仍将是我们这个世界一流的强国，甚至是我们时代的骄傲，而且受人尊重和爱戴。果如此，诚乃美国之幸，亦世界之幸也！

2008年6月24日中国日报网

奥巴马这么说，信不信由你

美国当选总统奥巴马即将走马上任。目前看来，这是美国人心所向，也是布什总统8年洋洋大观的“政绩”送给奥巴马的一份“礼物”。当前，美国国内对奥巴马普遍寄予厚望，国际上也有不同程度的期盼。关心国际事务的人们都在研究和观察他的一言一行，并希望从中看出他当政后的政策动向。笔者最近偶然买到一本奥巴马亲笔自传：“无畏的希望”（*The Audacity of Hope*），阅读之后觉得其中某些表述和理念颇有参考价值。现摘录一些段落以飨读者。

一、关于母亲的影响和（自认为）妻子的评价

一到复活节和圣诞节，母亲就会拉我去教堂，就像她带我去参观佛教庙宇、中国新年庆典、靖国神社以及古老的夏威夷墓地一样……宗教是一种现象，对待宗教需要适当尊敬，但也需要适度超然。

我母亲直到去世前都很自豪地以一个顽固的自由主义分子自居。尤其是民权运动，激发了她深沉的敬意；无论如何，只要有机会，她就会给年幼的我灌输她心中的价值观：宽容，平等，帮助社会中的弱势群体。

（我的妻子）米歇尔也许从我身上看到了一种甘冒风险、锐意创新、开拓未知国度的生活——一种她过去从未有过的境界。

二、关于伊拉克战争和国内政治分裂

游离在（我们城市）上空的阴影是这样一个不可改变的事实：华盛顿被分裂，自第二次世界大战结束至今，这种政治上的分裂愈演愈烈。（首先是）出兵伊拉克……（这种）现状是极端保守主义的自然结果，或者说刚愎自用的自由主义的必然结果。

（我在一次反战集会上曾）质疑政府是否持有证据表明伊拉克拥有大规模杀伤性武器；（认为）入侵伊拉克恐怕是代价惨重的错误。

我不是对所有战争都持反对意见。但我不支持“一场哑巴的战争，一场轻

率的战争，一场未经论证而凭一时冲动，不是出于道义而是基于政治利益发动的战争”……如果没有明确的原因，没有国际社会的大力支持，入侵伊拉克只会煽动中东国家的抵触情绪，使阿拉伯世界在冲动下出现最坏的，而不是最好的想法，并让基地组织武装力量征募到更多追随者。

尽管我反对伊拉克战争，但我并未呼吁从伊拉克完全撤军……我担心仓促撤军会导致伊拉克全面内战，而且很可能扩大至整个中东地区的冲突。

三、关于战争和实用主义

（在一次谈到林肯和南北战争时，他说）奴隶们付出的鲜血提醒我们，实用主义有时会让我们成为道德的懦夫……只有正视可能要付出的巨大代价，我们才能追求自己那些绝对的真理。

战争是残酷的，但在一定条件下却是最正确的选择。

四、关于国际事务、价值观和美国“天命扩张论”

（美国历史上一些领导人主张的）“天命扩张论”带来的还有血腥的武力征服……与奴隶制一样，这种征服与美国建国的基本原则背道而驰……它的本质是一种原始力量的使用，体现了弱肉强食的丛林法则。

我们（美国）从未追求过欧洲国家那种系统的殖民统治，但对于我们认为具有战略意义的国家，往往毫无顾忌地干涉其它国家事务。就像西奥多·罗斯福为“门罗宣言”加上的那个推论：美国将干涉任何看不顺眼的拉丁美洲或加勒比海国家的事务。“对于是否将在世界上扮演重要角色，美国别无选择，”他（罗斯福）指出，“我们必须扮演重要角色。我们能决定的是，是否要把这个角色扮演好。”

面对苏联的巨大威胁，以及共产党领导的其它国家带来的冲击，美国的决策者开始以冷战的视角看待世界上任何地方的民族运动、种族抗争、改革成果和左倾政策——他们觉得这些潜在的威胁比我们立志追求的自由和民主重要得多。几十年来，我们容忍了、甚至帮助了像蒙博托这样的强盗，像诺列加这样的暴徒，只要他们打着反对共产主义的旗号。

里根的“邪恶帝国”如今变成了“邪恶轴心”。西奥多·罗斯福宣扬的门罗主义——对于我们看不顺眼的政府，可以采取先发制人的策略将其推翻——如今变成了布什主义，只是范围从西半球扩大到了全世界。昭昭天命的说法又重新流行。

（如今9·11事件和苏联解体已很多年，）但美国仍然缺少一套条理清晰的国家安全政策……我们在伊朗的目标是改变伊朗政府，废除伊朗核武器发展能力，还是防止核扩散，或三者都要兼顾？是不是只要有镇压人民的专制政权存在，我们就要使用武力？我们如何对待那些经济上自由而政治上集中的国家？我们是否应通过联合国解决所有问题，还是只有当联合国认可我们的决定时，我们才通过联合国解决问题？或许白宫里有人对这些问题的答案心知肚明，但我们的盟友和我们的敌人，一定不知道这些问题的答案。最重要的是，美国人民也不知道。如果没有一个被公众支持、被世界理解、条理分明的策略，美国就缺乏推动世界和平进程所需的合法性，最终还将丧失这种能力。(我不敢说自己对这些问题已经胸有成竹，但坚信可以建立共识。首先，美国)现在已经不能再实行孤立主义政策了，或者说那种拒绝在任何情况下使用武力的对外政策是行不通的。（其次是时代不同了）如今，世界上最有实力的国家——我们越来越可以把中国也归入这个行列——大都遵守一套全球通行的国际规则。（现在）真正的威胁主要来自于全球经济的边缘地区。在那里，国际通行的“交通规则”无人遵守，（恐怖主义可以利用）。

我们应该如何调整美国的国家安全策略？

国家的长期安全将建立在审慎的军事保护和日益增强的国际合作之上。

只要俄罗斯和其它国家还保留它们大规模的军队，还没有完全消除其扩张势力的冲动——只要少数流氓国家还想攻击其它主权国家，就像萨达姆1991年攻打科威特那样——我们就必将在某个时候，再次充当起那个“不情愿的世界警察”。这一点不会改变——也不应该改变。

像所有主权国家一样，为了保卫自己不受侵犯，美国具有单方面出兵的权利。因此，为了捣毁基地组织大本营，以及支持他们的塔利班政权而发动的战争绝对是正当的……对于这样的军事行动，有盟国的支持更好，但我们不能把自己的切身安全寄托于国际社会，指望各国达成一致意见再出兵。如果不得不单独采取行动，那么美国人已做好准备，为了保卫祖国，我们将不惜付出任何代价，承担任何后果。

为了消除迫在眉睫的威胁，我们同样有权利采取单边军事行动。这种迫在眉睫的威胁是指，以美国（或其盟友）为目标，预谋进行攻击、有能力或即将有能力进行攻击的国家、组织或个人。基地组织符合这个标准，因此我们可以也应该在力所能及的范围内，先发制人地对其进行打击。萨达姆统治的伊拉克不符合这个标准，这也解释了为什么伊拉克战争是个战略性错误。

对那种坚信我们可以凭“一己之力”把人们从暴政中解放出来的观点，我们应该持怀疑态度……民主是自发觉醒的产物。

当我们试图拿着枪杆以武力强加民主，或把钱一点点投给那些经济政策看上去更投美国政府喜好的政党时，……我们就是在把自己推向失败的深渊。

1941年，（富兰克林）罗斯福发言指出，他期待一个建立在四项人类基本自由之上的世界：言论自由、信仰自由、免于匮乏的自由以及免于恐惧的自由。我们自身的经验告诉了我们，后两种自由是其它一切的先决条件。

上帝赋予我们的使命是去建立新世界，而不是改造旧世界；美国地大物博，又有海洋保护，实现自由理想的最好方式是集中力量进行国内建设，将美国变成指引世界其它国家和人民的一座希望的灯塔。

早期领导人已提出过警告，“输出本国制度模式是理想主义的”。

在处理国际事务时，把一国经验用于别国是一种危险的做法

五、关于联合国和国际组织

国际货币基金组织……已经每每迫使那些正处于金融危机中的国家，如印尼，实行一系列痛苦的再调整政策，使这些国家的人民陷于水深火热之中——这就如一剂苦药，若摆在美国面前，恐怕连美国人自己也难以下咽。

这些问题（指联合国一些机构没什么作为）不是我们减少参与国际组织的理由，也不是美国实行单边主义的借口。如果联合国维和部队在处理内战和宗派冲突问题上更有效，那么在一些我们希望局势稳定下来的地方，我们就能更少地充当世界警察。

六、关于经济全球化、自由贸易和政府作用

毫无疑问，全球化给美国消费者带来了巨大好处。但不可否认，对许多普通美国人来说，全球化也导致经济更不稳定……被称作“赢者通吃”的经济应运而生。浪头涌起，未必浮起所有船只……阻碍我们奔向光明未来（经济增长和共同富裕）的不是缺乏良策，而是缺少采取必要而强硬的措施令美国更具竞争力的国家承诺，缺少使政府在市场中发挥适当作用的全新共识。

（美国前财政部长）鲁宾的基本观点是不容置疑的：我们能放慢全球化的步伐，但我们阻止不了全球化的发展……自由贸易确实能增大世界经济馅饼，但

是没有任何法律规定美国工人的那一份将越来越大。

政府的开销和干预是经济发展的催化剂而不是抑制剂，而且市场和财政制度有助于维护社会公平……“克林顿的第三条道路”弥合了之前的分歧，充分地激发了大部分美国人讲求实用、不拘泥于意识形态的态度。

金钱是美国的评分标准。商业文化促成了人类历史上无可匹敌的经济繁荣……（但）自由市场体制既不是自然规律也不是上帝的意旨。它是痛苦挣扎、不断摸索的结果，是公平与效率之间，稳定与改变之间的艰难抉择。尽管自由市场的恩惠主要源于一代又一代美国人追求各自幸福的努力，但是每一次经济巨变和转型时，我们还是依靠政府采取行动来提供机会，刺激竞争，令市场有效地发挥作用。

我们可以重建罗斯福在上个世纪中期拟定的社会契约，使之适应新的时代。

七、关于中国和中美关系

我们需要在战略上保持一种军事姿态，来应对如朝鲜和伊朗这样的流氓国家构成的威胁，应对如中国这种可能出现的对手带来的挑战。

但最棘手的军事挑战不会来自中国——中国给我们带来的最大挑战恐怕是经济上的，而非军事上的——更可能出现的是，这种挑战将把我们带到那些敌对的或不受控制的、恐怖分子猖獗的地方。

（奥巴马认为，美国比中国强大得多，）“美国的国内生产总值仍然高于中国和印度之和”。

中国情愿让人民币升值，并适当提高中国生产商品的价格，这样可以让美国商品的竞争力有所提高。但是即使这些成为现实，中国仍然有大量剩余劳动力在农村，比美国人口一半还多——这意味着沃尔玛中国供应商还要红火相当长的时间。

目前我们也能够摆脱这座债务大山，因为外国中央银行，特别是中国中央银行，想让我们继续购买他们的出口商品。但是这个放松信贷不会永远持续下去。某个时刻，外国人将终止贷款给我们，利率将会提高，我们的大部分产值将用于偿还。如果真要避免这样的结局，我们必须开始走出这个死胡同。

2009年1月15日中国日报网

送给奥巴马一点小小的礼物

美国刮起的金融风暴仍在全球继续肆虐，岁末年初又传来噩耗：以色列大举空袭和进攻加沙，掀起了一场政治和军事风暴，造成了严重的人道危机。全世界热爱和平与发展的人们对此都深感忧虑。

美国总统布什发表了显然偏袒以色列的讲话。但当选总统奥巴马以一个国家不能同时有两个总统说话为理由，一直避免正面表态。在当前的情况下，这似乎是一种比较聪明的态度。可是形势逼人，1月7日，他终于说话了。他在新闻发布会上表示，他对当前以色列和哈马斯在加沙地区严重的军事冲突深表关切。1月20日正式就任美国总统后，他“将立即尽其所能帮助解决中东问题，争取使该地区实现较为持久的和平”。讲话虽然带有一定的“中性”，但还是颇具积极意义的。这可能也是他主张“变革”思想在巴以冲突问题上的某种反映。

巴以冲突问题有着很深的历史原因，以及宗教、民族和文化背景，根深蒂固，错综复杂。其中还有地区大国的博弈和美国因素的牵动。如今，在这个世界上，人们同情犹太人历史上的悲惨遭遇，也关心以色列对自身安全的关切，但更同情巴勒斯坦人民现时的灾难性遭遇。双方你来我往，“以暴制暴”，受苦的是老百姓啊！

现在，美国当选总统奥巴马明确表示，走马上任后“将立即尽其所能帮助解决中东问题，争取使该地区实现较为持久的和平。”这是值得欢迎的。希望他能真正做到“立即”，而且“公平和公正”。在巴以问题上，美国前总统卡特和老布什都曾做过一些积极的贡献，先后促成埃以签订了在中东和平进程中的《戴维营协议》，以及以色列和阿拉伯邻国举行的“马德里和会”，最终导致以色列和巴勒斯坦签署了《奥斯陆协议》。主张“变革”的奥巴马有理由可能做得更好。

美国著名黑人领袖马丁·路德·金有一句名言：黑暗不能驱走黑暗，只有光明才能做到。仇恨不能驱走仇恨，只有爱心才能做到。美国反战民众认为，马丁的名言是“宝贵的哲理”，那就是：战争只能制造更多战争，用国家恐怖主义对付恐怖主义是不合适的，是行不通的，不得人心的。

美国杰斐逊总统也有遗训告诫美国领导人说，“战争是要努力避免的最大邪恶”，它“既是对受害者的惩罚，也是对惩罚者的惩罚”。

笔者冒昧地将这两句名言作为“礼物”，送给即将担任美国总统的奥巴马，希望他笑纳。

2009年1月《解放日报》等

“无畏的勇气”和严酷的现实

近来，围绕美洲国家组织峰会，奥巴马总统和他的外交团队说了不少人们称之为“橄榄枝”和“胡萝卜”方面的话，也做了一些有利于改善美拉关系的事。继宣布解除美国公民前往古巴探亲及向其在古巴亲属汇款的限制后，4月17日国务卿希拉里在与多米尼加总统联合举行的记者会上承认，（美国对古巴的）“政策已经失败”，说美国“将寻找更具建设性的方法推动双边关系向前发展”。同日，奥巴马总统也在第五届美洲国家首脑会议上表示，美国将寻求美国和古巴关系的“新开端”，并承诺开启与其他美洲国家建立平等伙伴关系的“新时代”。他承认，过去美国有时与其他国家缺乏沟通，而且试图将自己的意志强加于人，但今后将“扮演朋友和伙伴的角色”。

这些话拉美国家爱听，国际上人们也爱听。美国对古巴制裁近半个世纪，联合国大会17次以压倒多数通过决议要求美国解除，但美国始终置若罔闻。几十年来，美国对拉美国家事务一向是说一不二。如今奥巴马政府承认对古政策失败，承认过去往往把美国的意志强加给拉美国家，宣示要同拉美国家建立“平等的伙伴关系”，而且要开创美拉关系的“新时代”，不能不令人耳目一新，觉得奥巴马亲笔自传“无畏的希望”现在似乎要发展为“无畏的勇气”了，至少在字面上，奥巴马总统开始显示了与布什总统完全不同的风格，划清了“楚河汉界”。

奥巴马的上述表态显然有点“言如其人”，但今后在实践中，他能否“行如其言”，人们还要观察，他还必须经过可能是不可避免的检验和考验。

首先，他能否改变美国长期以来的国际战略（实现美国统治下的世界和平）。这一点看来是最难的。实际上，奥巴马自己最近也说，他的目标是要“重塑美国在拉美的领导地位”。“领导地位”同“平等的伙伴关系”是水火不容的。在这次峰会的开幕式上，阿根廷总统克里斯蒂娜说得再清楚不过了：本届峰会应该成为重建地区秩序的起点，美洲国家应该“建立合作关系”，而不是“从属关系”；应该推动融合，而不是相互干涉。奥巴马的诚意势必要经受痛苦的考验。

第二，美国对古巴的敌视政策在拉美最不得人心。美国对古巴制裁长达47年，把古巴害苦了。但古巴坚强地生存下来了。古巴没有倒下，相反，拉美出现了十几个美国看不惯的政权，不论是“激进的左派”还是“温和的左派”，都在不同程度上同情古巴，与古巴关系友好。奥巴马如若要改善同拉美国家关系，改变对古政策是必须要跳过的门槛。奥巴马政府现在既然承认对古政策失败了，理应改正。但有两个不确定因素令人担忧。一是奥巴马在向古巴“释放善意”的同时，声言他期待古巴迈出下一步，“许诺实行民主”。奥巴马的高级经济顾问萨默斯也声称，尽管美国和古巴之间的对立关系近来出现松动，但与美国结束对古巴的经济制裁仍“存在距离”；美国取消对古巴的经济制裁“取决于古巴的表现”。二是奥巴马本人的摇摆性。2004年，奥巴马曾公开宣称:“现在是时候结束对古巴的贸易禁运了，是时候承认这项政策已经失败了。”但去年竞选时，他却一反常态，对古巴裔美国人团体说：“我将维持贸易禁运政策”。今后，如果美国对古巴提出不切实际的要求，或者奥巴马再次摇摆，美古关系势将步履艰难，美拉关系恐怕也很难得到根本的改善。

第三，目前拉美地区的基本形势一是否定所谓绝对自由主义的“华盛顿共识”；二是探寻自主发展道路；三是联合自强。近几年来，拉美区域性和次区域性组织方兴未艾。寻求自主的经济和社会发展，将是拉美国家的首要目标。从奥巴马新思维的理念看，他可能不会坚持所谓“华盛顿共识”，但如何正确对待和处理拉美国家一体化进程，适应拉美地区形势的变化，放弃独家主导拉美事务的传统思维，还少不了一番较量。

总之，奥巴马“无畏的勇气”可嘉，现实也十分严酷。奥巴马如果真能看清时代的变迁，看清美国称霸的图谋早已力不从心，改弦易辙，奉行“务实的奥巴马主义”，他也许可以在一定程度上冲破美国传统的“牢笼”，成为他梦寐以求的美国历史上的伟人。但说实在的，难啊！

2009年4月21日中国日报网

“奥巴马主义”有待新的洗礼

美国媒体似乎有个习惯，喜欢对他们新总统上任100天从各方面进行一番评论，而且给他戴上一顶“主义”的桂冠。奥巴马上台还不到100天，所谓“奥巴马主义”即已不断出现。有人称赞奥巴马谦虚谨慎、大度、而且有“无畏的勇气”，有望成为美国的“罗斯福第二”；有人指责他软弱、绥靖、向敌人“低下了美国高贵的头”，给美国带来了耻辱；有人甚至攻击他“迎合敌人”，担心他会成为“美国的戈尔巴乔夫”，有朝一日可能“葬送美利坚帝国”，等等。内容可谓丰富多彩，纷繁复杂，几乎让人眼花缭乱。但总体来说，誉之者众，毁之者寡，观望质疑的也大有人在。

那么，究竟什么是“奥巴马主义”？它同“布什主义”有何不同？它的成因和发展意味着什么？这是目前人们普遍关心的问题。

任何一种“主义”的产生，既有个人的特性和印记，更有时代的背景和特征。“布什主义”的出现，正当苏联解体以后，美国一超独霸、春风得意之时。老布什和克林顿在海湾和巴尔干先后打了两大胜仗，向全世界显示了美国无与伦比的军事威力。布什当政后，企图趁势一统天下，实现“美国统治下的世界和平”。没想到，忽然发生了“9·11”恐怖袭击事件。这客观上给了美国霸权主义当头一棒。美国当然受不了，具有牛仔作风的布什，显然也吞不下这颗苦果。以“单边主义”和“先发制人”为主要标记的“布什主义”正是在这种情况下产生的。布什没想到的是，国际形势正在发生深刻的演变：一方面是美国自己在走下坡路，另方面是发展中国家在大面积兴起，国际力量对比出现了历史性变化。布什总统没有看到这一点，但美国选民看到了。

奥巴马在很大程度上适应了美国选民的期盼以及国际形势发展的需要。现在美国媒体津津乐道的“奥巴马主义”，最大的特点是，奥巴马和他的团队承认，如今世道变了，国际上任何重大问题，无论是安全方面的还是经济方面的，美国都无法单独解决。美国既要依靠盟友，又要依靠新兴力量。这实际上等于认同了一年前法国总统萨科齐所说的，冷战结束后一度形成的“单极世界”局面已经结束，世界将进入“相对大国”时代；现在需要考虑的是，如何建立“更符合实际的21世纪国际新秩序”和“负责任的伙伴关系”。

正是在这一理念的指导下，奥巴马上台不到100天，外交上同布什的“牛仔外交”已经泾渭分明。最明显的表现，一是力争实现美国主导的多边合作；二是寻求新的合作伙伴，并将其重要性提高到接近盟国的水平；三是开创与“对手”甚至“敌手”对话的先河，显示巧实力；四是放下身段，避免指手画脚。奥巴马本人及其团队主张G7应向G20转化；强调“中美关系是世界上最重要的双边关系”；重启美俄战略合作关系；宣称要致力于建立没有核武器世界；以及愿意直接参加伊朗核问题多边会谈，向沙特国王行“模糊鞠躬”礼，松动对古巴的制裁，同查韦斯总统握手，等等，无不与这四个方面的政策有关。这一切都让人耳目一新，也给国际形势的缓和带来了新的希望。

但“奥巴马主义”现在还不能说已经形成。它还要经受时间和实践的检验，以及各方面的冲击和洗礼。

首先，奥巴马能否真正突破美国所谓的“战略核心利益”，放弃“霸权永续”的图谋，在国际交往中，做一个很重要但是平等的伙伴，现在还无法认定。从奥巴马关于要“重塑美国领导地位”的一些讲话看来，难!

第二，奥巴马能否认真克服“摇摆性”。奥巴马2004年在州内竞选议员时曾说，美国对古巴政策已经失败，应该结束对古制裁。可是去年竞选总统时，他又说，如果他当选，他将坚持对古制裁政策不变。最近，他在美洲国家峰会期间又重提对古政策失败事，受到拉美国家普遍欢迎，但国内新保守主义理想家们讽刺他“哗众取宠”，“有失美国尊严”，搞“投降外交”。他今后会不会再摇摆，难说。

说“难”，并非是说“不可能”，或者“没希望”。历史上任何“主义”的诞生，特别是以“变革”为宗旨的“主义”，势必要引起一场大辩论和争斗，甚至经过血与火的洗礼。关键在于奥巴马新思维所谓的“变革”，究竟“是风格还是本质”？这是现时人们广泛质疑的问题。如系前者，好戏似乎还在后头，国际形势将更加错综复杂；如系后者，美国国内将发生历史性变化，国际形势也将随之进一步深刻演变。

2009年4月27—29日《解放日报》、中国日报网

奥巴马外交新政初露端倪

——兼议希拉里国务卿访问亚洲四国

奥巴马总统执政不到一个月，其外交团队已开始全面出动。奥巴马特使米切尔和霍尔布鲁克先后访问了中东和南亚，副总统拜登出席了慕尼黑安全政策会议，并代表政府发表了政策性讲话。接着，希拉里国务卿即将访问东亚四国，行前也发表了不少讲话。国际上对此十分关注，议论纷纷，希望从中看出一些名堂，期盼美国外交“走上正道”。

从各种迹象、特别是拜登慕尼黑演说看来，奥巴马外交新思维似乎已初露端倪，但留下的政策空间伸缩性很大，不确定因素很多，其“政策取向”还不能说已经尘埃落定，尚有待观察。笔者以为，奥巴马外交团队近来一系列的“处女秀”似有以下一些目的和考虑，值得玩味。

首先是“亮相”性质，努力营造与布什不同的“外交新政”气氛，与布什“牛仔外交”划清界限。副总统拜登政策性讲话明确宣示，“新政府已决心在与世界其它国家的关系中确立新基调”；美国将增加与外部世界的“接触”、“倾听”和“磋商”。关键词是寻求多边合作，实际上承认如今美国已无法凭一己之力解决重大国际问题。但无论如何，这还是有利于国际关系缓和的。

第二是“探路”性质，观察国内外反应，看看“奥巴马外交新思维”在实践中哪些是可行的，哪些是难行的，哪些是不可行的。既为奥巴马“外交新政取向”做准备，又为今后同有关方面讨价还价做准备。这显然也是务实的，有利于避免今后在政策上过度摇摆。

第三是表明美国“基本战略的延续性和继承性”。

奥巴马同布什在外交方面有很多不同，但他们确实也有同一个梦：维护美国超强地位，领导这个世界。他们的“大战略”基本上是一致的。只不过奥巴马的任务是要“修复”美国的形象；在重大国际安全问题上，慎用武力，外交先行。拜登的政策性讲话显然已不那么咄咄逼人，释放了不少寻求合作与和解的信号。但是仔细推敲和研究拜登及其团队的讲话，美国固有的“老大心态”

仍然隐约可见一、二。

一、拜登等人的讲话除强调“互有需要”外，仍然是高高在上，仅仅是“愿意”与外部世界“接触”、“倾听”和“磋商”，看不到一点要奉行“平等伙伴关系”的蛛丝马迹。这实际上表明，奥巴马新政并不是要搞真正意义上的“多边主义”，而是要搞“美国主导的多边主义”。

二、无论在伊朗核问题上，还是在东欧部署反导系统问题上，以及格鲁吉亚和乌克兰加入北约问题上，都没有真正松口，更没有要改弦易辙迹象。

国务卿希拉里2月15日起，将先后访问日本、韩国、印度尼西亚和中国。她的任务同拜登访欧出席慕尼黑会议似乎有所不同。拜登的任务一是要争取欧洲，与欧洲协调立场；二是要适当安抚与缓和同俄罗斯的紧张关系；三是松动在伊朗核问题上不直接谈判的僵硬立场，表明即使是对伊朗这样的国家，奥巴马政府也愿意给“胡萝卜”。

希拉里访问亚洲四国的重点是寻求合作和支持，特别是在金融领域，日本和中国都是美国最大的债权国，经济上GDP位居世界第二和第三。美国要缓解金融危机，复苏经济，以及应对欧洲急于在金融领域分权的动向，都很难没有中日的合作。关于希拉里访问国家的先后次序，日本媒体炒得很热，其实并不真的那么重要，关键在于会谈的重点和内涵，以及合作的层次和范围。如今美国离不开日本，也离不开中国。反之亦然。中日之间也有战略互惠关系。中美日三方应该着力推动三边合作，寻求共赢，而不要想歪了。冷战时期的那种“2对1”（美日对中国）局面早已是明日黄花，不合时代潮流了。

最后，值得一提的是，希拉里访问印度尼西亚也有着重要的现实意义。奥巴马总统在首次正式接受电视媒体采访时，明确表示将在任期内致力于修复美国同伊斯兰世界的关系，并称美国不与伊斯兰世界为敌。他还承认，“美国有时也犯错误，我们并不完美。”这同布什执政八年的所作所为明显不同。希拉里选择这个穆斯林民众最多的国家访问，看来与奥巴马外交新思维密切相关。人们祝愿她顺风而行。

2009年2月17—19日《世界新闻报》、中国日报网

希拉里的外交“处女作”

希拉里·克林顿在争取民主党总统候选人期间，对国际问题发表过分量很重的讲话，但那都是“竞选言论”。最近，在美国国会参院外交委员会就提名她为国务卿而举行的听证会上，她的表态可谓她担任国务卿的外交“处女作”。这个“处女作”闪现着一些引人注意的“亮点”。

希拉里在答问时强调，现在“单靠美国无法解决最为紧迫的（国际）问题，而没有美国，世界也无法解决这些问题。”她还说，她将加强美国的外交实力，努力“建立一个拥有更多伙伴而且树敌更少的世界”。这是比较务实的，同奥巴马的理念也比较一致。奥巴马在他的亲笔自传中就明确否定可以凭“一己之力”解救人类的问题，主张推动合作。

希拉里这席话表明，“奥巴马新政”承认，如今国际力量对比已经发生了重大变化，美国单边主导国际事务的能力已风光不再，必须寻求多边合作，但美国仍然需要“领导”或“主导”。一般说来，这也不为之过。因为美国虽然国力已相对削弱，但仍不失为当今世界唯一的超级大国，在诸多领域它仍能发挥主导作用。至于她强调要“恢复美国的领导地位”或“巩固美国在全球的领导地位”，笔者建议她最好去认真读一读美国资深外交家乔治·凯南生前对克林顿政府语重心长的告诫：目前（美国）“整个趋势是把我们自己看成政治开明的中心，而且是世界其他很大部分的导师。我认为这是没有想清楚，虚荣自负，并不可取。”他奉劝美国领导人说，“美国最好把对领导世界的可能性的梦想和愿望缩小一点”，“这个星球绝不会由任何一个单独的政治中心来统治，不论其军事力量有多大”。这是凯南十年前说的。现在时代又有了新的变迁，他入木三分的告诫对“奥巴马新政”也许有更大的启发作用。

希拉里答问还有其它一些“亮点”，如她承认美国现在“处于急速转型的世界”，“面临重大危境”；表示她将结束美国外交的“僵化意识形态”时代，奉行“原则和实用主义相结合”的外交政策；要努力“促进经济发展、国内外共享繁荣”，等等。

关于中美关系，希拉里表态也有一些“亮点”，具有积极意义。希拉里说，中国“在改变全球前景方面是一个极其重要的角色”，她上任后将与中国（和俄罗斯）在关键的经济、安全和核不扩散问题上密切和积极合作，“在多个议题上加强联系”。

但她同时又说什么，在改善对华关系方面，美国将要做的大多“取决于中国”对未来做出什么样的选择。这话似曾相识。其实，布什和赖斯也曾说过类似的话，如中国是“处于战略十字路口”的国家；美国如何对待中国，主要看“中国怎么做”。换句话说，也就是要看中国是否会“顺着美国走”。希拉里的这些话基本上没有摆脱“主从关系”的指导思想，缺乏“平等伙伴关系”和“国际关系民主化”的大局意识，与她自己说的要结束美国外交的“僵化意识形态”时代的理念也不一致。

2009年1月22—25日《解放日报》、新华网等

希拉里说“美国回来了”！

美国国务卿希拉里21日在泰国机场宣称，“美国回来了”，表示美国重视亚洲，要认真纠正过去“脱离亚洲”的趋势。美国媒体也相当配合，说希拉里第二次亚洲之行是“安抚之旅”，是“重启”美亚关系的宣誓。

其实，布什执政8年，美国并没有忽视亚洲，更谈不上“冷落”。无论是军事上、政治上还是经济上，美国都对亚太地区有相当大的投入，而且在战略上有“倾斜趋势”。事实证明，这几年来，美日同盟关系有所加强；印度是美国在这一地区拉拢的“重中之重”，两国关系也有所发展（双方媒体都曾欢呼两国“战略合作的春天到来了”）；美国与东盟的关系也有可观的改善。只不过留下一些遗憾，除了日本外，其它国家在不同程度上并没有“顺着美国走”。

近来，这一地区形势有些新的变化。其一是美国反恐重点转到了阿富汗；其二是韩国李明博总统推行与其前任不同的外交，主张加强韩美和美日韩同盟关系；其三是朝核问题的干扰，日韩右翼势力趁机鼓动加强美日韩军事同盟，正中美国下怀；其四是印度要扩军，其军火市场对美国具有很大的吸引力。

希拉里上台仅仅几个月，两度访问亚洲，正是在上述情况下进行的，是美国亚太总体战略的一部分，目的是推进和加强与亚洲有关国家的关系。她同印度签订的几个重要协议、特别是出售大笔军火协议，以及代表美国签署东南亚友好合作条约，既是美国手中的“牌”，也是美国要分到的“红利”。印度军火市场这块“大蛋糕”，美国一直垂涎欲滴，认为俄罗斯拿走的太多了，现在法国又要分走一块，美国岂能坐视？如今美国终于如愿以偿了，希拉里也可以自豪地对美国快乐的军火商说：你看，我这个国务卿还称职吧！无怪乎英国一家媒体饶有风趣地说，希拉里本周离开印度时，她对东道主的感激之情可想而知——她为美国公司拿到了价值高达400亿美元的防务与核能合同（似乎有点夸大）。所以她称赞“印度不仅是一个地区大国，而且是一个全球大国。”俄罗斯媒体也说，“希拉里用美国武器征服印度”。

2009年7月22日中国日报网等

希拉里这句话值得品味

希拉里在访问日本期间说了一句意味深长的话。她强调说：美国“通过强化与亚洲传统盟友的关系，并与新兴国家构筑新型的伙伴关系，我们就可以一起构建世界性的网络，帮助我们解决我们单独无法解决的问题。”

短短的一句话表明了多层意思：首先表明，美国不仅不会忘日本和韩国这样的老盟友，而且还要加强同盟关系，这是美国亚太地区的“战略基石”，奥巴马新政权仍要坚持。第二，美国不能不寻求“新型的伙伴”（这主要当然是指中国和印度尼西亚），以构建与过去有所不同的地区关系。第三，承认美国实际上已无法凭一己之力单独解决问题，在新形势下，美国需要更多的朋友或者伙伴。第四，请大家一起来“帮助”美国解决“单独无法解决的问题”，但只是“帮助”而已，美国仍然要发挥领导或主导作用，

希拉里的这席话应该说颇有一些新意，是奥巴马外交新政的某种体现。后来，她又在美国驻日本大使馆对200名美国外交人员及其亲属说，她在日本参观期间，日本明治神宫的宫司告诉她“平衡与和谐的重要性”。她认为，“这不仅就神宫而言是好观念，就美国的全球角色而言，更是好观念”。她强调说，“我们需要创出更多平衡、更多和谐”。

把这两个讲话联系起来，人们不难看出，希拉里出任国务卿后，首次出访即显示了“柔和”和寻求合作的一面，没有指手画脚，与过去8年美国的牛仔外交风格形成了鲜明对比。这无疑对亚太地区的形势发展具有一定的积极意义，有利于这一地区和平与新的合作关系，特别是中美日三遍关系的演变和发展。

当然，也有一些遗憾的地方：希拉里讲话突出表明，美国要“强化与亚洲传统盟友的关系”。人们不清楚她所谓的“传统盟友的关系”内涵是什么，是否仍有冷战思维的驱动，以及美国将“如何驱动”。还有，据报道，日本反对党领导人小泽一郎在会见希拉里时直言不讳地提出，今后日美关系应是平等的伙伴关系，不能再是“主从关系”，应该“平起平坐”。这一点，希拉里似乎还

没有回答。亚太地区的民众仍在翘首以待，看美国奥巴马外交新政在国际行为中是否真能接受"平等的伙伴关系"乃至"国际关系民主化"。

2009年2月17日《新民晚报》

希拉里“与时俱进”和美国梦

美国国务卿希拉里7月15日在美国对外关系委员会发表了一篇据说是“重量级的”外交政策演讲，全面阐述奥巴马外交新政。美国媒体对此议论纷纷，国际上凑热闹的评论也不少。有人认为，她的演讲表明，奥巴马外交新政将告别僵化的意识形态和陈旧的运作模式，“与时俱进”；有人认为，她说来说去，“基点”还是强调要实现“美国领导”，只不过具体政策和策略变了。

实际情况到底如何？

希拉里确实说了不少有别于布什总统8年外交的话，其中最突出、也是最明显的，一是她实际上承认，美国现在已不可能“包打天下”，说如今“世界上的大事光靠美国一家是解决不了的”。二是她强调美国外交政策“必须真实地反映这个世界”，认为“20世纪均势战略已没有意义”，现在美国既“不能恢复冷战时期的遏制政策”，“也不能采取单边主义”，而“应该在更多国家间引入合作机制，减少竞争，建立一个多伙伴世界”。三是她誓言，她将致力于同主要新兴大国“建立更紧密的关系”，其中名列前茅的便是俄罗斯、印度和巴西等“金砖四国”。这些话显然比较符合当前国际形势的演变和发展，具有积极意义，受到国际上比较广泛的欢迎。因此，说这是奥巴马外交新政“与时俱进”的反映似乎不为之过。

但希拉里念念不忘在全世界实现“美国领导”这一战略目标。她在承认美国已不可能独家掌控全球事务的同时，一再强调这个世界“没有美国什么事也办不成”，说“现在的问题不是美国能否或是否应该担当领导，而是美国如何在21世纪领导世界”。她还重申了奥巴马提出的以共同利益、相同价值观和相互尊重为基础的外交理念。在她所谓“巧实力”的五个方面，也很突出美国的经济和军事实力以及美国“榜样的力量”的综合运用；强调与“不同意见”的国家进行对话和接触，必须是“有原则的”。

因此，问题马上就来了：美国要“在21世纪领导世界”实际吗？这同美国在世界的实力地位相称吗？这符合现在国际力量对比的变化吗？美国强调所谓

“相同价值观”和“有原则的”对话和接触意味着什么？

对这些问题，稍有普通常识的人们都能做出明确的回答：这是脱离现实的“美国梦”，是美国外交新政的一厢情愿。无怪乎美国哈佛大学一位教授说，希拉里提出了一个野心勃勃的“自由国际主义”，在她眼里，没有美国的直接介入，任何问题都解决不了。但她错了。当今世界重大问题的解决，正像八国集团同发展中国家领导人最近在意大利共同宣言中开篇所说的，需要加强南北关系，“承诺携手合作应对全球性挑战，改进全球治理。”其实，奥巴马自己也说过，他完全确信，如果有人认为能在中国、印度和巴西等国家不参与情况下解决一些全球性挑战，这是错误想法。”既然如此，美国还是早一点从“美国梦”中醒来为好。“领导世界”和“全球治理”的重任，美国作为世界综合实力最强的国家，有着义不容辞的更大责任，但并非美国莫属。一家掌控世界的那个时代，正像一些西方政治家和有识之士所说的，已是“明日黄花”。当今世界形势发展需要的，不仅仅是希拉里心目中的“多伙伴世界”，而是“平等的伙伴世界”，是“国际关系民主化”和“合作共治”。

2009年7月20日《解放日报》等

希拉里女士的“自信”与心虚

美国国务卿希拉里·克林顿在《外交政策》杂志11月号发表一篇题为《美国的太平洋世纪》的评论。顾“题”思义，文章的核心思想是要向全世界、特别是亚太地区宣告，美国的战略中心已经东移；美国要领导太平洋。

这一主题思想本无什么新意。去年，奥巴马继声称“美国决不做老二”之后，又在访问日本之前宣称，他是“美国第一位太平洋总统”。此后，在夏威夷一次安全会议上，希拉里女士自己也大谈美国必须领导或主导这一地区，她短短一篇政策性演说，至少6次提到这一点。

这次不同的是，她说得更具体了。她把“利用这一地区的增长和活力”同“美国经济和战略利益的核心”挂钩，而且明确表示，这是“奥巴马总统确定的一项首要任务”；强调亚洲经济在过去的“非凡增长”及其在未来持续增长的潜力，“依赖于长期的安全与稳定，美国军队为提供这项保障做出了贡献”；“美国未来定将继续留在亚洲”，并发挥领导作用。

其实，包括中国在内的亚洲国家并无意要“赶美国走”，也无人要把美国降为“世界老二”。希拉里女士看来“自信”，实际上有点心虚，一定要制造“老美不能走”的态势和舆论。美国在这一地区有传统利益。美国计划5年内贸易翻一番，增加就业，它很需要亚太，亚太的发展也需要它。留下来好啊，但最好多发挥正面和积极作用，不要一错再错，侵犯别国核心利益，不要再到处去“放火”了。至于说美国领导人是“太平洋总统”和《美国的太平洋世纪》，恐怕不大合适。太平洋毕竟是太平洋国家的太平洋，一个“民主”不离口的美国领导人应该懂得这个道理。

当然，希拉里女士还是颇有进步的。在中美关系方面，虽然还谈不上是什么“实事求是”，但毕竟比较务实。她特别强调了美中关系的重要性，将其形容为“利益攸关，不容失败”；表示反对美国国内一些人把中国的进步视为对美国的威胁，说“一个欣欣向荣的美国对中国有利；一个欣欣向荣的中国也对美国有利”。“通过合作而不是对抗，美中两国均能显著获益”。这是明智的语言，值得充分肯定与欢迎。她还说，美国对中国的方针是“立足现实，注重成效，忠实于我们的原则和利益”。此话有可取之处，但显然话里有话，对中国“两面下注”思想隐隐约现。此处就不去说它了。

希拉里承认，在经济领域，美国与中国必须密切合作以保障全球未来的强劲、可持续而且平衡的发展。还说，美国与中国通过二十国集团有效地合作，合力把全球经济从濒于崩溃的境地挽回，“我们必须继续增进这种合作”。这很好。但她硬说美国企业“需要公平的机会”向中国日益扩大的市场出口，要求中国停止对美国公司或它们的创新技术不公平的‘歧视’行为，并不符合事实。现在，正是美国自己在搞贸易保护主义，甚至以所谓“国家安全”为借口，歧视和阻挠中国公司在美国的投资；它一面在贸易逆差问题上吵吵嚷嚷，指责中国，一面又多方限制对中国的高新技术出口。难道中国只需要美国的大豆和玉米吗？！经济上的合作、互利共赢，必需是双向的。美国也该改一改老毛病了。

2011年10月14日环球网

希拉里情不自禁露峥嵘

近日，对俄罗斯和中国否决联合国安理会有关叙利亚问题决议草案，希拉里·克林顿女士一再情不自禁“泼脏水”，说俄中投否决票是“拙劣的”，“卑劣的”，甚至攻击俄中“反对叙利亚人民的渴望”，“反对整个阿拉伯之春”。她好像有点恼羞成怒，说话也不那么干净了。

谩骂改变不了事实，更不能代表“占领了自由与民主的制高点”。当前，解决叙利亚问题的症结在于：是“救火”还是“火上浇油”；是鼓励和推动叙利亚政府和反对派进行包容性对话，和平解决，还是蓄意拉偏架，强行“政权更迭”；是坚持联合国宪章原则还是随意滥用。俄中投否决票，并非是支持那一边或那一派，支持的是联合国宪章精神，是站在“和平、民主和道德的制高点”。

其实，希拉里自己心里也清楚，如果按照美国的主张行事，叙利亚恐怕不仅得不到“阿拉伯之春”，而是内战和血雨腥风的严冬！

2012年2月9日凤凰博客

希拉里女士说得多么轻松!

近日，美国大兵滥杀16名阿富汗无辜平民，举世震惊和愤怒，并对美国的人权记录提出一系列质疑。日前，一位网友在回应美国“民主与自由”的评论时说，3月11日，美国士兵不是又在阿富汗“民主”了16个妇女儿童吗？！可是，希拉里国务卿却说，这只是“个别事件”。多么轻松!

8年以前，就在布什总统宣布伊拉克战争“胜利结束”一周年之际，美军在伊拉克“虐俘事件”的丑闻大曝光，遭到全世界的同声谴责。当时布什也说，这种“虐俘事件”只是少数士兵所为，“并不代表美国”。

希拉里和布什的言论多么相似乃尔!

我从事外交工作数十年，有很多美国朋友。过去每与他们交往和闲聊，往往会情不自禁地想起美国的“自由女神”。每次到美国，只要有机会，我也总是要去参观和瞻仰她那圣洁而挺拔的形象，以及那几乎传颂全世界的诗篇：

把那些疲乏的、贫困的
渴望自由呼吸的
被遗弃在熙熙攘攘的海岸上的人们
都交给我吧
把那些无家可归的、饱受颠沛流离
之苦的人们也一起交给我
我在金色之门高举起自由的火炬

她一手紧抱美国《独立宣言》，一手高举象征自由的火炬，头戴光芒四射的冠冕，气宇轩昂，象征着美国人民争取自由的崇高理想，是圣洁而刚毅的美丽形象。

可是现在呢，我一想起美国和它的“自由女神”，眼前马上就出现一个相反的形象：一个好像钉在十字架上的囚犯，许多被杀害后抛在她脚下的妇女儿童。“自由女神”怀里的《独立宣言》没有了，象征自由的火炬不见了，光芒四射的冠冕也被一片片乌云遮盖了。

8年前，我站在大洋此岸，远眺大洋彼岸人们向往的那块“圣地”。我仿佛看到那圣洁的“自由女神”在哭泣，伤心地哭泣。现在，我再次远眺美国人民热爱的“自由女神”，她好像又在流泪了，而且更伤心了。是她，不是希拉里女士，当然也不是帕内塔；她感到历史上从来没有过的羞辱和痛心。

美国无疑是当今世界最强大的国家，美国人民是伟大的人民，“自由女神”代表着一种美好的理想。美军“虐俘事件”确实不能代表美国。但无可争辩的事实是，上梁不正下梁歪，美国士兵随意杀人和残酷的“虐俘行为”，正是在美国霸权思想长期指导和错误政策的鼓励和纵容下发生的，也是新老帝国“治外法权”所“宽容”的结果。

希拉里可能记性不好，她不在意的事容易淡忘。可世界人民是不会忘记历史和大量事实的。美国大兵这次滥杀阿富汗无辜妇女儿童，绝不是简单的孤立事件。美军在越南、朝鲜战争中惨无人道屠杀大批平民的罪行，以及在很多国家强奸妇女的可耻行为，几乎是罄竹难书，历历在目。说这些都是“个别事件”，鬼才相信呢！

2012年3月20日中国网络电视台·国际漫笔

美国应丢掉幻想，给自己找一个新的定位

岁末年初，美国一些主流媒体连续发表文章，大谈"春风得意的美国时代已经终结"，说什么"美国自1945年以来一直就是世界头号大国"，在这个世界上"独占鳌头"，"风光无限"，美国的文书和意志就是世界的法律。可是现在，美国人站在"高山之巅"，却感到有"些许寂寞"和"忧心忡忡"，觉得似乎"除了衰落别无它路可走"。

这种现象和思绪如此集中表现，是冷战结束以来从来没有过的。有关文章都是美国一些"顶尖专家"撰写的。他们并非是在无病呻吟，而是在反思和总结经验，在探寻如何维护美国霸权地位永续和"资本主义的再生"。

读了他们的文章，我不禁想起20年以前苏联解体时的情景。当时，美国政客们几乎是喜出望外，弹冠相庆，认为美国牌子的资本主义胜利了，美国式的自由民主"普世价值观"定将遍及全球，多米罗骨牌的下一个就是中国。其时，美籍日本人福山先生紧密配合，写了一本书叫"历史的终结"，宣扬西方资产阶级民主自由制度是人类社会发展的"终极理想"，并且这种"终极理想"已经变成事实。但这些人显然是陶醉在自我胜利的喜悦中，头脑发热，太一相情愿了。当时的英国首相撒切尔夫人对此就嗤之以鼻，认为"历史的终结"这种观点不过是一个"废话"而已。后来，保罗·肯尼迪等诸多专家学者也提出了异议。

历史是无情的，也是一面镜子。现实可能更加残酷，但美国作为强大的超级大国，可以以史为鉴，做些有益的事。可惜美国领导人手里缺少一面明亮的镜子，看不到时代的变迁和国际力量对比历史性变化新的进程，以及自己实在的身影。

冷战结束后，美国起码失去了两个战略机遇期：上世纪九十年代，它本可利用苏联解体的机会，顺应和平与发展的时代需求，引领"合作共赢"和"不搞对抗"的全球治理。但它沉醉于"对自己制度优越性的迷思"，独霸天下的私心太重，在欧洲和亚太地区，东扩西进，到处伸手，对俄罗斯不依不饶，非

要“踏上一只脚，让它永世不得翻身”。9·11事件后，美国也本可以利用国际上广泛的同情，引领全世界合作反恐，把21世纪带入比较有安全感的时代。但美国过分迷信自己的军力，企图“挟天子以令诸侯”，“反恐谋霸”，奉行单边主义和双重标准，发动了两场战争，而且到处搞“颜色革命”。他们自诩“得胜”了，但“惨胜如败啊！”

现在，时代真的变了。世界多极化正在不以人们意志为转移地快速发展着。早在1998年，95岁的资深外交官乔治·凯南就说过，“这个星球绝不会由任何一个单独的政治中心来统治”，“不论美元还是刺刀都不能保证成功”。那时，他是对着克林顿总统说的。几年前，法国总统萨科奇和英国首相布朗也说过，现在是“相对大国时代”，世界任何重大问题离开中国、印度和巴西等发展中大国都不可能解决。那实际上是冲着小布什总统来的。现在，美国一些主流媒体的“反思”，以及印尼总统苏西洛在东亚峰会期间强调，现在由单一国家管理世界是“不合适的”，则显然是对奥巴马总统的某种警示。

问题是，奥巴马总统听得进这些声音吗？看来还没有。

他一上台就信誓旦旦宣称，一定要“重塑美国在世界的领导地位”。2010年初，他又高调宣传：“美国决不做老二”！今年1月5日，他的政府又推出一项新军事战略，决心要“维持美国的全球领导地位”。这些都是一脉相承的。他执政3年多来，念念不忘的就是要建立“美国统治下的世界和平”。这一战略同当今时代的基本诉求——和平、发展与合作共赢，以及“和而不同”的平等伙伴关系格格不入，很难让人感到美国是一个真正的“好老大”。

现在的情况是，美国在国际上“无可奈何要收缩，情不自禁要伸手”，陷于难以自拔的困境和矛盾之中。

美国能不能摆脱这种困境？能！关键在于要找到一面明亮的镜子，好好照一照这个世界，照一照自己，认真反思，丢掉不切实际的幻想，给自己找一个新的定位：美国现在仍然是当今世界唯一超级大国，但已不是原来意义上的超级大国了，指挥棒已不灵了，或者不那么灵了。它需要的不是什么“改革开放”，而是“反思”和自我“重新定位”，放弃“强势称霸”战略，奉行“平等伙伴关系”，尊重“发展模式多样化”。惟其如此，才可能成为受人尊重的超级大国，为新世纪做出值得称道的贡献。

2012年1月凤凰博客

奥巴马“外交新政”一年来价值几何

奥巴马执政很快就一年了。如何评价和看待他“外交新政”的是非功过，国际上已经开始议论起来。褒贬不一，众说纷纭，在所难免。笔者作为“观察员”，也有话要说。

奥巴马的“外交新政”，不论是在理念上，还是政策和策略上，与小布什确实有很大区别，有些地方可谓泾渭分明。

奥巴马从一开始就承认，现在的重大国际问题，美国无法单独解决，必须得到国际合作；不仅要靠传统的盟国，还要寻求“新的合作伙伴”，如中国、印度、巴西和南非等。他承认，G7或者G8已无法应对和解决金融危机，必须靠G20，也即发达国家和发展中国家对话的“平台”，协调立场，共同应对。他还批评不得人心的伊拉克战争，把“反恐”重点转移到阿富汗。更有意思的是，他提出要实现无核世界（所谓“零核世界”）的主张。

在访问埃及期间，他声称，“美国没有，也永不会与伊斯兰世界开战”，美国“反对以色列在以占巴领土上建立新居住点”；在访问欧洲期间，他声称，美国不是来“发号施令”的，而是来“倾听”的；在访问亚洲期间，他声称，他是美国第一个“心系太平洋的总统”，美国没有寻求遏制中国的意图，美中关系是世界上“最重要的双边关系”。他还宣称，美国要“重启”和改善美俄关系；对非洲，美国“要改变西方人常以恩人和资本提供者的姿态，而作为伙伴到非洲去”；对拉美，美国“要寻求拉美关系的新开端”。他表现谦和谨慎，彬彬有礼。他可以同查韦斯之类的“对手”握手，向沙特国王和日本天皇鞠躬。如此等等，如果说没有一点魅力，没有赢得一点人心，那是不符合事实的。实际上，这一切在一定程度上都有利于改善美国的国际形象，客观上对国际关系的某种缓和与合作也不无好处。

但从一年来奥巴马“外交新政”的实践观察，人们不难看到，有一个“幽灵”始终缠绕着他的“外交新政”，那就是美国自始至终要推行“美国统治下的世界和平”。美国领导人，从总统、国务卿到有关高官都不断强调，“美国没有也不可能放弃领导世界”。奥巴马几乎所有外交政策演说都念念不忘他的战略目标是要“重塑美国领导世界”的形象，维护美国领导世界的地位，真可谓“万变不离其宗”。如在欧洲，他说美国要“倾听和领导”；在日本，他强调，美国要增强并继续保持在太平洋这一极其重要地区的“主导地位”。奥巴马在就职后不久的一次长篇演说中，十多次提到美国“领导世界”的问题，可见烙印之深，奥巴马也不能“脱俗”。

正是在这个“幽灵”的影响下，奥巴马的“外交新政”“绵里藏针”，有时深藏不露，有时说一套做一套。举几个例子就够了。

在寻求国际合作方面，奥巴马“外交新政”并非是真正主张多边主义。美国有关负责人说得很清楚：“美国寻求的是一个在美国主导下的多边主义”，“要以美国为主，协同世界其他力量，解决世界和地区热点问题”。奥巴马从来没有提过联合国或者任何其它国际组织的中心作用。换句话说，奥巴马“外交新政”实际上是要建立“美国指挥下的交响乐队”。

奥巴马把“反恐”重点转到阿富汗，最近又想开辟也门新战场，固然有“反恐”的真实一面，但更重要的战略图谋是要从中东经南亚到中亚、直至蒙古和朝鲜半岛，掌控一条欧亚大陆“生命线”，以便美国主导世界上最重要的石油、天然气资源，并从政治和军事上威逼俄罗斯和中国。

对俄罗斯和日本，奥巴马软硬兼施。对中国更是表演得淋漓尽致。诚然，奥巴马上台后，中美关系有一个比较好的平稳过渡，奥巴马访华中美双方也取得不少可贵的“共识”，具有积极意义。但实际情况怎样呢？奥巴马“外交新政”宣传，现在美中要“同舟共济”，强调美中关系是世界上“最重要的双边关系”，甚至渲染说，“中美关系将塑造21世纪历史”，中国可以在很多问题上与美国“共同发挥领导作用”。可是，他为什么固守“对台湾关系法”，要继续卖武器给台湾？为什么还要指派“西藏问题特别协调员”？为什么在贸易问题上不断无理打压中国产品？说穿了，还是“霸气未改”，对中国采取两面手法。中国人傻吗？你不断侵犯中国核心利益，两国何以“同舟共济”？！要“同舟共济”，必须平等相待，礼尚往来，特别是相互尊重对方的核心利益。

奥巴马“外交新政”实行已一年了。价值几何，从上述情况人们不难得出结论。

2010年1月14—18日《解放日报》、《世界新闻报》

奥巴马身上的基因和危机感

美国总统奥巴马日前在其一年一度的“国情咨文”中宣称，他“决不接受美国成为（世界）第二”。据报道，这一誓死捍卫美国“世界第一”超级大国地位的发言，话音刚落，在场的民主、共和两党议员一起起立，“奉上了雷鸣般的掌声”。场面十分热烈、动人。

读了这条新闻，笔者不禁想起小布什任职期间所说的“美利坚的帝国使命”和克林顿时期强调的“美国统治下的世界和平”。德国一位前政要说得好，奥巴马执政理念固然与其前任有所不同，但别忘了他是“美国的总统”，“他身上流着美利坚帝国的血”，有着美利坚帝国的“基因”。

事实上，奥巴马上台以来，他每次涉及外交的演说，都念念不忘要强调“重塑美国领导世界”的战略目标。去年11月他访问日本时特地强调，美国要增强并继续保持在亚太这一极其重要地区的“主导地位”。今年1月12日，在夏威夷东西方中心，他的外交重臣国务卿希拉里．克林顿发表的政策性讲话，也6次提到，要继续在这一地区发挥美国“传统的经济与战略领导作用”或“中心作用”。可见，美国外交战略是一脉相承的，两党也是基本一致的，有着必然的继承性和连续性。

不同的是，现在奥巴马在这方面说的比克林顿和小布什更多了。这是为什么？一向亲美的日本《读卖新闻》似乎给了一个比较好的回答。该报在1月29日的一篇评论中说：令人振奋的“世界第一”的呐喊，印证了美国在很多领域失去世界第一地位后产生了危机感。

2010年2月1日《解放日报》、《世界新闻报》

奥巴马也打错了算盘

1月30日，中国外交部、国防部和人大等部门先后对美国政府宣布向台湾出售总额近64亿美元的武器装备表示强烈愤慨，并提出严正抗议。考虑到美售台武器的严重危害性及对中美两军关系带来的恶劣影响，中方决定暂停两军计划内的有关互访安排并保留采取进一步行动的权利；推迟两国副部长级战略安全、军控与防扩散等磋商，并宣布制裁参与售台武器的美国公司；明确表示，中美国际与地区合作也将受到影响。

这是中国坚决维护国家主权、独立和安全的严正立场，是新时期中国外交的重要体现和明确无误的政策行为，也是对美国的一次重要警告。

将近30年前，美国领导人打错了算盘，认为中国无法不吞下美国售台武器的“苦果”。但邓小平同志掷地有声地告诉美国：要中国吞下这颗苦果，没门！后来（1982年）美国不得不同中国签订8．17公报，承诺“逐年减少”售台武器，“经过一段时间导致最后的解决”。但美国背信弃义，又在国内搞了一个违反中美三个联合公报的所谓“对台湾关系法”，实际上继续售台武器，不断干涉中国内政，侵犯中国核心利益。

现在奥巴马表面上承诺尊重中国核心利益，但在售台武器问题上并没有改弦更张。可是，奥巴马也打错了算盘，认定中国对美关系是“斗而不破”，最后还是不得不吞下美国拿出的“苦果”。

诚然，中国十分重视中美关系，不愿看到中美关系的大局被破坏。但中国有自己的核心利益要维护，不可能任人摆布。在重大原则问题上，特别是在牵涉到中国核心利益和重大关切问题上，中国是“不怕鬼”、也“不信邪”的。新中国60多年来的历史已充分证明了这一点。奉劝奥巴马好好看看当今世界的潮流和形势，好好看看新中国的历史和现在地位，重新去打美国的国际关系“算盘”，不要再执迷不悟了！

为了让读者了解当时邓小平发话的前前后后，以及“8．17公报”签订前的中美关系，笔者把去年写的一篇文章附后，供参考。

附：要中国吞下这颗“苦果”，没门！

中美1979年建交后，双方在美国售台武器问题上仍然存在着分歧。里根上台后，分歧进一步发展，1982年两国在这一问题上的矛盾和斗争达到相当尖锐的程度。美国政界的各路诸侯和专家学者，纷纷发表意见和评论，献计献策。我国政府十分关注这方面的动向。当时，美国一家有影响的周刊发表一篇引人注目的文章，题目是“中国无法不吞下这颗苦果”，说中国现在主要敌人是苏联，担心苏联威胁，有求于美国；美国继续卖武器给台湾并不存在风险；中国政府可能大嚷大叫，进行抗议，但到头来还是没办法，不得不吞下这颗“苦果”。

我当时正在新闻司工作，负责国际形势动向的分析研究。凭着职业的敏感性，一看便知这篇文章的分量及其代表性，立即组织力量，翻译编写了一期《新情况简报》，迅速报送外交部领导和中央参考，并且用了一个醒目的标题：“中国果真不得不吞下这颗苦果吗？”

邓小平同志当天即批示：要中国吞下这颗“苦果”，没门！并指示章文晋副部长，次日在北京机场为美国国务卿罗杰斯送行时，一定要把这一点明确告诉他。

我们听到这一指示后，都十分兴奋。一是感到极大鼓舞，觉得我们做了一件很有意义的事：及时向中央领导送去了他们当时最关心、最担心、做决策时需要查明的参考材料。二是感到痛快：邓小平同志真有气魄，在涉及中国核心利益问题上，他毫不含糊，坚决果断，绝不吞下美国人给的“苦果”。

邓小平同志做这样的指示，并不是随意性的，而是经过深思熟虑的，是有充分思想准备的，也就是说，中国希望建立良好的中美关系，但也不怕中美关系逆转，准备两国关系倒退，即使退到尼克松访华以前也不怕。

邓小平主观上是很重视中美关系的，一直把中美关系放在很突出的地位，希望稳固和发展两国关系。中美建交三原则（美必须与台湾当局断交，废约和撤军）就是他指示提出的；对美关系十六字方针（增加共识，减少麻烦，发展合作，不搞对抗），也是他提出的。但他是“中国人民的儿子”，作为一个伟大的战略家和思想家，他深知两国关系、特别是同美国这样超级大国的关系，不能一厢情愿，更不能一味迁就。

中美建交才一年，美国政府就换届了。里根总统在竞选期间，说了不少“亲台湾”的话，甚至扬言要恢复同台湾当局的官方关系。他上台后，两国关系中的麻烦不会少，不可避免地将有一番带有原则性的斗争。事实上，从一开始邓小平就同他进行了几个回合的“隔洋较量”。

第一个回合就是里根就职典礼。里根当选后，美方很快便发出请帖，邀请台湾方面的国民党秘书长蒋彦士出席。根据邓小平的指示，我国政府明确告诉美国方面，在这种情况下，中国大使决不出席典礼。后来美国方面解释并保证不邀请台湾官方代表。我们说，那也不行，届时如发现官方席位上有台湾方面代表，中国大使将要退席；要求美方确保不出问题。里根就职典礼，从任何意义上说，或从任何角度考虑，如果没有中国大使出席，他将大失面子。里根权衡利弊，最后不得不同意中国要求。蒋彦士先生忽然“临时因病住院”，不能出席就职典礼。

接着就是当年的坎昆会议和联合国选举新的秘书长。这时中国实际上已开始调整政策，认为反霸要看实际情况，坎昆会议是“南北对话”，主要对手不是苏联，而是美国。在选举秘书长时，中国一连九次否决了美国坚决支持的候选人，美国也九次否决了中国支持的候选人。最后双方都投票支持了秘鲁的德奎利亚尔。

里根原以为，中国“以苏联为主要敌人”，有求于美国，在对台关系方面，无论美国怎样做，中国都无可奈何。经过几个回合的较量，里根似乎开始感到，同中国打交道并不像他想象的那么简单，中国不吃他那一套。实际上，当时真正最担心和害怕苏联的，并不是中国，而是美国自己。正是在这种情况下，里根政府最后才不得不同意签订有关售台武器的“8·17公报”。美国承担义务，“逐年减少”售台武器，“经过一段时间导致最后的解决”。当然，中国也作一点让步，暂时没有明确把美国停止售台武器的时间限定死。但邓小平当时明确告诉美国大使，“逐年减少”，不能一年只减少一个美元；“一段时间”，是有限的，不应推向遥远的未来；“最后的解决”，只能是停售。

以上几个“小故事”充分表明，在重大原则问题上，特别是在牵涉到中国核心利益问题上，中国始终坚持独立自主的和平外交政策，既“不怕鬼”，也“不信邪”。

2009年8月19日中国日报网、《解放日报》等

奥巴马真的在乎达赖吗

近些年来，达赖不断窜访一些发达国家，从事企图分裂中国的活动，自鸣得意，但却正中这些国家某些领导人的下怀。他们口口声声说，达赖是什么“宗教和精神领袖”，实际上是把他当着“棋子”玩。在这方面，美国堪称“冠军”。冷战结束以来，美国历任总统无不如是，奥巴马也不例外。

2010年伊始，美国继宣布售台武器后，又不顾中国的强烈反对和严正交涉，频频宣传并安排奥巴马在本月18日于白宫会见达赖。其诡辩之词主要集中在以下几个方面，虽然没有太多新意，但有助于人们更好地认识奥巴马“外交新政”和“巧实力”的本质，以及他关于中国的好言好语。

辩词之一：这是所谓“美国价值观”使然，美国“关心”中国的“人权”和“宗教自由”，奥巴马要会见的是西藏“宗教和文化领袖”。

这是既无知又狂妄。说“无知”，那是因为，近60年来，西藏早已发生了历史性变化，人民生活越来越好，宗教信仰十分自由。难道要他们回到农奴制时期任凭农奴主宰割的年代才是美国字典里的“人权”吗？！难道要西藏新娘都把“初夜权”交给农奴主才是“自由”吗？！这些不争的事实，包括美国的很多专家学者都承认，可是美国一些领导人就是故作“无知”。说“狂妄”，因为这一辩词实际上是克林顿时期“人权高于主权”谬论的翻版，以“人权”之名行“霸权”之实，肆意干涉他国内政。这种谬论十几年前就遭到普遍反对，奥巴马至今仍视为珍宝，逆潮流而动。至于说达赖是什么“宗教和文化领袖”，那更是欺人之谈，美国领导人心里很清楚，他不过是一颗分裂中国的“棋子”而已。

辩词之二是：会见达赖在美国是有“传统”的。老布什和小布什都做了，克林顿也做了，奥巴马自然也要“当仁不让”，否则他如何“面对江东父老”（美国“普世价值观”的吹鼓手们）。

这看似“合乎逻辑”，实际上反映了美国“普世价值观”先生们的一贯作风和美国霸道政策的连续性；也暴露了奥巴马“外交新政”与“变革”的局限性和虚伪性。奥巴马说了不少关于中美关系至关重要的话，但在关键问题上，如在售台武器和会见达赖问题上，他的所谓“变革”就不适用了，他还是要“墨守成规”，不顾中国的核心利益，做一个“称职的继承人”。

辩词之三是：此事奥巴马访华时就向中国领导人“打过招呼”；美中关系现在“已经而且应该足够成熟”，中国的原则也是“斗而不破”，因此，不会破坏两国合作的大局。

这是十分无理的狡辩，也是美国方面的一厢情愿。中国领导人当时就向奥巴马阐明了中方的严正立场，坚决反对任何国家领导人和政府官员会见达赖；明确要求美方不允许“藏独”分裂势力利用美国领土从事反华分裂活动。聪明的奥巴马难道没有听清楚吗？

诚然，中美关系是世界上最重要的双边关系之一。中国希望两国从大局出发，共同建立积极全面合作的关系；相互尊重和顾及彼此的核心利益与关切。在这方面，奥巴马访华时的承诺，白字黑字写得清清楚楚。现在企图用一个“打过招呼”就想表明“会见有理”，岂不是自食其言？这也太不把中国当回事了。这难道还不是在伤害两国关系的大局？每个国家都有它的核心利益和与此有关的“红线”。美国有，中国也有。一切有自尊的国家都有。美国一方面不断跨越别国的“红线”，随意侵犯别国的核心利益，一方面又声称，这并不会伤害两国合作关系的“大局”，这也太一厢情愿了。这种情况，历史上确实存在过。现在时代不同了，美国领导人和美国“价值观”的吹鼓手们，难道不应该清醒和反思吗？

2010年2月19—23日《新民晚报》、《中国日报》等

昔日“铁杆”今何在?
——澳大利亚，日本一面新的镜子

温家宝总理近日访问澳大利亚，引起国际舆论、特别是澳大利亚舆论广泛注意，有些议论既中肯又发人深思。概括起来主要有以下三大特点：

一是充分肯定中国主张和平、发展与合作的大方向，认为“中国速度”的发展是国际机遇而不是威胁，中国是负责任的大国。

二是经济上引用大量事实，突出两国经贸关系的重要意义和影响（去年双边贸易增加33%），政治上表明同美国拉开了距离，不赞成共同对付或遏制中国，而且说“华盛顿不应假定澳大利亚会介入万一发生的台海冲突”。

三是强调澳大利亚目前对华政策有深厚的民意基础，说现在对中国持正面看法的民众占69%（对美国只有58%），72%的民众不赞成卷入可能发生的台海冲突。

这些评论实际上发出了至少3个重要信号：

首先，它告诉全世界，中国外交政策和取向是顺应时代潮流的，得人心的——得人心者“倡”，朋友越来越多。

第二，它实际上告诫美国新保守主义理想家们，冷战思维现在吃不开了。昔日美国所谓的美、日、澳“南锚、北锚铁杆联盟”早已是“明日黄花”。澳大利亚虽然是美国的盟友，但不可能再亦步亦趋跟着走。

第三，客观上给日本提供了一面新的镜子，同韩国反对冷战集团和要求平等伙伴关系的那面镜子，从两个不同的角度，照出了日本小泉政府“反潮流、逆民心”外交的丑态。实际上也是告诫日本，它一心想同那个超级大国拼凑“亚洲小北约”是极不现实的。连韩国和澳大利亚这两个昔日的“铁杆盟友”都要与之保持距离，更何况印度尼西亚和印度等亚洲其它国家。

呜呼，昔日“铁杆”今何在？“明日黄花”不再香！

2006年4月5日搜狐博客

先贤遗训岂能忘怀

美国媒体最近在报道华盛顿“反战母亲”和反战大游行时，大量引用开国先贤杰斐逊总统的遗训，说在这个充满危险和陷阱的世界上，捍卫美国自身的民主与自由已经相当不易，不要试图将美国的价值观强加给其他国家，盲目地卷入海外事务；强调“战争是要努力避免的最大邪恶”，它“既是对受害者的惩罚，也是对惩罚者的惩罚。”

从这些报道中，人们不禁想起美国著名黑人领袖马丁·路德·金的一句名言：黑暗不能驱走黑暗，只有光明才能做到。仇恨不能驱走仇恨，只有爱心才能做到。

杰斐逊和马丁·路德·金的立场、地位和看问题的角度有所不同，但他们的遗训对现在美国“反恐战争”的大方向和政策行为却有着异曲同工的指导意义。

恐怖主义是人类的公害，是冷战后国际非传统安全领域最为严重的突出问题。任何真正意义上的反恐斗争都会得到全世界人民的同情和支持。可是美国“反恐战争”却如此不得人心，为何？美国军事实力在世界上占绝对优势，可是在伊拉克战争中，不仅“零伤亡”的理论破产了，实际上付出了惨重的代价（死亡士兵已接近2000），这又为何？说穿了，正像广大示威者在白宫门前打出的标语所说：“以战争去反恐，犹如用汽油去灭火”，“伊拉克是阿拉伯人的越南”。实际上，这主要是因为，在反恐问题上，美国当政者自不量力，过分强调军事解决，搞扩大化，随意性太大，忽视了标本兼治，而且采取双重标准。一句话，他们似乎没有铭记先贤们的遗训，他们以“惩罚者”自居，结果受到了人们对“惩罚者”的“惩罚”。

2005年10月8日博联社博客

最珍贵的礼品

猴年将去，鸡年转眼将至。再过十几天，美国就要举行布什第二任期的总统就职典礼了。这是美国政治生活中的一件大事。在一定意义上，也是世界政治生活的一件大事，因为美国作为当今世界唯一的超级大国，它的一举一动都牵动和影响着全球的方方面面。

据美国官方宣布和媒体透露，这一盛典在很多方面都将打破历史记录，盛况空前，单单舞会就有九场，还有很多鸡尾酒会和各种大小套餐，以及内容丰富的音乐会，可谓多姿多彩，盛况空前。布什总统夫妇当晚将要“旋风式”亲临各场舞会“与民同乐”，特别是那场“总司令舞会”。当然，花费也很大，据说将高达4000多万美元。保安更是极其严密，几乎是三步一岗，五步一哨。

正是在这个重要时刻来临之前，美国《时代》周刊把布什评为2004年度“风云人物”，认为布什有着“强硬而鲜明的人格魅力”，是“盛世总统”。这对布什总统来说，无异于锦上添花，也是送给布什总统的一份厚礼。布什阵营、特别是那些新保守主义的理想家们，对此感到十分兴奋、甚至有点飘飘然，是完全可以理解的。

不过，还有一件“礼品”，它既不是金钱，也不是珠宝，更不是什么颂扬的锦旗，而是一份珍贵的无形资产，他们似乎没有注意到。几乎就在《时代》周刊把布什评为本年度风云人物的同时，“联合国改革问题高级别名人小组”的报告引用了美国历史上一位领导人的重要讲话。

1945年联合国成立时，美国当时的总统哈里·杜鲁门在成立大会的最后一次全体大会上说：

> “我们大家都必须认识到，不管我们的力量多大，我们都不能容忍自己随心所欲，为所欲为。”

这话说的多么好！多么有现实意义！这是美国历史上一位受人尊重的总统

的至理名言，确实是价值连城的一份无形资产。我想，布什总统一定是很了解自己国家历史的。这席话兴许是布什总统这次就职盛典收到的一份“最珍贵的礼品”。

2005年1月5—7日《世界新闻报》、《解放日报》

"自由女神"何以愁绪满怀

近日，英国媒体发表一幅发人深思的漫画：美国"自由女神"耸立的丰碑不见了，她放下了象征自由与光明的火炬和《独立宣言》，坐在丰碑的底盘上，托腮沉思。

偌大的一个美国，不论是在经济上、军事上还是科技创新等很多方面，在全世界都是超强的，而自由女神更是"魅力十足"，代表着"快乐的美国"和一片"圣洁的国土"。前几年，由于美国虐囚事件，"自由女神"被弄得羞辱不堪，伤心落泪。如今她又走下自己的"圣坛"，甚至放下象征自由与光明的火炬和《独立宣言》，愁绪满怀，何故？

发表这幅漫画的英国《经济学人》杂志在"不快乐的美国"一文中似乎作了一些解读，认为"现在美国这个全世界最自信的国家正处于低潮期，10个美国人里有8个认为他们的国家正朝着错误方向前进"；相比于中国、印度等发展中国家，"美国式资本主义表现逊色"，这令美国人既"痛苦"，又"心烦"；"现在，整个世界更趋向多极化"，而美国却仍在"热衷于计算"自己对手的实力、特别是中国这样国家的实力，寻找自己失败的"替罪羊"，搞不清自己到底"需要做出什么改变，需要接受什么现实"，从而感到莫名的恐慌，在政策行为上既伤害自身，又伤害盟友与伙伴。在这样的情况下，"快乐的美国"从何谈起？"不快乐的美国"，似乎比较顺乎自然。

美国自己的主流媒体《纽约时报》最近的一篇书评好像也作了很好的"补充解读"。

当年为克林顿总统撰写讲稿的特德·威德默先生不久前出版了一本新书：《自由的方舟：美国与世界》。该书纵览了美国外交政策和催生这些政策的理念；着重分析了美国以"倡导自由之名"干的一些"害人不浅"的实事，从而使自由的"火花和光亮已经无处可寻"。在谈到伊拉克战争问题时，作者表露了对布什政府外交政策失败的愤怒，认为美国"严重背离了最崇高的外交政策传统"。书评特别提醒读者注意新书最后一句令人难忘和精彩的结束语："在21世纪初，重读《独立宣言》可能会令人感到不快。在傍晚的光线中，它读起来可能像是讨伐我们自己（美国）的宣言。”

诚然，这句话不仅令人难忘，更发人深思，好像是对“自由女神”何以愁绪满怀早已准备好了的经典答案。

2008年8月4日《解放日报》等

克林顿闪电访朝，醉翁之意不在“酒”

8月4—5日，美国前总统克林顿对朝鲜进行了闪电式访问。结果已初步显现。第一，朝鲜高规格接待，金正日亲自会见，并与克林顿举行会谈，据说两人在“认真的气氛中对朝美之间的悬案问题进行了开诚布公的、深入的讨论”，双方一致认为“应该用对话的方法解决问题”。第二，克林顿向金正日“转达了美国总统奥巴马对改善两国关系的看法的口信”（白宫发言人虽然否认，但难以完全令人置信）。第三，金正日以“国防委员长”名义亲自下令对两名美国记者予以特赦，克林顿满意地把她们“领回”去了。

人们目前还无法知道奥巴马口信的内容以及克林顿是怎么对金正日说的，也不知道双方幕后相互的微妙承诺（西方媒体称之为“交易”）。但上述结果显然是双方所希望的，特别是朝鲜方面期待的。

尽管朝核问题六方会谈目前陷于僵局，朝方一直希望与美国直接对话；美国虽然声称六方会谈是解决朝核问题的平台，不会同朝鲜方面进行双边会谈；但事实上，美朝之间的双边接触乃至会谈始终没有真正停止过。不仅有过公开的，私下的渠道也一直存在。这次克林顿的闪电访问，“醉翁之意”固然也在“酒”，在于争取朝鲜释放两名美国女记者，但更在于寻求和探讨，在什么样的条件下，美国在朝核问题上、在美朝关系方面能“有所作为”。

从朝鲜破例高规格接待等一系列现象观察，从奥巴马总统指派克林顿这样的“顶级人物”乘专机去访问，并向金正日传话的举措观察，美朝双方显然都有自己的小算盘，而且“期望值”都不低。

克林顿这位“最佳人选”卸任前就曾有过改善美朝关系的“良好表现”，朝鲜也是比较喜欢他的。因此，这次访问，他“不辱使命”，完成了任务。朝鲜方面似乎也相当满意。

朝鲜的“满意度”从其发表的“新闻公报”不难看出。公报称，克林顿的平壤之行“对加深朝美之间的理解和建立信任做出了贡献”；金正日和克林顿在“认真的气氛中对朝美之间的悬案问题进行了开诚布公的、深入的讨论”，双方一致认为“应该用对话的方法解决问题”。朝方这样说可能有某些主观意图的成分，但看来也并非完全是空穴来风。

不过，朝核问题和美朝关系的复杂性和艰巨性是众所周知的。冰冻三尺，非一日之寒。双方如何破冰，六方会谈的其它方面如何应对和互动，形势如何发展，还有很多不确定因素，有待读者“鉴赏”和识别。

2009年8月5日中国日报网

“特赦记者外交”和“克林顿效应”

美国前总统克林顿对朝鲜闪电式访问已经好多天了。国际评论和猜测仍像雪片似的飞来，众说纷纭，莫衷一是。但有一点比较一致，那就是：金正日“特赦记者外交”目的何在，赢得几何；奥巴马“领回记者外交”有何打算，“克林顿效应”如何？朝核问题是否出现了新的趋势？

从“面子”上看，“克林顿效应”让双方都“脸上有光”。奥巴马给足了金正日面子；金正日也表现了“宽容”，实现了“特赦记者外交”的“探路策略”。克林顿受到异乎寻常的破格接待，实现了奥巴马“领回记者外交”。

“记者越境”这一类问题的处理，历来可大，可小，可轻，可重，无不与政治气候和国家关系紧密相连。朝鲜方面重判两名美国越境记者“敌视朝鲜国家罪”，服刑12年，显然是“一着棋”，或者说“一张牌”，等着美国“回招”和“出牌”。据透露，双方通过平壤“瑞典渠道”和纽约“联合国渠道”事先已有某种默契。美国要“领会”记者，就必须派“像样的人”去。美国提出好几位重量级人选，朝鲜都不同意，最后决定满足朝方的要求，派了克林顿这位“最受欢迎的人选”。克林顿的魅力不仅在于他是民主党的前总统，更在于他卸任前曾有过改善美朝关系的“良好表现”，而且还是现任国务卿希拉里的丈夫。朝鲜也是比较喜欢他的。奥巴马派（或者说“同意”派）克林顿去“领回”被判刑记者，正是金正日需要的“面子”。金正日亲自会见和宴请克林顿，并立刻下令“特赦”美国记者，也是“礼尚往来”，是对奥巴马给面子的“回报”。克林顿带了奥巴马的“口信”，“不辱使命”，旋风式地完成了任务，当然也是十分风光。

现在人们更加关心的是，金正日的“特赦记者外交”和“克林顿效应”的“里子”究竟如何。

综合各种情况看来，美朝双方显然都有自己的小算盘，而且在不同程度上，“期望值”都不低。

朝鲜的“满意度”和“期盼”，从其发表的“新闻公报”不难看出。公报称，克林顿的平壤之行“对加深朝美之间的理解和建立信任做出了贡献”；金正日和克林顿在“认真的气氛中对朝美之间的悬案问题进行了开诚布公的、深入的讨论”，双方一致认为“应该用对话的方法解决问题”。这些话可能有一定主观意图和“水分”，但意味深长，含义明显。美国有评论认为，这充分显示了朝鲜要同美国直接谈判对话的“急迫心情”，也暴露出朝鲜图谋推动局势由长期紧张对抗逐步走向缓和与对话的迫切需要。这一评论值得细细品味。

美国刻意保持低调，强调克林顿访问纯属“私人性质”，奥巴马并未让克林顿带什么口信。奥巴马还公开声称，朝鲜“有一条改善关系的道路”，那就是他们需要“不再研制核武器、不再像之前那样进行挑衅”；强调美国“只是希望确保朝鲜政府根据国际社会的基本准则行事”。如果仅从这些表面现象看，在“里子”方面，朝鲜什么也没有得到。但有点普通常识的人都知道，这是特殊情况下的“外交”。

首先，对美国政府否认带“口信”一事，克林顿一直保持不同寻常的沉默，朝鲜方面也未予反驳。这绝非偶然。第二，对朝鲜单方面的新闻公报，美国政府不仅未作任何直接否认或辟谣，还转引克林顿的话说，朝鲜希望与美国"建立新的并更加友好的关系”。这也非同一般。可见，克林顿事实上以某种方式转达了或者传达了奥巴马政府的意向。克林顿的闪电访问，“醉翁之意”固然也在“酒”，在于争取朝鲜释放两名美国女记者，但更在于寻求和探讨，在什么样的条件下，美国在朝核问题上、在美朝关系方面能“有所作为”。因此，不难想象，“特赦记者”仅仅是个由头，金正日同克林顿三个多小时的交谈，显然涉及两国关系的走向和可能的“解冻之道”，以及幕后的微妙意向乃至承诺。这显然是双方都希望的，特别是朝鲜方面期待的。

朝核问题六方会谈目前陷于僵局，固然有朝鲜方面的原因，但美日韩、特别是美国也难辞其咎，大有值得反思之处。有些国际分析评论说，朝方一心希望与美国直接对话，认为只要同美国关系搞好了，其它国家都“不在话下”。还有个别评论甚至说，中国在朝核问题上被“边缘化”了，“彻底失败了”。前者似乎只记得美国有搞“越顶外交”的历史，忘记了美国正在加强美日韩同盟关系的现状。后者似乎忽视了时代的变迁和重大国际安全问题方面的“中国因素”，也忘记了中朝关系的历史和地缘政治战略。更何况，朝核问题的一对主要矛盾本来就是美朝关系。长期以来，这两个冤家对头，一个狠狠相逼，一个坚决硬顶。中国这几年来苦口婆心，劝和促谈，希望它们顾全大局。正是在中国的主持下，朝核问题六方会谈设有一个美朝双边关系正常化工作组。现在如果它们互不采取激化矛盾措施，而能“重启”对话，有何不好?

当然，朝核问题和美朝关系的复杂性和艰巨性是众所周知的。冰冻三尺，非一日之寒。近来，朝方频抛橄榄枝，在强调朝中友谊是“不变的意志”同时，声称与美国“谈判的大门始终敞开”，并“驱逐”了韩国要的职员。但美国在对朝制裁问题上仍保持压力，李明博所谓“新和平构想”，也是“面和心不软”，韩美联合军事演习仍如期举行，朝鲜针锋相对，宣布国家处于特别戒备状态。因此，坚冰如何打破，六方会谈的其它方面今后如何应对和互动，形势如何发展，还有很多不确定因素，有待进一步观察和识别。

2009年8月中国日报网等

希尔数落小泉，有意思！

近日，美国负责亚太地区事务的助理国务卿希尔在釜山公开数落日本首相小泉说，日本与邻国的“寒流期”已经太长了，“我们希望日本能与中国保持友好关系”。他说，日本和邻国的紧张关系会给华盛顿带来麻烦，“当人们一提到美日关系就想，‘这是冲着中国去的’，那样不符合我们的利益”。此前，希尔还曾在一次听证会上强调，“从根本上说，日中、日韩的良好关系符合美国的利益”，批评小泉不断在中日关系和亚洲邻国之间制造“冷空气”，造成“极其严重的局面”，敦促小泉政府改善与中韩两国的关系。

希尔两次讲话，一次选择在布什总统访日之前，似乎是告诫小泉在处理日中和日韩关系时，不要头脑发热，不能忽视美国的实际利益和考虑。但小泉不知是有意装聋作哑，还是吃错了药，一心想讨好美国，在布什访日和APEC峰会期间，公然声称，日本同美国关系搞得越好，它同中、韩等亚洲国家的关系也就更容易搞好，鼓吹日美关系“万能论”；而且，不顾各方警告，扬言还要继续参拜靖国神社。正是在这种情况下，希尔不得不再一次站出来数落他。话虽不多，还是挺有意思的，分量也比较重，颇有点美日加强同盟最新交响乐“主旋律”的“弦外之音”。

小泉“傍”美国这个超级大国，充其量不过是“妾”的身份。如果长期恃宠而骄，自以为买了“保险”，万事大吉，随便打乱“老爷”的如意算盘，“老爷”是不会高兴的。小泉如有自知之明和一点“傍”的“灵气”，似乎需要夜静深思，“洗耳恭听”希尔的“弦外之音”。

2005年11月24日《新民晚报》

兰德公司朋友言之有理

最近，在上海举行的“太平洋论坛——2006年”研讨会期间，在接受媒体采访时，兰德公司亚洲部主任欧维伦先生对所谓“中国威胁论”发表了自己的看法。他说，“有人误读了历史，把历史套在现实与未来的头上”。后来，他又在会上进一步解释说，历史上德国和日本的崛起，与现代中国的兴起性质不同，不能相提并论。

欧维伦的讲话引起与会者和社会上不少兴趣和议论，一般都是比较积极的，其中有两点似值得一提。

其一，欧维伦的讲话实际上是对陈旧历史观的否定，也是对冷战思维委婉的批判。近几年来，美国新保守主义理想家们以不同方式，在政治、经济、军事、文化乃至发展模式等各个方面散布“中国威胁论”，制造“中国崛起”的恐惧。说什么历史上“几乎没有那个国家的崛起没有引发战争”，美中之间“一场战略冲突在所难免”；强调所有大国都是无情的权力追逐者，中国也不例外。如果中国日益强大，也会像美国一样，最大限度地占有世界权力。

从历史上看，由于资本主义政治经济发展不平衡规律的影响，当一个占统治地位的帝国衰落而另一个帝国勃然兴起的时候，后者势必要求重新划分势力范围，从而引起对抗和战争。但现在时代不同了。中国、印度和巴西等发展中大国的兴起，不同于历史上帝国的崛起。它们并不要求重新划分势力范围，而是“和谐共处”与“平等的伙伴关系”，是互利、合作和共赢。可惜这些新保守主义理想家们由于受冷战思维影响太深，至今仍沉浸在陈旧的历史观中不能自拔。

其二，欧维伦的讲话是美国朝野正面认识和评估中国发展趋势的反映。最近几年，鲍威尔和赖斯国务卿都说过，美中关系现在处于历史上最佳时期。去年9月以来，副国务卿佐利克和国务院高官柯庆生先后提出中国应是“负责任的利益攸关方”，承认“中国在国际舞台上的影响力日增”，认为美国不应将此视为“对美国的威胁”；强调美国对华政策的核心是“在最大程度上扩大共同利益”，以及“相互合作的积极接触”。财政部长保尔森最近说的一些话更加务实，而且似乎更明事理。美国智库和媒体这类言论也正在多起来，这是值得欢迎的。

但人们不能不担心，美国至今仍把中国列为“处于战略十字路口”的国家（言下之意还没有“顺着美国走”）；美国现在并不认为中国“已经是”“负责任的利益攸关方”，而是要“敦促”、“推动”和“引领”中国成为“负责任的利益攸关方”；强调中美关系“很大程度上取决于中国怎么做”。其实，中国一直在走自己的路。它需要互利合作与平等伙伴，但并不需要什么“引领”。中美关系能否“更上一层楼”，不断拓宽利益汇合点，进一步发展合作领域，主要取决于“美国怎么看”中国和怎么做，以及相应和必要的政策调整。

2006年10月10日《世界新闻报》等

冷战思维冲昏了头脑

布什总统这次南亚三国之行重点显然是印度。宏观上看，是要全面深化两国战略合作伙伴关系。具体领域包括核能、反恐、军事技术、经济贸易和投资等各个方面。美国十分重视这次访问。布什总统行前两次亲自讲话，强调发展两国关系的战略意义。美国媒体评论认为，这是两国关系经历多年困难之后的一个"新的转折点"。印度在争取"入常"、核能和军事技术、经济贸易和吸引外资等方面，也对美国寄予希望。预计双方将签订一系列协定。

国际舆论对布什此行也颇为关注。如果两国新的合作有利于地区的和平与稳定，有利于真正意义上的反恐，以及促进经贸合作，人们一般都乐见其成。

遗憾的是，美国和日本一些主流媒体一再宣传，印度是美国在这一地区抗衡中国的"最佳筹码"，布什将试图说服印度与美国联手牵制中国。有的评论甚至把布什的印度之行与当年尼克松访华相提并论，说当年尼克松拉拢中国，"是为了抗衡苏联"；现在布什拉拢印度，"则是为了抗衡中国"。真是冷战思维冲昏了头脑，模糊了视线。

尼克松访华是两霸争夺的冷战时期，当时追求霸权的苏联对中国也是个重大威胁。中国和印度是和平共处五项原则的共同缔造者，印度外交有"不结盟"的历史传统，中印两国都奉行独立自主的和平外交政策，目前都在走和平发展道路，而且建立了"战略合作伙伴关系"。今年是"中印友好年"，两国正在迎来战后友好关系第二个新高潮。在这种情况下，正像美国一些有识之士所说，企图利诱印度加入美国"霸权游戏"牵制中国，印度是不会感兴趣的。印度最新民调显示，72%的民众对美国欺凌弱小国家不满。他们明确表示，"我们的确需要美国人的钱，但是我们也要保持自己的尊严，我们不会为了实现美国的战略利益而损害与中国的友好关系。"

2005年7月18日《解放日报》等

美国大使“两头不讨好”

美国新任驻韩国大使亚历山大·弗什博近日连续发表讲话，攻击朝鲜是个“犯罪政权”，是“拥有百万军队的极权主义国家”；要求韩国政府在与朝鲜经济合作上“应该谨慎行事”。

朝鲜官方舆论立即反驳，说这个大使“喜欢搬弄是非，让人讨厌”；指责他的讲话是“与布什总统所说的邪恶轴心如出一辙的胡言乱语”，破坏了美国在朝核问题六方会谈共同声明中所作的承诺；质疑他是否有资格做大使，要求立即收回他所说的话。

韩国政府对美国新任大使讲话十分不解，认为在朝核问题会谈处于关键阶段，美国“不应该刺激朝鲜”。韩国外交通商部高级官员公开要求这位大使，讲话要注意“克制”。韩国执政党代表也向这位大使表明，“任何一个阻碍朝鲜半岛统一的国家永远都不会是我们的朋友”，希望他“铭记这一点”。

美国新保守主义理学家们的喉舌《华盛顿时报》很敏感，迅速反应说，美国大使“两头不讨好”，“成了朝鲜半岛南北方政府都不欢迎的人”。日本一家媒体也评论说，在如何应对朝鲜问题上，“美韩步调紊乱已经表面化，很可能对六方会谈也将产生影响”。

这一场小小风波，外交上是很不平常的。显然，朝鲜感到愤怒，韩国感到困惑，国际舆论感到不解，不知美国这位新上任的大使到底要干什么？在这种恶语相加的情况下，朝核问题六方会谈下一步怎么走下去？

2005年12月19日《世界新闻报》等

美国心目中的“十字路口”国家

美国在评估中国形势时，经常强调中国发展前景和道路“不明朗”，具有“不确定性”，目前正处在“战略十字路口”。

中国独享此“荣”已经好几年了。现在情况似乎有了点变化。美国最近公布的《四年防务评估报告》，除了把中国列为“未来对美国最具军事威胁的国家”外，还将俄罗斯和印度同中国一并列为“处在十字路口”的“转型大国”。这样一来，中国身边忽然多了两个“伙伴”，也不再“光荣孤立”了。

中国和平发展道路和方向是十分明确的，不仅有大量庄严的政策宣示，而且已为国际实践所证明。可是美国就是不相信，不放心，喜欢说三道四，指点方向。为什么？原因很简单，说穿了就是美国手里有一把自制的尺子，上面刻着美国字典里“自由”与“民主”的“价值观”。只要中国政治制度和社会思想一天不“美国化”，中国仍然坚持“社会主义市场经济”等原则，不沿着美国指引的方向走，就是“异类”。既然是“异类”，当然就只能站在“十字路口”了。

我不敢代表俄罗斯说话。但我知道，苏联解体后有一段时期，美国多少还是比较满意的。现在普京总统领导的俄罗斯似乎大大醒悟了，不吃美国那一套了。国力也在迅速回复和发展。用某些俄罗斯学者的话来说，他们已开始丢掉幻想，走自己的路。因此，美国沉不住气了，把俄罗斯也放在“十字路口”，以显示“对俄罗斯发展方向的高度警觉”。

我更不敢代表印度说话。但我也知道，美国和日本一直想搞一个“亚洲小北约”，印度虽然非常重视印美关系，愿意同美国加深合作，然而，印度有自己的独立自主外交与不结盟传统。正像印度一些朋友所说，“印度的DNA不允许它成为任何国家的附庸”。加之，经济上印度正在成为“美国新的竞争对手”，外交上印、中、俄举行过三方外长会议，美国当然既不满意，也不放心。所以，尽管还要继续拉印度，把印美关系称之为“战略伙伴关系”，仍然要把它放在“十字路口”上去。

其实，中、俄、印都不是站在“十字路口”，都在走自己的路。只是美国的“霸气”模糊了双眼。

2006年2月10—17日《解放日报》、《世界新闻报》

发人深思的幽默与讽刺

美国民众很现实，也很幽默。人们往往可以从他们的幽默中看到他们明确的政治见解和尖锐的批判能力。

3月20日，笔者在《解放日报》发表的一篇“国际漫笔”中曾经引用了两个这类幽默。美国政府当时把对伊拉克战争的代号定为“Operation justice”(正义行动)，美国民众用谐音法把它说成是“Operation just us”(只有我们行动)，讽刺这不过是孤家寡人之举。当时美国政府声称，它要率领“Union of willing”(志同道合者联盟)对伊动武，美国民众又用谐音法把它说成是“Union of billing”(“伸手要钱者联盟”或“开账单联盟”)，讽刺美国政府要组织联盟的真正性质。现在实践已经证明，他们是很有见识的。

最近，围绕所谓伊拉克“情报门”事件，美英政坛闹得不亦乐乎，不可开交。美国已开始出现了“勇敢的替罪羊”，英国逼出了“知情者的命案”。反对派趁机发难，甚至扬言要弹劾总统。一场困扰两布的风波，正在引人注目地发展，方兴未艾。

两国媒体更是大肆炒作，而且发表了不少带有批判和揭露性的照片，其中有一幅特别醒目：美国民众中一位妇女手举印有布什和布莱尔画像的巨大标语牌，上书“WEAPONS OF MASS DECEPTION”(“大规模欺骗性武器”，英文缩写WMD)，与英文“WEAPONS OF MASS DESTRUCTION”(大规模杀伤性武器)谐音，与其缩写字母WMD完全一样。

这幅标语也很幽默，具有很大的讽刺性，深刻而尖锐地揭露了所谓“情报门”事件的本质

美英发动对伊拉克战争的主要理由和依据是，“伊拉克正在开发并藏匿了大规模杀伤性武器”，而且在很短时间内(有的甚至耸人听闻，说“48小时内”)便可部署完毕，直接威胁美英的安全。它们认为，联合国核查效率低，速度慢，它们不能坐等挨打，必须先发制人。。。。。。所以，它们不顾联合国安理会清醒的反对意见，不顾国际上的强烈反战呼声，靠着未经证实的“情报”，误导国内

民众，发动了一场耗资巨大的对伊战争。

对美英的所谓“情报依据”，人们早就心存疑问，质疑颇多。现在美英占领伊拉克全境已100多天了，在伊拉克驻军加起来近20万，而且派了上千人的专家到处寻找“大规模杀伤性武器”。可是至今仍一无所获，连影子也没有。美英和国际媒体不断提出各种疑问：伊拉克大规模杀伤性武器究竟在那里？伊拉克如果确实有，为什么在生死关头不动用？这是不是布什总统“皇帝的新衣”？

美英领导人现在似乎有点乱了阵脚。他们一会儿说，肯定会找到大规模杀伤性武器（谁信？）；一会儿又说，伊拉克“试图”重新启动核武器发展项目；还说，即使找不到，上帝也会原谅他们，历史将证明他们是正确的，因为他们推翻了一个暴君政权，为伊拉克送去了“民主”和“自由”（早知今日，何不当初就直说这才是真正的“理由”和“依据”？）

美国民众上述三个幽默充分反映了他们分辨是非的智商。他们一些人可以被误导和蒙蔽于一时，但不可能长久和永远，更不可能是绝大多数人。随着事态的发展，美国民众必然会联想到美国历史上靠谎言误导而发动战争的诸多先例，必然会进一步质疑有关领导人的诚信度。好戏似乎还在后头。

2006年7月28日《世界新闻报》等

美国军火商快乐的春天

冷战结束十几年来，世界和平与发展的潮流遇到相当严重的冲击，各种名目和性质的冲突与战争不断，中东一些地区更是战火纷飞，生灵涂炭。世界似乎更不安全了。

面对这种情况，人们首先想到的，当然是霸权主义作祟，是经济全球化引起的负面影响和社会的不公平、不公正，以及恐怖主义的泛滥和跨国境贩毒，等等。这些无疑都是事实。不过，我们千万不要忘记了“快乐的军火商”，特别是美国媒体所说的“最大的死亡出口商”——美国军火商。

两霸争夺和冷战结束后，世界各地“热点”一度也随之降温，军火工业股票一路下滑，十分萧条。如果世界真的进入和平与发展时代，那简直就是军火商的末日来临。美国军火工业集团不能坐以待毙，大军火商迫切需要一个“持续的动乱年代”，他们的利益驱动着他们的代理人和“朋友”逆潮流而动，播撒新冷战的种子，制造和挑起事端，推波助澜，煽风点火，甚至发动热战。

科索沃战争给他们打了第一个强心针。此后几年，尽管美国工业股票普遍下滑，但军火工业股票却不断上扬，一支独秀。生产“战斧”式导弹的雷神公司的股票一下就上涨了10%。战争爆发一年左右，全球军火销售总额增长了8%，接近369亿美元，美国军火商占一半以上。

紧接着就是911恐怖袭击事件，这是第二个、剂量更大的强心针，它为人类带来了灾难，但却为美国军火商带来了“百年不遇的好光景”。阿富汗和伊拉克这两场战争，美国军火商大发横财，肥得简直流油。2002年，五角大楼80%以上的军事订货差不多被洛克希德—马丁等5家大军火公司席卷一空。它们各自都有至少100亿美元进账。美国发动伊拉克战争后，2004年，洛克希德—马丁公司的销售总额高达355亿美元，较上一年增长12%；实现盈利至少12.7亿美元，增幅达20%。据估计，该公司2005年销售额还要高于2004年。

最近以色列大举进攻黎巴嫩，美国紧急运送最先进的航空燃油和精确制导导弹予以支持，除了政治和战略上的考虑外，还有军火商巨大红利的驱使。这次紧急供应，价值高达2—3亿美元。这还仅仅是一个新的开始，更大量的后续补充军备供给，很快就会接踵而来。不仅如此，美国同时还利用约旦和沙特等海湾国家对安全的担忧，宣布即将向它们提供40—60亿美元的直升机、坦克和军舰等先进武器装备。

现在，黎巴嫩很多现代基础实施已毁于一旦，近百万人流离失所，经受着战火的煎熬，无数儿童丧失生命，母亲在哭泣呼喊。可是，美国的军火商却乐开了怀，在偷偷地笑呢。无怪乎一些国际评论说，黎巴嫩“悲惨的冬天”正是美国军火商“快乐的春天”；美国军火商是这场战争真正的“赢家”。

2006年8月21日《解放日报》

美国全球品牌谁说了算

英国《卫报》最近发表了牛津大学一位讲师的文章:“人民的力量”是美国所有的一个“全球品牌”，认真而深刻地揭示了这个品牌的两面效应。

文章说，近几年来，美国利用有关国家选举中的所谓“舞弊现象”和“不民主”，推动各种颜色革命，从格鲁吉亚的“玫瑰革命”到黎巴嫩的“雪松革命”，不一而足。美国国务卿赖斯对这种趋势感到很满意，十分称赞“在世界许多不同角落”从事这种革命的人，说“这是一个充满希望的时代”。不仅如此，美国媒体还24小时滚动播出有关新闻，引导人们不间断地跟踪“民主”的最新发展。

文章对比说，可是今年七月墨西哥100万群众也试图赶这个时髦，大声疾呼总统选举结果不公正，并举行抗议示威和日夜静坐，但却遇到了显然不同的待遇。西方、特别是美国媒体保持了惊人的沉默，没有出现任何同情和愤慨的声音。理由很简单，就是因为“前苏联共和国内的颜色革命有着亲西方的议事日程”，那些国家要想加入北约；而拉丁美洲的激进分子（指墨西哥的反对派）却“质疑加入美国领导的组织是否明智”，“侵犯”了美国品牌的版权。不管抗议的规模多大，归根到底，决定谁“代表人民”的，是布什及其同僚的“版权”，是美国说了算。

格鲁吉亚也好，墨西哥也好，选举是它们的内政，别人无权说三道四。问题是美国不仅说三道四，必要时它还可以推波助澜，煽风点火，指点江山，甚至直接干预；反之，它可以“稳坐钓鱼台”，一声不吭，或者索性支持不是“人民力量”的力量。这些案例在美国的外交史上比比皆是。

2002年，委内瑞拉发生未遂军事政变。美国媒体揭露说，美国政府对这个国家民主制度的突然中断“没有表现出丝毫的同情”，更没有“一丝遗憾”。对查韦斯总统下台，美国白宫和国务院“都感到满意”；对政变头目宣布自己是“临时总统”，则保持“令人怀疑的沉默”。不仅如此，“美洲国家组织”召开紧急会议，根据《美洲民主宪章》，通过决议谴责委内瑞拉政变，美国“光荣孤立”，独家反对，并企图说服大会相信，查韦斯下台对大家都有好处，不要谴责。查韦斯重新执政后，美国仍强调说，“查韦斯应该反思”，他“在一个错误的方向上航行”。记得当时美国《纽约时报》曾尖锐地指出，“政变”什么时候可以不被称为“政变”呢？如果美国认为这不是一场“政变”，那就不是，那就是“政府更迭”。实际上，在美国品牌的版权里，什么“人民的力量”，“民主”和“自由”，都是有双重甚至多重解释的。一切都因美国的价值观和一己私利而不同。

2006年9月5日《解放日报》

美国对日本的鼓励、敲打与期盼

安倍晋三访华的消息公布后，布什总统破例公开称赞他"有勇气"，"鼓励"他顺利访问中国，并希望日本能借此机会改善日中两国的关系。

去年，美国负责亚太地区事务的助理国务卿希尔曾公开"敲打"小泉，批评他不断在中日和亚洲邻国之间制造"冷空气"，造成"极其严重的局面"；说日本与邻国的紧张关系不符合美国利益，敦促小泉政府改善与中韩两国的关系。

美国的"鼓励"与"敲打"都不是偶然的，美国有其自身的战略考虑和需要。诚然，美国十分重视美日同盟，希望日本在亚太地区乃至全球发挥得力助手作用，包括对中国的牵制。但这种"牵制"目前主要还是"预防性战略"的一部分，或者说"两面下注"的一部分。美国自己正在同中国开展"建设性合作关系"，两国"共同利益"的领域也在进一步拓宽，岂能容忍日本肆意破坏这种局面。

但小泉自以为是，满以为只要"傍"了美国这个大款，就万事大吉，可以不把亚洲国家放在眼里，结果反而遭到美国的数落。安倍上任后首选访华及其有关言论都表明，他已在同小泉拉开距离。他可能吸取教训，顺势而谋，争取一个好的开局，以适应国内的民意，稳固自己的地位，同时也向美国有个"交待"。

最近，国内外都有不少人希望，安倍能成为"日本的尼克松"或"日本的勃兰特"，不知安倍作何感想。安倍的父亲在担任日本外相期间，做过不少有利于中日友好的事，安倍年轻时还是他父亲的政治秘书。但愿他继承好的传统，努力成为具有时代"大战略"眼光的日本政治家，不负日本民众的重托和亚洲各国的期盼。

2006年10月8日博联社博客

布什政府何处觅“灵丹”

美国跨党派“伊拉克研究小组”的报告，历经8个月的调查评估，终于在12月6日提出来了。“报告”洋洋79条建议，归纳起来主要是两点和一个中心。一点是设法脱身，有条件地逐步或分期撤军。另一点是外交和政治手段应成为解决伊拉克问题的主轴，美国政府应同伊朗和叙利亚接触，并设法寻求它们在稳定伊拉克局势方面的合作。一个中心是实际上否定了布什主义及其政策行为。

国际上目前对这个报告议论纷纷，有的说，布什现在日子难过，左右为难；有的说，这是继美国中期选举之后给布什的“又一个教训”；有的甚至说，这是对布什发动伊拉克战争的“判决书”。但“报告”的主要牵头人、前国务卿贝克却说，报告“不是灵丹妙药”。他这么说并非无的放矢。

伊拉克目前形势极为严峻，但美国宣传上一般只强调教派冲突和“内战”。其实这是把复杂问题简单化了。伊拉克问题的性质，基本上是占领和反占领、恐怖和反恐怖，以及教派对教派之间相互交织的一场残酷斗争。布什总统近日对记者说，“美国人想知道，为什么伊拉克人自相残杀。”可是他忘记了问他自己：这样的“自相残杀”为什么在美国发动伊拉克战争以前没有发生呢？他如果能找到正确的答案，我看，找到“灵丹妙药”的日子也许就不太远了。

在伊拉克，美国诚然想要“扶植一个稳定、友好的政府”。但实际情况正像美国著名政治评论员沃勒斯坦所说，“现在很清楚，如果这个政府是稳定的，它就不能是友好的。而如果它是友好的，它就不会是稳定的。”同样，如果美国想要伊朗和叙利亚发挥稳定局势的作用，它就不能不收回送给它们“邪恶轴心”和“暴政前沿”之类的“桂冠”；如果美国仍然要把这些桂冠戴在它们头上，就别指望它们发挥稳定局势的作用。这正是美国外交政策和策略自相矛盾、难以迈过的“高门槛”，也是布什政府无处觅“灵丹”的根本原因。

2006年12月9日博联社博客

好一个“旁观者”

随着2006年的逝去，伊拉克前总统萨达姆也走上了绞刑架，离开了人世。纵观国际上这些天来的反应，可谓“几家欢乐几家愁”。萨达姆的“罪与罚”以及他的功过，国际上有许多不同看法，有的说他是“暴君，该死”；有的说他是“阿拉伯英雄，可敬”。但归根到底，还是要由伊拉克人民来做最后的公正和历史性评估。“盖棺”未必已经定论。

值得注意的是，美国似乎并没有因为萨达姆被送上绞刑架而增添几分欢乐；阿拉伯世界显然多了一层愤怒，但似乎也没有增添多少忧愁；而美国自以为“顺着它走”的“样板”利比亚，却下令全国哀悼三天。怪哉！

更加发人深思的是，美国一反常态，低调处理。美国官方在萨达姆走上绞刑架前声称，这是伊拉克政府要决定的事，美国只是一个“旁观者”。说得多么冠冕堂皇！行刑时，没有一个美国人在场，而且布什总统“已经上床睡觉”，不便及时评论。不知这是为了“避嫌”，还是刻意做作，以示“君子坦荡荡”的风度。但是，稍有一点普通常识的人都知道，美国目前在伊拉克实际上是“太上皇”。它的地位是不容置疑的。一些法国专家指出，美国人掌握着处死萨达姆的全部大权。有的国际舆论索性挑明了说，早在布什总统访问约旦同伊拉克总理马利基会晤时，就已做出处死萨达姆的决定。美国讳莫如深的态度不免让人想起中国的一句古话：此地无银三百两。

萨达姆死不足惜。自从他被美国推翻和活捉后，他是死是活，本身已不十分重要，伊拉克的“萨达姆时代”实际上已经过去。问题是他的“幽灵”还在，他的“幽灵”将要伴随战争的硝烟和“文明冲突论”的“幽灵”，长期在阿拉伯世界和美国之间徘徊。伊拉克不能安息，中东不能安息，美国同样也不能安息。这恐怕是人们最担心的。

与此同时，人们对处死萨达姆还存在一系列质疑，其中最主要的有以下几点：

一、为什么判处萨达姆死刑的“依据”仅仅是屠杀一百多个村民，而不是拥有“大规模杀伤性武器”以及他“勾结基地组织”和支持恐怖主义活动？如果是后者，萨达姆的罪行岂不是更“国际化”吗？岂不是更容易被人们理解吗？

二、为什么不以萨达姆发动对伊朗战争和侵略科威特的罪行定他的罪？那样，萨达姆岂不是更加“罪大恶极”吗？

三、根据“屠杀罪”，可以把萨达姆送上绞刑架。那么，按照同样的国际法原则，那些犯有类似罪行、甚至更严重罪行的“暴君”（包括美国一直支持的某些人），该如何处置？美国是否准备“大义灭亲”？

人们产生这些问题是很自然的，且看“有关方面”如何自圆其说。

2007年1月9日《世界新闻报》

失之毫厘，谬之千里

说起“推敲”二字，很多人都知道有个“僧推月下门”还是“僧敲月下门”的修辞学故事，“推”好，还是“敲”好。作者赴京赶考，一日在驴背上得句云：“鸟宿池边树，僧敲月下门。”原想用“推”字，后又想用“敲”字，思之再三，拿不定主意，后来还是大文豪韩愈指点作者说：“作‘敲’字佳矣”。这首诗之所以传颂至今，正是一个“敲”字，激活了当时的情景意境。

宋朝王安石有名的诗句“春风又绿江南岸”，一个“绿”字，简直把冬天过去、大地回春的境界写活了。但在用“绿”字之前，王安石曾考虑过用“到、过、入、满”等许多字，改了十几次。一字之差使这首诗成了千古绝句。否则，如果用了“到”、“过”等字，它就没有那种生机盎然的魅力了，只能是一首很普通的诗而已。

一字之差，可谓失之毫厘，谬之千里。但这并不单纯是个修辞学的问题。当前，我们在观察伊拉克形势以及美国的处境和政策时，也有两个“一字之差”，意味深长，发人深思。

其一是，据西方媒体报道，五月下旬，美国占领军当局在巴格达等城市发布“收买武器”公告称，市民只要交来一件武器，便可得到一笔“买金”。人们觉得奇怪，一年以前，在推翻萨达姆政权后，美军曾下令“收缴武器”。伊拉克民众必须在限期内上缴拥有的武器，否则就要以“恐怖分子”或“敌对分子”论罪。一年以后，美国占领军现在又颁布“收买武器”公告。从“收缴武器”到“收买武器”，一字之差，这绝不是“修辞学”问题，更不是美国慷慨解囊，而是一种“胜利者的无奈”，不得已而为之。美国原以为自己是“解放者”，加之武力威胁，不愁伊拉克民众不“箪食壶浆，以迎王师”，乖乖把武器交出来。未想到，据美国自己方面进行的民意调查，认同美国占领军的伊拉克人，不到7%。实际上，欢迎美国占领军的是遍地枪声和炸弹声，是遍及全境的武装反抗。

其二是，“伊人治伊”还是“伊人制伊”。这一字之差，反映了美国同国际社会的根本分歧，也是衡量美国是否认真执行联合国安理会1546号决议的试金石。联合国安理会一致通过的1546号决议，显然是顾全大局和相互做出妥协的产物，给了美国一个台阶下，给了美英联军继续留驻伊拉克一顶“合法的帽子”，但前提是要完整地恢复伊拉克主权，实现“伊人治伊”。美国在万般无奈的情况下，也同意了。可是美国心里想的，实际做的，并不是要实现“伊人治伊”，而是要实现“伊人制伊”，也就是说，要用伊拉克人打伊拉克人，自己抽身从幕后控制。6月28日美军占领当局提前向临时政府交权后，……这同1546号决议的要求是背道而驰的。目前国际社会支持临时政府，主要是支持它行使主权，实现“伊人治伊”。

2004年8月12日《世界新闻报》等

美国需要一个什么样的俄罗斯

普京总统和布什总统日前通过电话进行了交谈。美国白宫发言人说，双方强调了继续对话的重要性。这显然是在为两位总统6月6—8日在德国举行的8国集团峰会期间会面铺垫。今年5月以来，美俄高层频繁接触。继基辛格、盖次和赖斯先后访问莫斯科，美俄“面向未来工作组”（分别由基辛格和普里马可夫牵头）即将于6月召开第一次会议。两国国防和外交部长（所谓2+2模式）会议也将于今秋召开，届时两国国家安全事务助理还可能与会。

不仅如此。俄罗斯官方一再声明，俄方无意同美国打什么“新冷战”；强调两国需要建立新的"平等关系模式"。美国国防部长盖次和国务卿赖斯也一再声称，美俄关系目前虽处于复杂和困难时期，但并不存在什么“新冷战”，“一场冷战已经足够了”。赖斯还表白说，美国正竭力想同俄罗斯“维持对等关系”。

这些都是目前美俄两国关系积极的一面，也可以说是某些“亮点”，如果都是认真的，而且言行一致，无疑将有利于两国关系的缓和，也有利于世界和平与发展的大环境。

但值得注意的是，美国负责欧洲和欧亚事务的助理国务卿弗里德日前声称，“我们（美国）需要一个强大而非虚弱的俄罗斯，但前提在于不是19世纪而是21世纪的。”此话看似“正面”、“温和”、“有理”，但是有一个不容忽视的“前提”，即俄罗斯不应该再是沙俄时代的或者苏联时代的俄罗斯，而应该是21世纪的俄罗斯。这个“前提”的前一半，无疑是正确的；在一定意义上，普京总统似乎也早已做了回答。针对俄罗斯一些怀旧人士的思想，普京曾颇有感慨地说，“谁不对苏联解体感到惋惜，谁就没有良心；谁想回到过去的苏联，谁就没有头脑。”此话意味深长，发人深思。

现在的问题是，什么是21世纪的俄罗斯？显然，在“美国的字典”里，最重要的是，第一，21世纪是“单极稳定”的美国世纪，是“美国统治下的世界和平”时代，俄罗斯可以“强大”，但只能充当“配角”，休想平起平坐。第二，美国的安全应该是绝对的，它的“安全网”可以撒到俄罗斯大门口、撒到俄罗斯后院，俄罗斯没有“否决权”。第三，美国的“民主土豆”可以任意播种，不仅可以在俄罗斯周边国家，也要在俄罗斯生根发芽。俄罗斯所谓的“主权民主”是“民主道路上的倒退”。

俄罗斯是一个正在迅速兴起的大国，而且充满了自信。在“俄罗斯的字典”里，21世纪的俄罗斯显然有着不同的含义，最重要的是，第一，俄罗斯应该是“一个强大而且信心不断增强的俄罗斯”，应该“成为世界发生积极变化的重要动因”。它可以而且需要同美国合作，但不会“顺着美国走”，充当“小伙伴”。第二，俄罗斯要坚持走“主权民主”道路，不承认也不会接受美国的“民主土豆”，它不喜欢美国的“民主土豆”到处撒，特别是在它的周边国家。第三，俄罗斯要坚决维护自己的核心安全利益，包括军事方面的和地缘政治方面的。它很难容忍美国把“安全网”撒到自家门口。

从美俄两本不同的字典里，人们不难看出，美国需要的俄罗斯并不是俄罗斯自己需要的，也是很不现实的。而俄罗斯需要的“21世纪的俄罗斯”却又是美国不喜欢、甚至不能容忍的。这正是美俄一个时期以来战略碰撞和宣传上唇枪舌剑的根源所在。两国继续进行高层对话是好事，有利于缓和关系。但如果不努力寻求一本双方都可接受的"字典"，这种战略性碰撞恐怕难以消除，甚至可能愈演愈烈。

2005年7月18日《世界新闻报》

是领袖还是孤家寡人？

美国有些专家学者，最近联系布什执政以来的外交，著书立说，议论美国在国际舞台上的作用：是领袖还是恶霸？这些人有的是出于善意和良好的愿望，有的是出于对布什的爱护，希望他善用美国的超级实力，多行“王道”，不要“毫无必要地树立敌人”，以维护美国在全球的领袖地位，实际上是爱之深，责之切。但这些议论似乎都有些“非此即彼”的偏激。

“领袖”地位是不能自封的，也不能随意奉送。“恶霸”或“暴君”的帽子更不能随意强加。说美国是“恶霸”或“暴君”似乎太损了，布什自己也不会服气。布什可以理直气壮地反驳说，他作为美国总统，曾亲自宣布，要在全世界推行“民主”，铲除“邪恶轴心”，消灭“暴政”。怎么反倒要给他戴上这样的帽子！？至于他字典里的“民主”、“邪恶轴心”和“暴政”是什么含义，那又当别论了。

但不管怎么说，有一点倒是很清楚的。美国由于霸权主义心态作祟，外交上往往不在乎别人怎么看，不怕做孤家寡人，“光荣孤立”。联合国大会连续13次通过决议，要求取消对古巴的经济制裁，美国几届政府都不买账。布什只不过是“青出于蓝胜于蓝”罢了。君不见，布什上台伊始，便宣布退出《京都议定书》。2003年，委内瑞拉发生未遂军事政变，美洲国家组织一致通过决议谴责，唯独美国唱反调。最近联合国教科文组织通过世界文化多样性公约，只有美国同以色列反对。日前，伊比利亚集团22国领导人一致要求美国解除对古巴的封锁，撤销“谁同古巴做生意就惩罚谁”的“赫尔姆斯—伯顿法”，美国就是置若罔闻。至于不顾联合国安理会反对，冒天下之大不韪，发动伊拉克战争，那就更不用说了。因此，说现在布什领导的美国是“领袖”，显然很难为世人接收；说是“恶霸”或“暴君”，也很难使布什总统心悦诚服；但说他领导的美国现在更不在乎做“孤家寡人”，不怕“光荣孤立”，可能比较恰如其分。

2005年11月1日博联社博客

数字说话，现实无情

伊拉克战争转眼就3周年了。每逢周年，美国领导人和新保守主义理想家们总要吹嘘一番“辉煌成果”，散播“乐观”情绪。但现实往往是残酷无情的，数字也会说话。

美国发动这场战争以前，一直宣传它军事上的“零伤亡”理论。现在破产了。美军死亡人数已达2300，平均每天2.1人。这还不包括受伤的1万多士兵。

这场战争的军费消耗已超过2000亿美元，平均每月50多亿、每日2亿左右，而且还在不断追加。战争看来短期内根本结束不了。美国国防部长拉姆斯菲尔德和美军中央司令部司令最近都承认，伊拉克的“叛乱状态可能会延续5年、6年、8年，10年、12年”；“我们面临的是一场漫长的战争”和“一个难对付的敌人”。

战争开始时，布什总统在国内的支持率高达80%，现在已下降到37%。在布什“最拿手”的反恐和外交政策上，民众满意度也下降到43%。布什任期的最后几年已被戏称为“早到的黄昏期”。

美国自己的民意调查表明，伊拉克67%民众的“安全感”比战前下降了，只有1%的人认为安全有改善。82%的人强烈反对外国军队在伊拉克驻扎。

还有一些残酷无情的事实，如发动伊拉克战争的两个理由已成为“皇帝的新衣”，虐待俘虏事件使“自由女神”蒙羞，参加伊拉克战争的所谓“自愿者联盟”国家已由40个降到不足30个，有些国家勉强撑着，有些国家尽量保持距离，或正在试图逃脱，等等。

这一切难道是三年战争的“辉煌成果”吗？难道是“乐观”气氛的“添加剂”吗？

2006年3月19日《解放日报》

美国政坛三大元老指迷津

近来，美国媒体大量报道和评论美国国内围绕伊拉克战争问题各派势力一场新的较量，以及布什政府正在酝酿可能的调整与变化。一般都认为，布什“嘴硬，但底气不足”，目前显然是在采取拖延战术，试图“以时间换取空间”，不过日子越来越不好过了。有些媒体为他算了一笔对“嘴硬”大为不利的账：

一、自从去年中期选举共和党在两院失利后，布什在伊拉克问题上即处于很不利的地位，一直被动，不断挨批。年底两党知名人士共同提出的"贝克报告"，又将了布什一军，要求他调整政策，并争取叙利亚和伊朗的合作。

二、今年5月以来，以卢格和沃纳为代表的共和党重量级参议员开始倒戈，批评布什错误的伊拉克政策，要求赶快调整。一些有影响的高级将领也开始流露悲观情绪，认为这场战争可能还要10年才能结束。美军死亡人数已超过3600人。

三、美国政坛三大元老异口同声要求美国奉行“谦逊的外交政策”。他们一个是尼克松总统的重臣、国务卿基辛格，一个是卡特总统的国家安全事务助理布热津斯基，还有一个是老布什总统的亲信、国家安全事务助理斯考克罗夫特。他们立场不尽相同（基辛格一直支持伊拉克战争，布热津斯基从一开始就强烈反对和批评，斯考克罗夫特也反对入侵伊拉克），出发点也不一样，但都认为，在这个迅速变化的世界，美国需要少一点傲慢（特别是在涉及使用武力时），多一点同别国对话的愿望。这不仅仅是为了改善美国形象，而是为了让美国能够了解国际游戏中新的规则和机遇。遗憾的是，过去6年布什政府的行为正好相反。

基辛格说，目前“国际制度正处于几百年未见的变动时期”，美国必须体会我们是正站在需要长期调整的开端，不能习惯性地自以为是，总以为自己有解决一切问题的办法。布热津斯基则强调，目前发生的变化是“全球政治觉醒的反映”。这个世界现在是很不平静的，很多祈求是很不容易满足的。如果美国要领导，就得努力适应新的形势，适应迫切而生动的政治愿望。斯考克罗夫特特也说，在这个非常不同的世界，"传统的实力政策已不大管用了"，很多大问题都超越国界，演员（指各国领导人等）也大不相同了，我们必须"摸着石头过河"同他们打交道。

三位元老开的药方很类似，总起来说就是：美国需要明确宣示，美国是世界的一部分，它不是一个需要所有国家都跟在后面受它统治的国家，它需要同世界合作；它不仅要同朋友对话，还要同潜在对手（包括伊朗）对话和谈判；“一个新的全球游戏规则正在来临，实力本身的概念正在发生变化，美国未来的安全主要靠它的适应性，而不是把自己的意志强加于人”。

这些话形式上是对“未来总统”说的，实际上也是对布什总统说的；这些话说的是“大外交战略”，实际上同伊拉克局势密切相关，而且是一贴治病根子的良药。布什如果希望摆脱困境，真正健康起来，何不一试?

2007年5月11日《世界新闻报》等

赖斯看错了风向标

美国国务卿赖斯6月28日在美国和印度联合商会上讲话，奉劝印度放弃"不结盟的陈旧思维"，退出不结盟运动，加入美国主导的民主国家联盟。她说："不结盟运动只是在世界分成敌对阵营的冷战时代具有意义"，现在"已经没有意义了"。

印度外长慕克吉次日即反驳说，不结盟运动在当代仍能发挥作用，有其现实意义。他强调说，现在，不结盟运动在推动发展中国家的合作，尤其在著名的南南合作方面发挥了巨大作用。印度是不结盟运动的创始国之一，印度认为，不结盟运动为二战后的反殖民主义和种族隔离政策作出了重大贡献，同发展合作、世界民主并没有矛盾。同日，印度外交部发言人也重申并强调，印度坚决致力于不结盟运动。

据法新社报道，一些未透露姓名的印度政府官员还说，印度外交绝不会听命于华盛顿。赖斯的谈话"特别不合适"，因为印美民用核技术合作协议正处于谈判的最后阶段。人们本来就怀疑华盛顿企图在谈判中影响新德里的战略方针，赖斯的讲话只能加深这种怀疑。

两日之内，美印之间这一交锋，在一定意义上，有点"风向标"的启示。美国新保守主义理想家们一直没有放弃拼凑"亚洲北约"的图谋，日本右翼势力也在起劲地鼓吹建立"和平与繁荣之弧"，多方拉拢印度"入瓮"，加入所谓价值观相同的国家联盟。印度外交部长对赖斯讲话的反驳，显然是一瓢冷水，让他们清醒一点，看一看"时代的风向标"并非是他们冷战思维的方向。

2007年7月8—10日《解放日报》、《世界新闻报》

叫人如何羡慕它

近日美国皮尤研究中心发表的一项调查报告表明，美国的囚犯人数居全球之冠，每100名美国人当中，有超过一人入狱，去年共有230多万名成人在监狱，有不少州几乎是囚满为患。

报告还指出，美国“少数族群”被囚禁的比例更是惊人：每36名西班牙裔美国人中，就有1人被监禁、非洲裔美国人则是每15人当中，就有1人入狱。2007年底，美国50个州的监狱费超过490亿美元，比20年前的110亿美元翻了两翻。

此前不久，国际人权观察组织也引用美国司法统计局的数据称，美国监狱在押囚犯2006年底即已高达225万多人，平均每10万居民中就有751名囚犯，是全世界囚犯最多的国家。该组织美国项目负责人感叹说，这实在是“一个无法令人羡慕的记录”。

美国人自己如此感叹，绝非偶然。

第一，与同类发达国家相比，这个数字是英国(148名)的6倍多，加拿大（107名）的7倍多，法国（85名）的8倍多。难道是因为美国的“民主”比“老牌民主”国家更先进了吗？

第二，这个数字相当于利比亚（217名）和伊朗（212名）的两倍以上。难道“民主的美国”比美国所谓的“失败国家”和“邪恶轴心”国家更不逍遥吗？难道“美式民主”竟然能产生如此多的罪犯吗？

第三，在美国的囚犯中，黑人是白人的6倍多。难道白人天生就比黑人更加守法而没有明显的种族歧视吗？

当然，一个国家囚犯的多少并不能完全说明这个国家是否民主和自由。但国际人权组织美国自己成员的感慨，以及上述一系列问题，不能不发人深思。美国虐待囚犯事件早已举世瞩目。现在看了以上两个调查报告，面对人们关于美国“人权”和“民主”的质疑，不知美国新保守主义理想家们作何感想。

他们会反思吗？全世界都在看着呢。

2008年3月3日《解放日报》等

亡羊补牢，未为晚也

一个时期以来，美、日一些右翼媒体连连哀叹，由于国际形势和力量对比的迅速变化，有关方面“担心刺激中国”，原来指望遏制中国兴起的美国、日本、澳大利亚和印度的所谓“民主四重奏”，已面临“自然消亡”，快要“寿终正寝”了。

类似的叹息早已有之，只不过这一次更加沉重，几近哀鸣。这也并不奇怪，无情的现实像一面镜子，照出了“遏制中国兴起”图谋的虚幻和泡沫。

冷战结束快20年了，但冷战思维仍然像幽灵一样在游荡。一些国家的右翼一直图谋策划一个“亚洲版北约”对付中国，但始终是“水中月，镜中花”。近几年来，随着中国的迅速兴起，他们在对中国“两面下注”的同时，加紧了“价值观驱动”，提出要建立一个以对付中国为主要目标的“民主国家同盟”，以及所谓“自由与繁荣之弧”。他们一面加紧整合美、日、澳同盟，一面重点拉拢印度入盟，策划有印度参加的军事训练和演习，争相同印度建立“全球战略伙伴关系”，企图建立以美、日、澳、印为基础的所谓“最民主国家同盟”。他们自以为得计，实际上自欺欺人，一厢情愿。

首先，这是不得人心的，也是不符合有关国家利益的。上个世纪打了两次世界大战，扔了两颗原子弹，小战不断，把这个世界搞得乱糟糟的，亚洲人民饱受苦难，历经沧桑。现在冷战结束了，他们普遍渴望和平、合作与发展。亚洲国家领导人不能不考虑自己国家的利益和民众的愿望。

第二，“先天不足”，铁杆老盟友并不那么“铁”。澳大利亚对所谓“四国联盟”本来就有所保留，强调中国的兴起“对澳大利亚以及全世界都是好事”。新任总理陆克文明确表示要加强澳中友好，其外交部长最近毫不含糊地宣称，“去年日美澳印的战略对话招致了中国的担心。澳大利亚不提倡这样的框架”，进一步拉开了同美日的距离。日本新任首相福田康夫也提出，要奉行坚持日美同盟和重视亚洲的“共鸣外交”，并放风说要放弃所谓“自由与繁荣之弧”的口号。韩国离心倾向早已很明显，明确反对“冷战式”的集团行为，公开宣称要在这一地区发挥“平衡者”的作用。新任总统李明博可能会改善、甚至加强韩国同美日的双边关系，但期待他参加对付中国的联盟显然也是不切实际的。

第三，“新知音”难寻。如果说上述这些“铁哥们”都已“渐行渐远”，靠不住了，更何况印度和东盟这些国家。前者正在与中国建立“面向和平与繁荣的战略伙伴关系”，后者正在同中国加快建立自由贸易区。它们都是中国与之互相帮助和支持的友好邻邦。它们固然需要美、日的合作和支持，但不可能成为美、日“反华的知音”。印度一贯奉行不结盟政策。它虽然参加了美日安排的一些政治会议和军事演习，但它同时也参加了同中国和俄罗斯的双边军事演习，还是中俄印三边合作的伙伴。如果说印度参加他们的任何活动都是为了“牵制中国”，那印度同中国的联合军事演习和友好关系又是针对谁的呢？！这显然是自欺欺人。

第四，十分重要的是，中国一直坚持走和平发展道路，奉行睦邻友好政策，主张和谐相处，合作“共赢”。1997年亚洲金融风暴以来的10年，大量事实进一步证明，中国不仅是这么说的，也是这么做的。而且，中国综合国力的迅速提高，为这个世界、特别是亚洲邻国提供了前所未有的良好机遇。这一铁的客观现实，伴随和平与发展的时代步伐，实际上构成了“基本利益驱动”和“时代价值观驱动”不可抗拒的双重影响，不能不牵动有关国家同中国的相互关系，以及亚太地区形势的发展。

这就是美国新保守主义理想家们和日本右翼不愿看到的无情事实，他们不能不面对并且哀叹。但哀叹何益？

美国一位朋友说得好，如果我们现在就设定中国是敌人，我们可能就为自己树立了一个敌人。实际上，美国也好，日本也好，只有如实地把中国看作朋友，至少是合作伙伴，才能避免不必要地树敌，真正交一个可靠的朋友。

目前，亚太地区出现了一些有利于中、美、日、澳合作和良性互动的“亮点”。政治方面，2006年APEC领导人“河内宣言”庄严承诺，要共同努力建立“一个充满活力的、和谐的亚太大家庭”（这是美国、日本和澳大利亚领导人都同意了的）。安全方面，朝核问题六方会谈已取得一些重要共识，出现了可能和解与良好的发展势头。经济方面，中国是G8集团与之对话的五大发展中国家之一，也是“金砖四国”之一，与美、日、韩、澳等国的共同利益领域正在拓宽，相互依存度正在加深。不久前日本一家有影响的智库提出，定期举行日美中三国首脑会议，在致力于日美同盟和强化日美澳对话的同时，“推进日中战略合作伙伴关系”。这个建议虽然还留有冷战思维的尾巴，但不失为一个识时务的设想。

亡羊补牢，未为晚也。今年樱花盛开的时节，胡锦涛主席即将访日。美日右翼何不丢掉“遏制中国”的幻想，改弦易辙，与中国一起营造一个和谐、合作和“共赢”的双边关系，共建一个和谐共处、充满活力的“亚太大家庭”。

2008年4月《世界新闻报》

都是“钱先生”惹的祸

9月中旬，布什总统对美国金融危机说了一句相当贴切的话。他说：毫无疑问，华尔街是喝醉了，现在正处于熟睡期间。问题是什么时候才醒过来，不再推出一些莫名其妙的金融投资工具。这席话分量很重，发人深思。

首先，从根本上说，这场金融大风暴是美国“钱先生”追求最美“利小姐”惹的祸。用经济学的话来说，“资本”永远要追逐最大的利润。这几乎是颠扑不破的真理。

冷战结束以来，美国有两大战略举措：一是利用“经济全球化”迅速发展的“东风”，偷换概念，大力推行所谓“全球经济一体化”。实际上是图谋推行“美国模式”，实现绝对的自由主义市场经济，以便美国资本与优势货物的流动畅通无阻，实现“利益最大化”。二是利用唯一超级大国和美元优势地位，大力推动所谓“金融创新”，创造发明了一系列所谓“金融衍生产品”。它们被包装得很好，看来十分诱人，不少国家对其趋之若骛。实际上这是以“有限的资本”调动全国和全世界资金的积极性，实现“无限增值”。但这些精心酿制和包装的“苦酒”不断膨胀，泡沫越吹越大，最终必然要破灭。这样的命运，“钱先生”也许始料不及。但“钱先生”应该明白，“利小姐”易得，最美的“利小姐”难求，贪得无厌是要遭报应的。“钱先生”可能不在乎，好在是“利益自有化”，“损失国有化”（政府买单），“危机全球化”（转嫁别国）。苦了老百姓啊！

第二，这场危机充分表明，市场经济并不是万能的，绝对自由主义市场经济更不可取。

我在APEC担任中国高官期间，美国同事经常“开导”我说，绝对自由主义市场经济多么强大有力，对发展中国家多么有利等等。可是，1997年东南亚金融危机首先爆发在那些“顺着美国指引方向走”的国家，把他们害苦了。智利和墨西哥的同事告诉我说，“华盛顿共识”把拉美国家也害苦了，使拉美国家至少“失去了十年”的发展机会，美国为拉美国家制作的衣裳“没有一件是合身的”。

如果说，过去十几年主要是发展中国家有切身的受害体会，那么这次美国金融危机则是自身的演示，充分暴露了它固有的弊端和病根，向全世界表明，它宣扬的那一套是不可靠的。长期以来的很多"神话"，特别是所谓"华盛顿共识"、"美国是外汇最好的避风港"、"美国银行是最牢靠的"、"美国的监控是最严谨的"等等，现在都已显得苍白无力，再也不那么灵验了。

最后，这场危机是对发展中国家一次生动的金融"游戏规则"教育。美国的这次金融危机带有向全球转嫁的性质，但从长期战略和推动建立更加公正、健康的国际金融体系来看，不失为一件大好事。

其一，世界各国，特别是发展中新兴大国，对美国金融资本运作"游戏规则"的奥妙开始有了比较清醒的认识，今后不仅不会盲目或简单地"顺着美国模式走"，而且要努力推动国际合作，推动建立更加公正和健康的国际金融体系。在经济全球化迅速发展的过程中，金融衍生产品的积极性需要继续调动，但必须以实体经济为基础，也不能离"核心资本"太远，而且要受严格的监控。

其二，发展中新兴大国将加强"主权基金"的建立和活动，争取在金融方面有更多的独立自主，开创新局面。预计有关国家今后将会更加谨慎地运作，努力寻求规避风险的安全有效途径。

此外，美国新近通过的庞大的政府救援计划是否有助于缓解金融危机尚待观察，但美元的霸主地位似乎难以为继，世界各国外汇储备势将进一步向多元化和多样化方向发展。这是不依美国意志为转移的，也是很难逆转的。如果美国能适应时代的变迁，采取明智的务实态度，争取"合作共赢"，国际金融体系可望得到改进和完善，目前的大风暴可望逐步平息。否则，美国前途堪忧，下滑的速度可能加快；发展中国家也会跟着受点大罪，但可以肯定，终将浴火重生。

2008年10月7日《解放日报》

谁是美国金融系统的太上皇

由美国次贷危机引发的金融风暴来势凶猛，目前正在国际上继续涌动和肆虐，不少国家深受其害。如何应对和化解这场危机，国际上众说纷纭，莫衷一是。有一种意见认为，危机真正的起因与“祸首”并非“资本追逐最大利润”，而是“监控不严”，是美联储这一类“太上皇”监控失职。

监控不严和失职显然是这场金融危机的重要原因。但如果认为美联储是美国金融系统真正的“太上皇”，让它背上“祸首”的罪名，似乎有点冤枉。

美联储相当于美国的中央银行，它实际是私人银行家和大企业集团的组织，并不受政府控制。美联储所有的高层人员几乎都是这些集团的首脑或他们的代理精英，美国政府从这些人中“任命”主席。格林斯潘和伯南克以及财政部长保尔森都是这类人物。表面上看来，美联储是银行系统的“太上皇”，但皇上有“皇”。格林斯潘最近承认，美联储“原本有权监控”，“制止不负责任的放款行为”。但由于他错误地相信自由市场可以调节金融体系，无需政府加强监督，没有进行干预，犯了“局部错误”。这显然是言不由衷、蓄意开脱和误导舆论。其实，他是“非不能也，是不为也”。格林斯潘无论是在金融运作的理念上还是切身利益上，同真正的“太上皇”基本上是处于“同一个战壕”，是“互利性质”的某种关系。现在的美联储主席伯南克基本上也是格林斯潘同一类型的人物。

再说美国的三大评估机构(穆迪、标准普尔和惠誉)，人们一直认为这是美国最有权威、也是最可靠的金融管理组织。但最近揭露的大量材料表明，它们是真正“太上皇”的吹鼓手，一直在唱响“无毒美酒”的狂想曲。它们利欲熏心，为华尔街制造出的大量“有毒”债券贴上了安全的标签。业内精英如有任何质疑，很快就会被炒鱿鱼，他们感慨万分地说，“我们不像是在进行职业的评级分析，而更像是在把自己的灵魂出售给魔鬼来换取金钱”。五年多来，三大评级机构的总收入都翻了一番，可是它们却欺骗和害苦了美国民众和世界很多国家。

至于美国财政部和政府，从上世纪里根总统开始，共和党政府就一直主张绝对的和不受约束的自由主义市场经济，而且在全世界倾力推销。因此，在理念上和政策主张方面，他们同银行系统的“太上皇”基本上是一脉相承的，在金融创新和衍生产品等问题上，战略目标一致，相辅相成，根本谈不上什么严格监控。

因此，要有效应对和化解目前这场金融危机，美国必须从根子上着手。

首先，美国政府必须行使真正“太上皇”的职能，不能再让“大资本先生”继续贪欲无度，更不能让他们进行欺诈；要对他们进行严格的监控和制约。当然，这也很难。美国政府向来都受制于那些银行系统的“太上皇”，甚至要为他们效劳。但美国总统毕竟是民选的，而且有三权分立制度，并非完全不可能做到，至少可以试一试。

第二，美国必须放弃绝对的自由主义市场经济理念和相关政策。在经济全球化时代，市场经济不可否定，金融衍生产品仍然需要发展。但有三个条件不可或缺：一是金融创新和衍生产品不能远离实体经济；二是不能超越核心资本允许的合理范围；三是要受严格监控和真正意义上的评估，要有必要的透明度。

第三，从全球角度看，必须调整和改变现行国际金融体制，特别是国际货币基金组织，使之适应世界多极化的发展趋势。有两点特别重要：一是话语权问题。现在一家或者一、两家说了算的现象不应该再继续下去，应该平等对话，共同决策。11月15日在华盛顿召开的20国峰会应该逐步形成有效机制，国际货币基金组织应该置于它和联合国的管理之下。二是货币问题。美元作为国际主要储备和结算货币，它的运作应该有必要的透明度并受到严格的监控。不能像现在这样，美国有按自己需要的“随意性”，想增印多少就增印多少。这很容易转嫁危机，或引发金融动荡。当然，这两点美国一时恐怕难以接受，也不可能一步到位，但形势逼人啊！改制的大方向不可逆转。

2008年11月4日《解放日报》

“要平衡”？“怕平衡”？

2月28日，美韩、美日联合军演又开始了，而且要持续很长时间。这类的军演，近一年来已经是N次了。说的是“针对朝鲜”，但人们注意到，此前数日，美国国防部长罗伯特·盖茨在西点军校发表演说，再次提及中国军事现代化对美国的“威胁”，要求美国陆军准备好从传统大规模地面作战向“更轻更灵敏”转型，以适应今后“更加复杂的安全环境”。美国头头脑脑关于中国军事现代化是对美国的“挑战”和“威胁”，更是剪不断的N次了。

几乎与此同步，美国一些主流媒体和政客也不断炒作“中国扩张野心”和“中国威胁论”，而且利用人们渴望和平与安定的心理，混淆“平衡”与“不平衡”的实际情况和概念，掩盖美国的真实意图。他们硬说，中国以“积极防御”为名，“大规模扩充军备”；“中国海军力量的增强、网络战能力的提高、反舰反卫星导弹的研制，以及着手建造航母等动向，都将对亚太地区的安全构成巨大威胁”；“中国正在以超越美国设想的速度和规模迅速扩充军备”，“亚太地区的军事平衡正在向危险的方向倾斜”。

真是岂有此理！什么是“危险的方向”？什么是“平衡”和“倾斜”？在美国的字典里，他们所谓的“平衡”，实际上就是美国军事力量必须保持“绝对优势”的现状，就是他们有权可以随时威胁制裁、甚至威胁和打击有关国家；谁要发展必要的“积极防卫”力量，就是“打破平衡”，“向危险的方向倾斜”。美国所谓的“平衡”，本质上就是维护美国军事上的“绝对优势”。美国口口声声说“要平衡”，其实是“怕平衡”，怕失去“绝对优势”而不能为所欲为，怕因“平衡”别的国家有能力挑战它的霸权地位。

其实，中国发展有限和必要的国防力量，努力实现军事现代化，目的就是要保卫国家的主权、独立和安全，没有什么不透明的。这一点美国也并非心中无数。但由于霸权思维的习惯性影响，美国一些人和媒体手里总是握着两把尺子，“另一只眼睛”看中国。美国自己可以不断进行“超军事现代化”，不断发展最先进武器，包括微型核武器，它的军费可以超过全世界各国军费的总和，那都是“为了和平”与“稳定”；美国的飞机、军舰和和航母可以不断在中国大门口转悠，美国可以在中国近海区域不断耀武扬威，那都是“正常的”和“合法的”。中国军事现代化一点小小的进展，航母还没造（还只是在传说的计划阶段），他们就大肆炒作，好像中国在做什么“大逆不道”的事。

君子坦荡荡，小人常戚戚。中国没什么不可告人的秘密。倒是美国的某些人需要反思：现在是什么时代了，美国应该如何摆正自己的位子。否则，这个世界对美国“不高兴”的人只会越来越多。国际力量的某种平衡迟早是要出现的，美国最好直面时代变迁加速发展的现实，认清自身的实际地位，做一个头脑清醒的超级大国。

2011年3月7日《解放日报》

揭开拿“虎妈”说事的面纱

美国耶鲁大学法学院教授、美籍华裔蔡美儿，根据自己教育两个女儿比较成功的经验，写了一本书，名曰《虎妈战歌”》。出版后，在美国引起广泛热议，评论如潮。据说，“再一次刺中了美国人的神经”。

美国主流媒体按照它们惯常的思维逻辑，特别是“唯美独秀”和“霸权永续”思想，经常要制造某种“舆论导向”以影响国际社会。它们苦苦搜索，终于发现了《虎妈战歌》这本书。

21世纪第二个十年伊始，1月8日美国《华尔街日报》率先发表了一篇对《虎妈战歌》的书评，蓄意把中美教育方式拉到了“比武场”，质疑“为何中国母亲更胜一筹”？紧接着，美国一些主流媒体便大面积炒作，说什么“粗暴的中国妈妈”打败了“软蛋的美国妈妈”；《虎妈战歌》在美国“像病毒一样蔓延”；美国人现在又有了“当年苏联抢先将人造卫星送入太空时的震撼感”；“我们（美国）的下一代难道真要失败吗”；美国绝不能容忍，要坚决拒绝和反对这种“专横跋扈”的教育方式和制度；如此等等，不一而足，搞得沸沸扬扬。一时间，好像出现了“戏剧性效果”。

其实，揭开那蓄意制作的面纱，事情还是很清楚的。

首先，蔡美儿对两个女儿教育取得的某种成功，只是特定情况下的个案，而且有点极端，并不能反映、更代表不了中国的教育理念和方式。诚然，中国不少家庭都有“望子成龙”和“望女成凤”的传统习惯，有些家教确实有过于严格、甚至有走极端的现象。但也有循循善诱和强调“快乐教学”和“启发式教育”的一面。很多家长经常向儿女们讲述“孔融让梨”、“十年寒窗”、“狼来了”以及“先天下之忧而忧，后天下之乐而乐”的故事。蔡美儿自己也说，她的书只是一部回忆录，讲述的是个人怎样教育孩子，不是一本育儿指南，自己也从没想过要带领大家跟她一起走；这是一本描述她是如何开始相信一种“混合”的教育观念——“将源于东西方文化的精华结合起来的回忆录”。

第二，由于历史、文化和社会制度的差异，中美教育理念存在差异是很正常的。如果硬把这种差异拿到“比武场”，硬要比出一个谁输谁赢，谁胜谁败，恐怕是不合适的，更没有必要神经如此紧张。事实上，中美教育理念和方式各有千秋，应该相互借鉴，取长补短。美国是全世界最发达的国家，在教育方面也有不少独到之处，特别是在鼓励独立思考和培养创新人才方面，值得借鉴。但中国也有它的长处，既有丰厚的历史传承，也有革命过程形成的教育理念，如有教无类，因材施教，“仁道”、“孝道”以及“团结、紧张、严肃、活泼”，等等，只不过在过渡期间某些方面有失偏颇而已。美国一些主流媒体之所以把《虎妈战歌》拿到“比武场”炒作，真正原因不是别的，而是“美国第一”思想作祟，不能让任何国家在任何方面超越美国，也是美国一贯的对内“示警”作风。

第三，大肆炒作的原因看似冠冕堂皇，其实是图谋制造中国迅速兴起后新的负面形象。过去美国制造和宣传“中国威胁论”比较集中在经济和军事方面，去年发展到外交方面，说什么中国外交也“咄咄逼人”，现在又加上了教育，不仅“咄咄逼人”，而且“粗暴凶狠”，有违美国自由、人权、个性等基本价值观；如果让“这样的中国”今后与美国并驾齐驱，甚或超过美国，那还得了！这是美国新保守主义理想家们惯常和典型的思维逻辑。但这既不符合事实，也很容易让人识破，更不利于中美两国相互尊重和互利共赢的合作伙伴关系。

2011年4月18日《解放日报》

哪一个才是真正的希拉里?

中国人民可能已经普遍注意到，近两年来，美国领导人，从奥巴马总统到国务卿希拉里和财政部长盖特勒，都经常引用中国成语来描述中美关系，其中最有代表性的是“同舟共济”，“逢山开路，遇水搭桥”，“有福同享，有难同当”，以及“有朋自远方来不亦乐乎”和“温故而知新”。

国务卿希拉里说得最多，也给人印象最深刻。早在2009年奥巴马总统访华时，她就提出美中现在是“同舟共济”，后来她又一再重申这一观点。在今年中美战略与经济对话开幕式上，她说得更具体。她强调，“中美两国现在就像同一条船上的两个人，我们必须时刻向同一个方向行进。就如一句中国谚语所言，我们在遇到困难时应逢山开路、遇水搭桥。中美两国没有相互孤立，我们时刻位于穿越亚太乃至全世界的关系网之中。”在胡锦涛主席访美前夕，她还公开驳斥了所谓“中国威胁论”与“中美零和论”，说中美今后应“同舟共济”，合作迎接挑战。如果未来无法“共济”，只会引发混乱和漩涡，不仅殃及两国人民，也殃及世界其它地区的人民。她还表示:“欢迎中国兴起，欢迎中国不仅努力为本国人民脱贫，同时也对外输出繁荣和机会”。

美国领导人引用的这些中国成语，都是中国家喻户晓和耳熟能详的。说实话，听起来很舒服，“很爽”。实际上这也难能可贵。新中国成立快62年了，过去60年，什么时候我们听到过美国领导人如此引用中国成语来描述中美关系?从来没有。他们现在这么做，应该说还是正面的，具有积极意义，值得欢迎。这也表明，当今“时代变迁量变进程加速发展”的影响，波及国际关系的方方面面，而中美关系可谓“首当其冲”。

但中国人一般都比较实事求是，也比较冷静，并没有因为几句恭维话就感到飘飘然。在我参加的一些国际问题研讨会上，经常有人对美国的上述表现不以为然，说希拉里去年11月访问柬埔寨时奉劝柬埔寨“不要同中国走得太近”;今年4月，就在中美战略与经济对话期间，她接受《大西洋月刊》的采访，指责中国在人权问题上“正在试图阻止历史”，而且无理声称，“这是一个愚蠢的做法”；前不久，她又在非洲大放厥词，劝告非洲国家必须当心中国的“新殖民主义”。她的这些话同她引用的中国成语很不相称。那么，究竟哪一个希拉里才是真正的希拉里呢？！

对这些尖锐的问题，我曾一时哑然。但细细琢磨，觉得也并不复杂。其实，把这“两个希拉里”加在一起，就是一个“真正的希拉里”。

2011年7月7日《解放日报》

拜登“魅力攻势”价值几何?

胡锦涛主席今年1月访美以来，两国高层人士密集互访，总体上可以说是相当积极的，必要的，值得欢迎。实际上，中美两国互有需要，也互有期待。

美国副总统拜登这次访华，主要是为了营造气氛，稳住中国，寻求合作，避免不必要和力不能及的对抗，淡化矛盾。他说了不少对中国的恭维话，抛了不少橄榄枝，据说，他对中国展开了“魅力攻势”。礼尚往来，中国也高规格接待。不过，务实的中国专家学者最近经常提醒笔者说，中国应该明确无误地告诉美国:“一个实际行动比一百个恭维话更重要，更有意义”。

访华期间，美国副总统拜登在美新任驻华大使骆家辉的陪同下，和孙女一起到鼓楼附近的一家饭店品尝北京炸酱面。5个人5碗炸酱面，10个包子，加上拌黄瓜，凉拌山药，凉拌土豆丝和可乐等，总共才花费了79元（十几个美元）。为此，国内外媒体炒得沸沸扬扬，说什么拜登的“亲民作风”把美国的公共外交“推到了极致”，他向中国展开了“魅力外交”；这表明现在“美国正在走下神坛”，走近中国寻常百姓家。言下之意，大有中国领导人要“向美国学习”的味道。有个别专家学者甚至据此而吹捧说，美国的外交理念现在已“推陈出新”了。

拜登副总统，他虽然只吃了十几个美元，可有谁知道，美国自己为此派出了多少保安人员、花费了多少保安费？中国方面为此又付出了多少人力和物力！？还有谁知道，他除了自己乘坐的专机，还带了多少架专机随同供应和使用？你要是真知道了，可能会吓一跳。

其实，在国际交往中，每个国家都有自己的特点，不同的领导人也有不同的作风。这是很正常的。像拜登这类的举动，国际上早已有之。如果硬要把拜登吃炸酱面同政治挂钩，甚至同什么“价值观”联系起来谈论，岂不是太牵强附会，对拜登副总统也有点“大不敬”的嫌疑。难道拜登去吃一次炸酱面，也是有意“做秀”，或者是在搞什么“小动作”？这岂不荒唐！

2011年9月13日环球网

美国“十年反恐”的爱恨情仇

9·11恐怖袭击转眼已经十周年了。现如今，在纽约“9·11纪念中心”，人们可以看到一个世贸中心纪念碑模型。这个纪念碑取名为“反省缺失（REFLECTING ABSENCE）”，碑上有这么一段话：

“本·拉丹已被击毙，十年血仇终有一报。但环顾地球，人类总感觉我们缺失一种什么东西。或委婉地表达，我们太不懂得反省与珍惜；或赤裸地揭露，我们就是罪恶的源头与根本。也许吧，伤痛过后才会刻骨铭心。在祈祷的时日，祈求无数的死者更好地安息，祷告今日的生者更好地活着”。

写得多么深刻，多么发人深思！

当时，北京和全世界都同情美国，强烈谴责恐怖袭击；美国民众的爱国热情也迅速高涨。当然，也有人很高兴——不是出于赞同恐怖主义，而是出于对美国霸道的不满，感到出了一口“恶气”。

9·11恐怖袭击的第五天，我在日本东京出席中美日“二轨会议”。会议一开始，我们就怀着沉痛的心情，为遇难者哀悼，并表示对美国的同情与支持，谴责恐怖主义。但一位日本朋友私下对我说，他同情死难者，反对恐怖主义。可是，当年日本数十万人死于美国原子弹，难道就该死吗？！日本数十万民众的惨死，是为日本军国主义付出的代价；现在这数千人的惨死，也是为美国霸权主义付出的代价；今后，不知哪个国家的民众也要为恐怖主义而付出代价（后来很快就证明是阿富汗）。我当时认为，这两者之间没有多少可比性，没有搭腔。现在想来，此人之言也不无一些道理。

9·11恐怖袭击客观上给了美国一个很好的机会，团结全世界反对恐怖主义，“给力”予世界的和平与发展。可惜，小布什辜负了美国民众的爱国热情和期盼，滥用了世界的同情与支持。他企图“反恐谋霸”，挟天子以令诸侯，走错了路。他做出了一系列错误决策，说了很多出格的话，如把反对恐怖主义比喻为“十字军东征”；说在“反恐”问题上，“不站在美国一边，就站在恐怖主义一边”；大搞单边主义和“先发制人”战略……等等。

结果怎么样？弄得美国自己越来越孤立；害得好多国家和民众苦不堪言；恐怖主义不是被埋葬了，而是在蔓延，在以新的形式扩散。真是“惨胜如败”啊！

这一切，难道不值得美国领导人深刻反思吗？我想，值得他们好好反思。他们再也不应该继续“反省缺失”了。

反思什么？我想，一是要痛下决心放弃“反恐谋霸”的图谋；二是要认真注意“标本兼治”；三是要防止反恐扩大化；四是要不能再继续搞“双重标准”，以美划线。这几点美国似乎都很难做到，核心问题是要行“王道”而不是“霸道”，是中国和上海合作组织主张的“上海精神”：互信，互利，平等，协商，尊重多样文明，谋求共同发展。

2011年9月11日《半岛都市报》

“亚洲减一”和“隐形同盟”是什么货色

近来，一些国际媒体正在炒作所谓“亚洲减一”，说什么中国周边正在形成一个有着美国因素的“隐形同盟”，以抗衡中国，防止“中国侵略”。境外一些媒体还就此进行了辩论，并提出了一系列“为什么”和“中国如何应对”的问题，以及美国到底在扮演什么角色的问题。

“亚洲减一”和“隐形同盟”这两个名词的出现，看似新鲜，其实不过是“亚洲北约”老调在新形势下的“变种”。

说它是“在新形势下”，首先是因为我们的时代真的变了，时代变迁量变进程的加速发展和经济全球化的惊人速度，正在改变着国际和地缘政治关系的方方面面，中美之间的关系早已不是冷战时期美苏争霸的关系。

第二，中国“和谐周边”外交的“亲和力”已产生不可估量的影响，中国同周边国家关系，总体上说是更加紧密了，相互的“利好机遇”是更多了。事情正像美国一家主流媒体承认的：环顾中国周边，“没有一个国家愿意联美反华”。事情也正像7月下旬东盟外交部长和“10+1”（东盟与中国）等一系列会议所表明的，中国和东盟都着眼于大局，重视友好合作，并不存在子虚乌有的什么“鸿门宴”和围攻中国的“亚洲减一”。

说它是“变种”，因为归根到底它是冷战思维的产物，是“亚洲北约”吹鼓手们思想的继续，目的仍然是图谋以某种形式围堵和遏制中国的兴起。现在冷战思维既吃不开，也行不通，无论怎样变，孙悟空七十二变，也逃不过二郎神的眼睛。

但这个新名词的出现也并非偶然。有关方面各有自己的“如意算盘”。

美国的“如意算盘”，一是造成“老美不能走”的“大环境”，体现“决不做老二”的战略；二是趁机加强对日韩等同盟国的控制，防止它们已经显露过的离心倾向；三是防止东盟同中国走得太近，自己被“边缘化”；四是暗中适度支持和纵容周边中小国家与中国争权益，闹摩擦。手段是宣传各种形式的“中国威胁论”，挑拨离间。中国同周边国家一切正面和具有积极意义的往来，如越南领导人特使访华，中印“战略合作伙伴关系”的发展，在宣传上它都要尽量缩小和压低；一点小小的摩擦，甚至个别正常活动，都要放大百倍，蓄意夸大、歪曲和“引导”，造成有关国家要依靠美国“联手制华”，以及相互“争夺领导权”的态势。最近美国国务卿希拉里访问印度时，敦促印度不仅要“向东看”，而且要加大努力、在范围更广泛的亚太地区建立领导地位，就是很好的例证。

日本既不甘心中国GDP总量超过它，更担心真的出现“中美共治”亚太地区的局面，加之右翼冷战思维不断发酵，仍在图谋建立某种形式的“和平与繁荣之弧”对付中国，甚至鼓吹日本应联合东盟抑制所谓的中国“海洋侵略”。因此，在“隐形同盟”方面与美国配合默契，企图趁机提升自身地位，削弱中国。

其他国家如越南和菲律宾，不同程度上都想借美国之力以状势，制衡中国，增加与中国讨价还价的资本。个别国家的一些人甚至不顾事实，蓄意挑拨中美关系，说什么中国想取代美国在太平洋的地位。

这些“如意算盘”并非不可理解，但基本上都是一厢情愿的，不切实际。

首先，美国虽然强大，但它自己心里明白，它已经不是原来意义上的超级大国了，无法我行我素，为所欲为。对中国，它是“两面下注”。美国也有需要中国合作和支持的一面。随着胡主席今年访美和两国关系新的定位（相互尊重和合作共赢的伙伴合作关系），以及两国关于亚太事务磋商机制的建立，美国如果识时务和守信誉的话，应该对自己的政策行为有所节制和收敛，在正面下注方面多下功夫，而不是相反。

其次，更重要的是，中国奉行独立自主与和平发展的政策，采取睦邻友好方针。随着中国综合国力的大幅提高，近几年来，中国领导人在构建“和谐周边”方面更加“给力”。在处理海洋权益方面，中国“维权”的立场是坚定的，但十分克制和实事求是，一直希望与有关国家和平谈判，友好协商解决问题。有关国家在打“小算盘”时，如果以为这是中国的“软弱”，以为中国忌惮美国，看美国的眼色行事，在“联美”方面不断下注，妄图加入什么“隐形同盟”反对中国，那就错估了形势，误判了中国的立场和政策，实际上是被美国“忽悠”、大错特错了。这既行不通，也是在玩火；既不利于亚太地区的和平与稳定，也有害于本国的根本利益。

2011年9月26日《北京日报》

美国的“太平洋世纪”？

一、时代变了，不要一错再错了

美国《外交政策》杂志11月号发表了国务卿希拉里·克林顿的署名文章：《美国的太平洋世纪》。顾“题”思义，文章的核心思想是要向全世界、特别是亚太地区宣告，美国的战略中心已经东移；太平洋是“美国的天下”，美国要领导太平洋。

这一主题思想并没有什么新意。去年岁初年末，奥巴马就公开宣称，在这个世界上，美国决不做老二，他是“美国第一位太平洋总统”。在夏威夷召开的一次国际安全会议上，希拉里自己也大谈美国必须领导或主导亚太地区。她在短短一篇政策性演说中，至少6次提到美国应该和必须发挥领导作用。

这次不同的是，希拉里·克林顿说得更具体了；她表面上“信心十足”，而且有点“谦虚”，实际上心灵非常脆弱，而且无视事实，有点不讲理。她把“利用这一地区的增长和活力”同“美国经济和战略利益的核心”挂钩，而且明确表示，这是“奥巴马总统确定的一项首要任务”，这无可非议。她说，亚洲经济在过去的“非凡增长”及其在未来持续增长的潜力，“依赖于长期的安全与稳定”，这也不会有人提出质疑。但她强调，这是因为“美国军队”为此提供了“保障”和“做出了贡献”的结果，则显然不符合事实，亚太地区国家和人民很难苟同。她还以“强势态度”保证，“美国未来定将继续留在亚洲”，并“发挥领导作用”，则更加令人怀疑美国的动机：这到底是为了什么？说穿了，这一切都还是“霸权”思维在作祟，都是在为“老美不能走”和“领导权”造势。亚太地区力量对比正在发生历史性变化，美国心虚了，担心失去第一把交椅的地位。

其实，无论是亚洲国家还是中国，都无意要“赶美国走”，也没有人要把美国降为“世界老二”。美国在这一地区有传统利益。美国计划5年内贸易翻一番，增加就业，它很需要亚太，亚太的发展也需要它。留下来好啊，但最好多发挥正面和积极作用，不要一错再错，翻来覆去侵犯别国的核心利益；也不要再到处去“放火”了，“玩火”有时后果是很严重的，伤害不了别人，到头来可能害了自己。

至于说美国领导人是“太平洋总统”和“美国的太平洋世纪”，恐怕也不合时宜，十分欠妥。太平洋毕竟是太平洋国家的太平洋，一个“民主”不离口的美国领导人难道不懂得这个简单道理吗？如果说有什么“太平洋世纪”，那也是太平洋国家的“太平洋世纪”。

二、要“合作”很好，“双重标准”难行

美国国务卿希拉里·克林顿在她“美国的太平洋世纪”一文中花了相当大的篇幅谈论中美关系。通阅全文，应该说她和美国政府在看待中国和中美关系方面还是颇有进步的。虽然还谈不上是什么“实事求是”，但毕竟比较务实。

希拉里特别强调了美中关系的重要性，将其形容为“利益攸关，不容失败”；表示反对美国国内一些人把中国的进步视为对美国的威胁，说“一个欣欣向荣的美国对中国有利；一个欣欣向荣的中国也对美国有利”。“通过合作而不是对抗，美中两国均能显著获益”。这是明智的语言，值得充分肯定与欢迎。其实，中国本来就无意与美国搞什么“对抗”，更无意与美国争夺什么“领导权”，只是美国一些新保守主义理想家们心中有鬼罢了。

希拉里文章还说，美国对中国的方针是“立足现实，注重成效，忠实于我们的原则和利益”。此话也有可取之处，但显然也话里有话，对中国“两面下注”思想隐隐约现。此处就不去说它了。

希拉里承认，在经济领域，美国与中国必须密切合作以保障全球未来的强劲、可持续而且平衡的发展。还说，美国与中国通过二十国集团有效地合作，合力把全球经济从濒于崩溃的境地挽回，“我们必须继续增进这种合作”。这很好。但她硬说，美国企业“需要公平的机会”向中国日益扩大的市场出口，要求中国停止对美国公司或它们的创新技术“不公平的歧视行为”，并不符合事实。现在，正是美国自己在搞贸易保护主义，甚至以所谓“国家安全”为借口，歧视和阻挠中国公司在美国的投资；它一面在人民币汇率以及贸易逆差问题上吵吵嚷嚷，指责中国，甚至挥舞“制裁”大棒，一面又多方限制对中国的高新技术出口。难道中国只需要美国的大豆和玉米吗？！经济上的合作和互利共赢，必需是双向的；所谓“制裁”，也不可能永远是单方面的。美国新保守主义理

想家们习惯于对别国说，你们“必须”这样做，你们“应该”那样做，否则就要对你们“不客气”，等等。全世界没有哪个国家和民众喜欢这样的语言，现在，随着时代变迁量变进程的加速发展，更有人反过来问这些美国先生：“你以为你是谁呀”？　这个世界正像美国已故外交家乔治·凯南说的，永远不会接受一个单一的领导中心，无论是美元还是刺刀都无济于事。人们需要的是国际关系民主化，是平等相待和合作共赢。但愿希拉里和美国领导人能进一步适应时代的变迁，真正认识到，太平洋应该是太平洋人的太平洋。它不会、也不可能是美国的“家天下”。

2011 年 10 月 25 日中国日报网

美国战略重心东移和对中国两面下注

美国战略重心东移，不管你承认不承认，或者认可不认可，已经是事实，而且有进一步强化的趋势。

21世纪头十年，亚太地区是相对平静的。2010年年初岁末，奥巴马先后向全世界宣告，美国“决不做老二”，他是美国“第一个太平洋总统”；希拉里在一系列演说中也强调，美国必须领导和主导这一地区。美国的海军力量一半以上也随之转移到太平洋。一年多来，美国在中国同周边国家之间挑拨离间，甚至煽风点火，明里暗里支持或者鼓励越南和菲律宾等国同中国闹腾，大量制造新的“中国威胁论”。真是“树欲静而风不止”，一时间，亚太地区的平静被打破了，好像“险象丛生”，开始紧张起来了。

因此，有人提出，美国战略重心为什么东移？是不是就是为了遏制中国？中国周边“为什么频频起火”？中国外交是不是“完全陷入了被动，无所作为”？中国该怎么办？

冷战结束后，美国的战略诉求一直是建立“美国统治下的世界和平”。随着时代变迁量变进程的加速发展，特别是亚太地区和中国速度的发展，美国战略重心东移是顺乎自然的。其中固然有遏制中国的一面，但也不尽然。纵观其一年多来的政策行为，不难看出，它一是拿中国“新的威胁”说事，营造“老美不能走”和需要“美国保护伞”的态势。二是趁机加强对盟国、特别是日本的控制，防止新形势下的离心倾向。三是为奥巴马5年内贸易翻番的誓言做准备和造势，防止在东亚一系列贸易自由化进程中被“边缘化”。四是为美国军火商再创“快乐的春天”提供条件。

至于遏制中国的一面，我们决不能掉以轻心，必须冷静观察，沉着应对。但也不必大惊小怪。实际上美国对中国是在“两面下注”，而且都在加强，可谓“无可奈何要合作，情不自禁想遏制”。

胡主席今年1月成功访美，与奥巴马总统就两国关系新的定位达成了共识，两国将“致力于共同努力建设相互尊重、互利共赢的合作伙伴关系，以推进两国共同利益、应对二十一世纪的机遇和挑战”。

美国副总统拜登8月访华时明确表示，希望美中两国关系能持续稳定发展。回国后，9月8日，他又在《纽约时报》发表署名文章，“罕见地”反对“中国威胁论”。他认为，中国的崛起不代表美国的终结，一个成功的中国能够让美国更加繁荣，而不是相反。他批评美国有些人持有“冷战式”对峙或大国对抗的论调，强调指出，双边贸易和投资已把中美两国联系在一起，双方的成功对彼此“休戚相关”。

希拉里11月发表的署名文章“美国的太平洋世纪”也承认，美中关系“利益攸关，不容失败”；表示反对美国国内一些人把中国的进步视为对美国的威胁，说“一个欣欣向荣的美国对中国有利；一个欣欣向荣的中国也对美国有利”，“通过合作而不是对抗，美中两国均能显著获益”。

此前，奥巴马总统本人甚至还说，“美国与中国的关系将塑造21世纪”，“美中关系是世界上最重要的双边关系”。希拉里等美国领导人和一些学者多次声称，美中应“同舟共济”，“逢山开路，遇水搭桥”，“有福同享，有难同当”，以及美中关系就好比中国电视剧《金婚》，两口子吵来吵去，最后还是“金婚到白头”，等等。这一切，虽然含有水分，有的甚至“言不由衷”，但毕竟是一大进步，是对中国的“正面下注”。这对中美两国、亚太地区和世界的和平与发展都是有好处的，值得欢迎。

遗憾的是，美国并未认真履行两国领导人关于两国关系新定位的承诺，仍在继续侵犯中国的核心利益，决定继续售台武器，在中国周边投棋布子，无理指责中国“军力扩张”，“咄咄逼人”和“好战”；企图悄悄拼凑什么“亚洲减一”“隐形同盟”对付中国。近来，美国领导人一再强调，美国要保持在亚太地区的强势存在，加强老牌的军事同盟；鼓励日本“南下”和印度“向东看”，并多方推动印度和日本开辟“新丝绸之路”（这实际上是美国战略棋盘上孜孜以求的“欧亚大陆线”，从南亚经中亚直至朝鲜半岛）；三是利用南海问题制造需要保证航行自由的“伪命题”，挑拨中国同东盟、特别是同菲律宾和越南的关系。总之，是在加大对中国的“负面下注”，冲击和遏制中国的和平与发展。

美国加强对中国“两面下注”，是时代变迁量变进程加速发展和国际力量对比发生历史性变化形势下，美国“霸权思维”和“脆弱心灵”（力不从心）碰撞的产物。美国实际上是在“以攻为守”。它承认和需要中国合作，这是真的。但它又不甘心中国与它平起平坐，更不能让中国有朝一日超过它。这就是残酷的现实。不过需要提醒美国领导人的是，对中国“负面下注”是赢不了钱的，“输”可能难以避免。所谓对中国的“C”型或“O”型包围圈，只不过是美国新保守主义理想家们的一厢情愿而已，是不可能得逞的。中国同周边国家这两年来的关系比过去实际上是更好了，而不是像美国宣传的那样“更糟了”。人们只要客观地看一看中国和上海合作组织、10+1、10+3、中日韩和东北亚，就不难得出正面结论。

不仅如此，美国那一套霸道行径也很难让人接受。美国一进入东亚峰会就企图“喧宾夺主”，东盟岂能容忍？缅甸愿改善同美国的关系，但怎会加入美国遏制中国的“包围圈”？印尼总统苏西洛说得好，现在由一个国家管理世界是不合适的。昂山素季女士也明确告诉希拉里，缅甸还是要发展同中国的友好关系。中国同周边国家，在不同程度上都存在“唇齿相依”的关系。中国有诚心、有信心、也有耐心，逐步与相关邻国解决历史遗留的一些问题，无需美国操心。中国一不输出冷战，二不输出霸权，三不拉帮结派搞对抗；输出的是“和而不同”，是“和平、发展与合作”，是“合作共赢”与“和谐周边”，美国有什么理由对中国说三道四？中国并无意要与美国一争高低，而且早就提出过要“寻求合作，不搞对抗”；现在又进一步提出要“建设相互尊重、互利共赢的合作伙伴关系”。这一点，奥巴马总统也是同意了的。何不有点政治家的气魄，放眼时代潮流，为美国的根本利益着想，大胆尝试一下，多在“正面下注”方面下功夫。惟其如此，才会真“赢”，而且是“共赢”。亚太地区也将受益匪浅。

2011年12月23日搜狐博客

无可奈何要合作　情不自禁想遏制

——美国对华“两面下注”都在加强

2011年国际上发生了很多重大事件，如美欧国家主权信用债务问题和危机，美国“占领华尔街”运动，挪威青年法西斯式的大屠杀，中东“政治大地震”，以及日本大地震，泰国史无前例的洪水灾害，等等，有的错综复杂，有的意味深长，有的发人深思。一年很快就要过去了，各大媒体都将从不同角度推出十大新闻。我想从时代变迁量变进程加速发展的独特视角，提出一些问题与大家探讨，希望有益于读者参考和思索。

胡锦涛主席今年1月成功访美，从时代诉求的战略高度，与奥巴马总统就两国关系新的定位达成了共识，两国将“致力于共同努力建设相互尊重、互利共赢的合作伙伴关系，以推进两国共同利益、应对二十一世纪的机遇和挑战”。一年来，美国的政策行为比过去多少务实一些，两国关系有了一些新的改善，这对中美两国、亚太地区和世界的和平与发展都是有好处的，值得欢迎。但美国并未真正停止对中国核心利益的侵犯，对中国的“两面下注”都在加强，可谓“无可奈何要合作，情不自禁想遏制”。

美国副总统拜登8月访华时明确表示，希望美中两国关系能持续稳定发展，希望深化与包括习副主席在内的中国高级领导人之间的关系。回国后，9月8日，他又在《纽约时报》发表署名文章，“罕见地”反对“中国威胁论”。他认为，中国的崛起不代表美国的终结，一个成功的中国能够让美国更加繁荣，而不是相反。他批评美国有些人持有“冷战式”对峙或大国对抗的论调，强调指出，双边贸易和投资已把中美两国联系在一起，双方的成功对彼此“休戚相关”。从全球安全到全球经济增长的种种问题上，中美面临着共同的挑战与责任，双方也有意愿共同合作。这也是为什么美国政府一直在努力稳固中美关系的基础。

希拉里10月发表的署名文章也承认，美中关系“利益攸关，不容失败”；表示反对美国国内一些人把中国的进步视为对美国的威胁，说“一个欣欣向荣的美国对中国有利；一个欣欣向荣的中国也对美国有利”，“通过合作而不是对抗，美中两国均能显著获益”。

此前，奥巴马总统本人甚至还说，“美国与中国的关系将塑造21世纪”，“美中关系是世界上最重要的双边关系”。希拉里等美国领导人和一些学者多次声称，美中应“同舟共济”，“逢山开路，遇水搭桥”，“有福同享，有难同当”，以及美中关系就好比中国电视剧《金婚》，两口子吵来吵去，最后还是“金婚到白头”，等等。这一切，虽然含有水分，有的甚至“言不由衷”，但毕竟是一大进步，是对中国的“正面下注”，值得充分肯定。

遗憾的是，美国并未认真履行两国领导人关于两国关系新定位的诺言，仍在继续侵犯中国的核心利益，决定继续售台武器，在中国周边投棋布子，无理指责中国“军力扩张”，“咄咄逼人”，在东海和南海的行动“日益强硬”；企图悄悄拼凑什么“亚洲减一”对付中国——这实际上是冷战后“亚洲北约”幽灵的“隐形再现”。9、10月以来，美国国务卿和国防部长一再强调，美国要保持在亚太地区的强势存在。这除了要宣示美国战略重心已经东移，以及美国在这一地区的领导或主导地位外，剑指何方，美国自己比谁都清楚。它一是要加强老牌的军事同盟，并鼓励日本“南下”；二是鼓励印度“向东看”，并多方推动印度和日本开辟“新丝绸之路”（这实际上是美国战略棋盘上孜孜以求的“欧亚大陆线”（从南亚经中亚直至朝鲜半岛）；三是明里暗里支持菲律宾和越南，并拉上日本和印度，同中国闹腾，极尽挑拨离间之能事。总之，是在加大对中国的“负面下注”，一箭数雕：既防止一度出现离心倾向的日本“失控”，又冲击和遏制中国的和平与发展，同时拉拢印度和东盟，不仅形成“老美不能走”的局面，而且要造成亚太地区需要“美国保护”抵抗中国“新扩张威胁”的紧张气氛。

在中美关系方面，希望美国放弃“两面下注”是不现实的，甚至太天真了。这是时代变迁量变进程加速发展和国际力量对比发生历史性变化形势下，美国“霸权思维”和“脆弱心灵”碰撞的产物。美国实际上是在“以攻为守”。它承认和需要中国合作，这是真的。但它又不甘心中国与它平起平坐，更不能让中国有朝一日超过它。这就是残酷的现实。不过需要提醒美国领导人的是，对中国“负面下注”是赢不了钱的，“输”可能难以避免。中国并无意要与美国一争高低，而且早就提出过要“寻求合作，不搞对抗”，现在进一步提出要共同努力“建设相互尊重、互利共赢的合作伙伴关系”。这一点，奥巴马总统也是同意了的。何不有点政治家的气魄，放眼时代潮流，为美国的根本利益着想，大胆尝试一下，多在“正面下注”方面下功夫。惟其如此，才会真“赢”，而且是“共赢”。

2011年12月30日《新民晚报》

美国战略重点东移的四大诉求

近来，美国进一步高调宣称，美国21世纪“国防的优先任务”，就是要“维持美国的全球领导地位”，保持“超强优势”，并“把（战略）重心转向亚太地区”。美国一些主流媒体配合默契，突出宣传说，这主要是为了应对中国的挑战。

随着时代的变迁和国际力量对比的变化，特别是中国等亚洲国家大面积的兴起，美国有点“按捺不住了”，急了，真的急了！纵观美国全球战略和“领导世界”的惯性思维，它“战略中心东移”，似有包括遏制中国在内的五大诉求。

首先，为了确保美国“决不做老二”的领导地位，美国需要制造一种比较紧张的“地缘政治态势”，那就是：“老美不能走”。不仅不能走，而且由于中国不断“展现肌肉”和“咄咄逼人的外交”，亚太地区众多“小兄弟”还需要它的保护。因此，它需要着力防范和遏制中国。近年来，美国不断在中国周边投棋布子，挑拨离间；同时，频频主导各种形式的军演，鼓动和唆使一些国家同中国闹腾，破坏中国构建和谐周边的战略，就是很好的例证。

有人说，美国主要是为了“防范中国”，并无意“遏制中国”。这并不符合事实。由于两国“相互依存”关系的客观存在和需要，美国对中国“两面下注”固然是真，但“无意遏制”显然是假。而且，什么是“防范”？过度的“防范”本身就是一种“遏制”。美国一些新保守主义理想家就直言不讳，应对“中国的挑战”，就应该“以攻为守”。

第二，防止日本、韩国和澳大利亚等盟国已经显现的“离心倾向”，加强对它们的控制。李明博以前的金大中和卢武铉总统都曾声称，美国是“同盟”，朝鲜是“同胞”；韩国要在东西方之间扮演“中立者”的角色。日本前首相鸠山还提出要建立（没有美国参加的）“东亚共同体”，主张在东西方之间发挥“桥梁作用”。一贯做老大的美国岂能容忍这种现象继续下去？

第三，力图主导和影响亚太经贸发展方向，占领制高点。近几年来，亚洲国家率先摆脱金融危机，展现良好发展势头。中国—东盟自贸区已开始运行，东盟和中日韩（10+3）经贸关系迅猛发展，中日韩三国已成立秘书处，三国有望逐步开启自贸区谈判，日韩同中国的贸易总额都超过了它们同美国的贸易。美国岂能眼巴巴地看着自己“被边缘化”？奥巴马承诺5年内对外贸易要翻一番，增加就业，在相当大程度上要依靠亚洲市场。美国甩开APEC贸易与投资自由化的茂物目标，另起炉灶，搞什么TPP（跨太平洋合作伙伴关系），实际上是配合战略东移，搅局，争取主导权，并为其“低碳经济”等优势产品“零关税”闯入亚洲市场。

第四，拿中国说事，刺激和推动军备竞赛，为美国军火商开路。现在，日韩等国竞相要购买美国F—35战机，菲律宾甚至买了它的二手货巡洋舰。所谓要“送”给印尼两个中队的F—16，实际上也是卖。美国领导层一向同军火工业关系十分密切，在经济不景气时期，这无异于给他们打强心针，“吃小灶”。

美国的上述诉求和图谋，从霸权的立场来说，似乎“理所当然”，甚至“天经地义”，但从时代变迁的诉求来看，显然并不是这一地区绝大多数国家希望看到的。

2012年2月29日央视网·观察家

美国似“项羽”，中国非“刘邦”
——香格里拉成不了“鸿门宴”

香格里拉亚洲安全会议6月1日在新加坡举行。美国国防部长帕内塔会前放了不少“狠话”，强调“美国是一个海上国家，我们正重返我们的海上之根”，确保美军能“随时随地对抗侵略并打败任何敌人”；表示要加强与日本等老盟国以及越南和印度等国的关系。美国媒体大肆炒作，认为这是在对中国“投棋布子”，香格里拉会议是中国面临的“鸿门宴”。

帕内塔确实放了一些“狠话”，但香格里拉成不了“鸿门宴”。

其实，亚太地区并不存在中美“争霸”形势。美国虽然有点像“项羽”，但中国不是“刘邦”。香格里拉对话是探讨安全合作的平台，中国需要和谐大周边，不争霸权，不搞对抗，不欺负弱小，要的是平等对话，合作共赢。帕内塔自己也不能不承认，亚太地区的关键是美中两军“共担安全责任”。他还表示要为中美之间的防务合作“开创一个新时代”，今年晚些时候还要去访问中国。言辞虽有一些水分和夸大，但毕竟还是正面的。

亚洲地区很重要的现实是，东盟同中国有着很好的合作关系，除日本等个别国家企图把水搅浑、别有用心外，东盟国家普遍不愿看到中美对抗，不愿“选边站”。新加坡外长说得好：中美应携手合作，确保两国的关系建立在合作而不是对抗的基础上；美国想围堵中国是不可能的，美国围堵中国的动作将不会受区域国家的支持。印尼总统苏西洛在会议的主旨发言中也强调，中美在亚太地区应该合作。印度总理辛格也明确表示，像中国这样充满活力的大国不可能被遏制，印度致力于“与中国和美国同时发展合作关系”。

香格里拉成不了什么“鸿门宴”，那些冷战思维冲昏头脑的人还是趁早醒醒吧！

2012年6月1日环球网

美日“异梦之床”，岂能圆“鸳鸯好梦”

——美国和日本究竟谁在忽悠谁，谁在绑架谁？

近来，在钓鱼岛问题上，日本不断耍花招，从“购岛”闹剧、“国有化”妄想、议员要登岛“纪念亡灵”，到公开宣称必要时准备出动自卫队护岛。特别引人注目的是，野田政府一再宣传，美国如何为其撑腰，说美国国务院一名不愿透露姓名的高级官员宣称，“钓鱼岛是《日美安保条约》第5条的适用对象”；希拉里国务卿在同日本外相会谈时“确认过”，钓鱼岛是《美日安保条约》适用对象。

日本这些政策宣示和举措，根本原因在于它“不甘心做老三”和“军事大国梦”思想作祟。它要利用美国战略重心东移“借力”的需要，造成一种态势，好像“中国威胁”日益迫近，日本必须“联美制华”，共同对“敌”；美国也必须投桃报李，给它“松绑”，让它发挥更其有效的作用。

具体说来，日本一是要糊弄国内不明真相的老百姓。对美国在日本驻军问题、特别是美国近来要在冲绳部署“鱼鹰”飞机问题，日本民众埋怨和反对之声很是强烈，是压在日本政府头上的“三座大山”之一。野田等人拿“中国威胁”和“需要美国保护”说事，妄图缓解和平息反对声浪。二是“拉大旗作虎皮”，以壮其胆，示意它背后有美国支持，恫吓中国要“小心行事”。三是向美国表“忠心”，确认同美国的“主从同盟关系”不仅牢固，而且在加强。但这只不过是“虚晃一枪”，其实日本是在“忽悠”美国，甚至“绑架”美国，挑动中美一步一步走向“对抗”，以便从中渔利，完成不作美国“小老婆”（东京都知事石原语）和“军事大国梦”的野心。

日本这一系列举措客观上迎合了美国战略重心东移的需要，对美国来说，可谓“正合孤意”！希拉里国务卿高调宣称：“日美同盟是美国亚洲政策的基石，是维护亚太地区稳定不可或缺的存在”，并非偶然。但美国也不傻（用日本政客的话来说，也“狡猾狡猾的”），对日本的野心并非心中无数。它看透了日本新右翼的心思，充分利用，让日本在这一地区带头同中国闹腾，它在幕后支持和鼓动。实际上，美国仍然是牢牢把日本绑在它冷战思维的战车上，在“忽悠”日本，把日本作为在这一地区的“主力军”和“帮凶”，为美国火中取栗。一旦日本自不量力闹出了大事，美国固然可能出面干预和介入——这是中国始终需要高度警惕和应对的；也可能说些冠冕堂皇的话，避免自己被拖下水，甚至“溜之大吉”，把日本“卖了”。我这样说，并非是耸人听闻。这样的事，美国在历史上干的还少吗？！

因此，别看美日现在打得火热，其实它们各自心里都有“鬼”，都要尽情地打自己的“小九九”，打“中国牌”。事情是明摆着的：日本妄图“忽悠”和“绑架”美国；美国更是要“忽悠”和“绑架”日本。它们都在“忽悠”两国民众和世界舆论，自以为聪明，做作好梦，但现实无情，“异梦之床”岂能圆它们的“鸳鸯好梦”？

2012年9月11日《北京日报》

中美建立新型大国关系可能吗

奥巴马竞选连任和习近平当选中国新领导人后，国际舆论十分关注，议论纷纷：中美关系今后究竟会怎样？是在摩擦中逐步走向缓和，还是走向对抗？“两国共治”（所谓G2）不行，“两国共商”（所谓C2）行不行？两国能否建立“新型大国关系”？

俗话说，识时务者为俊杰。时代潮流不可阻挡，顺之者昌。中国新领导人习近平年初访美时提出：要把中美关系塑造成21世纪新型大国关系。这是中国领导人站在历史历史唯物主义高度的外交大战略，也是中国向美国释放的善意和期盼。几十年来，中美两国从交手对抗，到握手，到一定程度的携手合作，来之不易。如果美国领导人有足够的智慧顺应时代潮流，两国目前“不舒服的相互依存关系”，就可能逐步“舒服一点”，好起来，向着构建“新型大国关系”大方向迈进。

首先，时代不同了，时代的诉求和国家战略目标当然也不同了。在帝国主义和殖民主义时代，当一个处于“老大”地位的国家衰落、另一个处于“老二”或“老三”地位的国家异军突起，后者势必要向前者挑战，要求重新划分势力范围，取而代之，从而引起矛盾、冲突和对抗，乃至战争。现在世界处于以和平与发展为主题的时代，美国可以宣称它“决不做老二”，但环顾全球，大面积兴起的发展中大国，有哪一个向美国挑战、要求取而代之和充当“老大”呢？中国没有，我看印度和巴西等国也没有。它们要求的无非是“平等相待”，以及更加公平合理的国际政治经济新秩序。中国更是旗帜鲜明地主张“构建和谐世界”，“尊重多样文明，谋求共同发展”。明乎此，美国何不以“老大”的身份在世界和平、发展与合作方面多作积极贡献？

第二，中美在经济方面相互依存度已越来越深。这是老牌大国之间从来也没有过的。现在世界也是独一无二的。中美建交33年来，双边贸易额增长180多倍，去年已经达到4466亿美元，今年有望突破5000亿美元。近10年来，美国对华出口增长468%，中国已经成为美国增长最快的出口市场。双方都不应、也不能无视这一事实。“和”与“合”，则互利共赢；“斗”与“压”，势必两败俱伤。

第三，早在上世纪末，克林顿总统就曾主张要同中国“共同致力于建立面向二十一世纪的建设性战略伙伴关系”。后来小布什把它“否了”，但形势逼人，不久仍不得不调整，主张两国要建立积极合作关系。奥巴马上台以来，两国关系又有了新的定位和表述：双方决心共同努力建设“相互尊重、互利共赢的合作伙伴关系”；两国元首均深信，一个更加强有力的中美关系不仅符合两国人民的根本利益，也有利于整个亚太地区乃至全世界。一直以来，中国领导人都把这些看成是庄严的国际承诺，而且在两国各种矛盾和摩擦中，都尽力以此为大局处理。美国方面虽然不时有些负面行为，有悖于此大局，但总体看来，心中也还不能没有这个大局。双方都在不同程度上注意管控分歧。

由于这些基本原因，展望中美关系前景，应该可以比较审慎乐观，建立新型大国关系并非没有可能。

但说实话，难度极大。原因当然是多方面的，有陈旧历史观的影响，有文化和社会制度的差异，有实际利益的碰撞，也有价值观的不协调，但最根本的，恐怕还是冷战思维和霸权战略在作祟。

美国政治分析家约瑟夫·奈说得好，相信冲突不可避免的想法，本身就是冲突的根源，“我们现在若是把中国当成敌人，我们可能就为自己树立了一个敌人”。这话最早是冲着克林顿政府说的，我看现在仍然适用。出于善意，2000年底，也即小布什上台前夕，在华盛顿举行的中美日第二轨道对话期间，我曾强调，美国只有把中国“如实地当作伙伴”，至少是潜在的合作伙伴，美国才能真正避免制造一个敌人而交一个朋友。我这并非是无的放矢。美国新保守主义理想家們一直把中国看成是潜在、甚至现实的“战略对手”，与中美两国关系定位精神背道而驰。

2009年1月12日，在北京纪念中美建交三十周年活动的一次会议上，美国大选期间曾担任奥巴马外交事务顾问的战略家布热津斯基强调说，中美之间建设性的相互依存是全球政治和经济稳定的重要根源，“美中之间的关系必须真正是一种与美欧、美日关系类似的全面的全球伙伴关系”；中国所强调的“和谐”可以成为美中峰会一个有益的起始点。最近，他又进一步指出，只有美中都姿态明确地“不去寻求霸权”，并且“接受对方在全球事务中扮演中心角色的事实”，两国关系才能持久稳定。布热津斯基是针对中美能否建立新型大国关系而言的，也是为了美国的根本利益。在这方面（不去寻求霸权），中国有困难吗？没有。美国呢？有！

当然，美国的某些错误政策行为，诉求是多方面的，中国不妨以平常心处之，心中有数就行了，不必过度或简单解读，以免不必要地冲击两国构建新型大国关系的努力。但有些事美国做得太过分，太霸道，也要让美国人明白，那是不现实的，也行不通。

美国领导人口口声声说，只要中国“遵守国际规则”，做“负责任的大国”，美中关系就会好，就会稳定，甚至成为伙伴。问题是，什么是“国际规则”？二战后，美国已故总统罗斯福和杜鲁门亲自主导制定的《联合国宪章》宗旨和精神，已是公认的、最具权威的“国际规则”，处于国际中心地位。但美国领导人小布什却说，美国的权威“高于联合国”。他这么说，美国历届政府实际上也是这么做的。难道要中国摒弃《联合国宪章》而去遵守美国的什么“国际规则”吗？美国领导人说，某某国家总统已“失去合法性”，应实行“政权更迭”，难道中国也应该“跟进”才算“负责任大国”吗？显然，这是不可能的。

美国战略重心东移，一再强调需要“亚太军事再平衡”。中国人听了很纳闷：亚太地区军事力量什么时候“平衡”过？一直以来都是美国占绝对优势。美国实际上并不是要什么真正意义上的“平衡”，而是“怕平衡”，怕失去绝对优势地位从而削弱干涉别国内政的能力。美国之所以不断宣传“中国反介入”力量增强“危险地打破了亚太地区的力量平衡”，与此一脉相承。说白了，就是中国综合军力增强了，美国在台湾等问题上干涉（介入）中国内政和侵犯中国领土主权的力量就相对削弱了。美国“不甘心”，所以要实现“再平衡”，保持它的绝对优势。

这一类的事例枚不胜举。因此，可以非常明确地说，构建中美“新型大国关系”，矛盾的主要方面在美国，“球”在美国方面。只要美国与中国相向而行，是大有希望的。反之，可能还是“非友非敌”的局面，甚至时不时发生对抗。这是中国非常不愿看到的。

2012年12月29日环球网

奥巴马并非完全“换卿不换药”

奥巴马第二任期已经开始，他的团队也大换血，其中国务卿的替换最引人注目。

希拉里终于离任了。有人说她是好国务卿，有人质疑。有人说她功不可没，有人说她留下一个烂摊子。美国媒体调侃说她是“外交官中的摇滚巨星”，不辞劳苦地进行了“全球巡演”。国际上好多人不待见她，因为她喜欢指手画脚，盛气凌人。但她无愧于追求完美的美国全球战略，是一个“强势国务卿”。对中国，她一直是“两面下注”。她说过不少有利于两国关系的好话。她是美国第一个接过中国“同舟共济”的理念而且多次重申。她甚至说，美中两国应“逢山开路，遇水搭桥”。她离任时还说：太平洋足够大，容得下中美两国；中美之间已经建立起具有足够广度和弹性的关系。但遗憾的是，她负面的政策行为和言论更多，念念不忘遏制中国和散布所谓“中国威胁”，说了不少不利于两国关系的话。

现在，民主党参议院外交委员会主席克里已走马上任。中美学者议论纷纷，主要倾向是认为他比较“务实”，美国外交可能要有所调整，至少是要“微调”。但也有人认为，奥巴马总统不过是“换卿不换药”，不要对克里寄予奢望。

克里长期从事从外交事务，从他在重大国际问题和中美关系敏感问题上的表态以及投票记录来看，他不仅在外交风度上将有别于希拉里，在政策行为方面，也可能比较务实。不仅如此，他与奥巴马个人关系比较密切，“外交理念”也比较接近。因此，人们对他寄予一定希望，期盼他在时代变迁的新时代发挥“正能量”，不无道理；说奥巴马只是“换卿不换药”，似乎有失偏颇。

克里出任国务卿前后，有些言论也值得玩味。他对美国不断加强在亚太地区军事力量的必要性有所质疑，认为“美国必须深思熟虑”，避免让中国感到美国是想要“围堵”它。在参议院外交委员会的听证会上，他在接受质询时还指出，美国之所以推进重视亚洲政策，原因之一是要加强与经济大国中国的关系。他认为，美中可以在对伊朗制裁问题上（寻求）“通力合作”，在应对朝鲜方面，也可以进行“更多协作”。对此，日本右翼媒体已萌生醋意，说什么克里重视中国的姿态“十分抢眼”；克里认为中国（为美国）带来的“机遇”多于“挑战”！克里的这些表现，似乎可以作为对其寄予“正能量”期盼的佐证。

在看待和处理国际关系方面，一般说来，既要看到对方（特别是美国这样的大国）的国策和大战略，又要看到在特定情况下，它政策和策略可能的调整和演变，看到其前后的差异与不同。否则，就可能误判，更谈不上是什么“成熟的外交”。希拉里的功过自有历史评说。但对克里外交风度和政策行为的不同，似乎也可以在“正能量”方面有所期待，经过新的实践来检验。

当然，希拉里和克里都不是简单的个人，他们分别都是美国“执政党的人”，是有关利益集团的代表人物，也是美国全球战略诉求的执行者。美国要建立以美国价值观为基础的“美国统治下的世界和平”大战略，一时难以改变。希拉里不行，克里也难做到。俄罗斯外交部长拉夫罗夫最近指出：美国应学会在平等、利益平衡和相互尊重的基础上与其他国家打交道。这话很得体，也是国际上人们普遍的期盼。问题是：美国准备好了吗？

中国领导人两年前就已向美国释放善意，提出中美要顺应时代潮流，共同努力建立“新型大国关系”。事实上，现在美国国内也有越来越多的有识之士，在不同程度上，对此有正面和积极的呼应。克里国务卿上述讲话，如果是认真的而不是虚晃一枪，如果奥巴马总统头脑也能清醒一点，从美国根本和长远利益考虑，顺应时代潮流，那么，中美两国关系有可能相向而行，未来四年（奥巴马的第二任期）可能是美国的“大好机遇期”，中美目前不那么舒服的相互依存关系，可能逐步舒服起来。

2013年2月17日《北京日报》

美国会错失第三次战略机遇期吗?

很多年来，中国学者一直在讨论中国的战略机遇期，以及如何维护、争取，并使之持续。那么，美国有没有呢？不仅有，而且已失去了两次。

第一次是冷战结束后，上世纪九十年代，美国本可利用苏联解体的机会，顺应和平与发展的时代需求，引领“合作共赢”和“不搞对抗”的全球治理。但它沉醉于“对自己制度优越性的迷思”，独霸天下的私心太重，在欧洲和亚太地区，东扩西进，到处伸手，对俄罗斯不依不饶，非要“踏上一只脚，让它永世不得翻身”。结果呢？本想同美国合作、甚至“走美国道路”的俄罗斯觉醒了，翻身了，正在重新迈向强盛的大国之路；北约东扩也不得不止步。在亚太地区，“亚洲北约”更是没有市场，早已是“明日黄花”。

第二次是9·11事件后，美国也本可以利用国际上广泛的同情，引领全世界合作反恐，把21世纪带入比较有安全感的时代。但美国过分迷信自己的军力，企图“挟天子以令诸侯”，“反恐谋霸”，奉行单边主义和双重标准，发动了两场战争，而且到处搞“颜色革命”。他们自诩“得胜”了，但谁都知道：“惨胜如败啊！”

现在，美国又面临新的战略机遇期。奥巴马能否抓住新的机遇，抑或再次失去，关键在于他和美国领导人能否审时度势，看清时代的变迁和国际力量对比的变化，找准自己新的定位，以及奉行什么样的国际战略。

客观条件应该说是比较成熟了。

首先，现在已不是帝国主义和殖民主义时代，也不是革命与战争年代，而是以和平与发展为主题的时代；经济全球化（包括科技、信息和投资）不以人们主观意志为转移地迅速发展。在这样的大环境下，任何国家，即使是美国这样的超级大国，也很难独善其身。正像中国和美国某些领导人说过的那样，需要“同舟共济”，“共克时艰”，“合作共赢”。“金砖国家”在不同程度上都认同了这一点，G20在一定程度上也认同了这一点。美国2008年爆发的金融危机的实践也证明了这一点。

第二，发展中国家大面积的兴起不同于历史上帝国的兴衰，它们并没有蓄意挑战老牌发达国家，也没有要求重新瓜分世界和划分势力范围。它们要求的不过是一个更加公平合理的国际政治和经济新秩序，按照联合国宪章办事。用上海合作组织的话来说，就是“尊重多样文明，谋求共同发展”。

第三，美国新保守主义理想家们心目中的“战略对手”或“潜在敌人”，如中国和俄罗斯等，并无意与美国过不去。相反，它们都希望与美国合作，共同应对世界性大问题，合作治理世界。中国领导人早已向美国提出:要努力把中美关系塑造成21世纪新型大国关系。两国关于决心“共同努力建设相互尊重、互利共赢的合作伙伴关系”的新定位，既是双方从对抗到握手到合作和互利的积极表述，也是中国向美国释放的善意和期盼。俄罗斯领导人也明确表示，“俄美没有任何理由要重启冷战”；提醒美国“应学会在平等、利益平衡和相互尊重的基础上与其他国家打交道”。这些话也是俄罗斯对美国期盼，而不是什么敌视。

第四，美国企图“借力”对付中国的国家，除日本和菲律宾个别国家外，东盟国家普遍不愿“选边站”，印度领导人说得很明确：印度要同时发展同中国和美国的关系。印尼总统还说，现在由单一国家来管理世界是不合适的。

客观条件显然是正面的，比较有利的。问题是：奥巴马及其团队能否正视，重新定位自己，从而调整政策。考虑到美国根深蒂固的“霸权永续”思想，难！但也有一些“好兆头”。2011到2012年岁末年初，美国一些主流媒体连续发表文章，大谈“春风得意的美国时代已经终结”，认为美国在世界上“独占鳌头”和“美国的文书和意志就是世界的法律”的日子已渐行渐远了，需要重新认识世界和自己。

今年，奥巴马第二任期伊始，他的国务卿和国防部长就声称，“我们不能对世界发号施令，但我们必须参与世界（事务）”，“美国在世界的角色……已经成为参与世界（的国家）”。克里在访华期间还表示，美国期待一个强健、正常而又特殊的中美关系。奥巴马近来在会见中国新任大使崔天凯时也说，美中两国关系已进入新的阶段，面临新的机遇；美方愿与中方一道，致力于建设新型的大国关系。

这些话，如果对比奥巴马第一任期开头说的豪言壮语（他要“重塑美国在世界的领导地位”），以及第二年他誓言“美国决不做老二”的场景，人们就不难看到微妙的变化。其实，随着时代变迁量变进程的加速发展和国际力量对比难以逆转的变化，美国有识之士不得不思考：美国怎么办？顺应时代潮流，还是继续逆潮流而动？以笔者之见，美国目前正处于十字路口，或曰：正处在痛苦的“量变过程中”。人们期盼美国领导人头脑清醒，面对现实，不要再失去新的战略机遇。

2013年4月18日环球网

美国的太平洋梦和日本梦
——谁在觊觎美国亚太的第一把交椅

奥巴马第二任期以来，美国财长、国务卿、邓普西将军和国防部长密集到访中日韩三国。他们对韩国主要是让吃"定心丸"，军事上大肆"给力"。对日本，主要是继续适度支持它同中国闹腾，同时加强对它的掌控，要它为美国"大大地出力"。对中国，在"两面下注"方面，正面的似有所增加。克里国务卿说了一些"示好的话"，如美国和世界都得益于稳定与繁荣的中国；美国希望与中国建立强有力的、正常却"特殊的关系"，"因为中国是一个了不起的大国，具有影响世界局势的强大实力。我们需要在这方面进行合作。"

国际上对此议论纷纷。但纵观他们的大量言行，其核心内容恐怕还是克里在日本演说的"关键词"：美国的"太平洋梦"。这并不是克里个人的梦，也不是希拉里梦的延续，而是奥巴马和美国领导人在新时期共同的梦。其"灵魂"是奥巴马的誓言："美国决不做老二"，其本质是要把美国"最强的价值观""移植于安全、经济和社会合作"。

至于要同中国建立"特殊关系"，那还了得？！美国新保守主义理想家们一向以冷战思维和意识形态审视中国和中美关系。在他们心目中，"特殊关系"只是英国和以色列的专利，连日本也不够资格，怎么可以把这顶"桂冠"戴在中国头上？他们总是认为，中国是要挑战和抢夺美国"第一把交椅"的；中国速度的兴起，对美国简直就是一场不可想象的噩梦。

其实，所谓"特殊关系"，对中国来说，就是，或者说只能是，"新型大国关系"。中国也有自己的伟大民族复兴之梦。但"中国梦"和美国的"太平洋梦"并非零和游戏之梦。笔者高兴地注意到，美国现在有越来越多的有识之士（包括一些知名的专家学者）开始认识到，中国并无意要把美国"挤出太平洋"，更无意于争夺霸权。中国期盼美国与之平等相待，合作共赢，相互尊重，共商构建和平与友好的"太平洋梦"，不希望冷战在这一地区重演。

现在问题的严重在于，奥巴马及其团队，特别是美国新保守主义理想家们，津津乐道于美日同盟，不断推波助澜，搞得太平洋很不安宁。两国“借力”与“给力”之间，可以说是“剪不断理还乱”，翻过来倒过去。现阶段，美国“借力”、日本“给力”是矛盾的主要方面，也是不容否认的客观事实。但日本有它自己的梦（不是像某些人说的“小算盘”）。这个“梦”，正像西方一些媒体近来尖锐指出的，是“一个军国主义的顽固梦想”，而且“顽固透顶”。有大战略眼光的人，了解日本极右翼本质的人，都不难看出，在历史的现阶段，表面上看，日本是在“给力”美国，遏制所谓“中国威胁”，为美国“第一把交椅”“保驾护航”，但实际上它是在“借力”美国，企图趁机摘掉反法西斯同盟戴在它头上的“紧箍咒”，否定侵略罪行，摆脱与美国的“主从关系”，修改“和平宪法”，为扩军备战开路。它战略的终极目标，绝不仅仅是“不甘心做老三”，也不会满足于做“老二”，它觊觎的是美国的那把“老大的交椅”，充当亚太地区的“领头雁”。

当然，这只是日本右翼的“白日梦”，一厢情愿。时代潮流不允许；亚洲国家也不会答应；聪明的日本民众到头来也会说“No！”而且，美国在美日同盟关系方面也是有其底线的，不会轻易让日本突破。美国老百姓也不会忘记“珍珠港事件”惨痛的历史教训。但人们不能不承认，二战结束近70年来，日本军国主义阴魂压根儿就没有散去，仍在伺机东山再起。美国新保守主义理想家們如果继续犯傻，让冷战思维和“一己私利”蒙蔽了眼睛，潘多拉盒子一旦打开，他们后悔可能就来不及了。勿谓言之不预。

2013年5月14日环球网

美国编排的“探戈舞”不好跳

——关于TPP一些问题的探讨

美国主导的TPP《跨太平洋战略经济伙伴关系协定》谈判已进行10轮，现在正紧锣密鼓，希图年内结束。国内专家学者近来议论纷纷：中国要不要去跳这种“探戈舞”？有人认为，“主动加入TPP对中国更有利”，可以“有效地维护和延长我国重要战略机遇期”，有助于“实现中国梦”，也是“构建合作共赢中美新型大国关系在实践上的具体化”。看来，有关作者对美国大力推动TPP的战略意图似乎一知半解；对中美“新型大国关系”有不少误解（中美不是G2和什么“联手”共舞）；对APEC“茂物目标”也并不怎么清楚。

所谓“TPP”，是2006年新加坡、文莱、智利、新西兰四国首先签订的一个协议。2008年美国高调宣布参加谈判后，澳大利亚、秘鲁、越南和马来西亚也随之加入。2011年日本首相野田为了讨好美国，赶在APEC夏威夷首脑会议前，急急忙忙宣布也要参加TPP。由于这10国都是APEC成员，以及美国“喧宾夺主”，人们不禁要问：这个“TPP”同APEC、特别是APEC的“茂物目标”（贸易与投资自由化和便利化）是什么关系？它的内涵和目标是什么？美国现在主打这张“王牌”意图何在？

首先，这是美国战略重心逐步东移的需要。美国战略重心东移是全方位的，不仅涉及政治和军事安全，在亚太经济合作方面，美国也要主导，防止被边缘化。

第二，随着时代变迁量变进程加速发展，亚太地区诸多形式和规模的贸易投资自由化相继出现，方兴未艾。美国忧心忡忡，图谋牵制，占领制高点，主导合作方向。

第三，美国企图利用TTP平台发挥它的两大优势：一是制定自由贸易新规则，二是占据高新技术和产品的“领军地位”，按照它主导的游戏规则（标准）和“利益价值观”来办事，搞一个“面向21世纪的、高标准的全面自由贸易协议”，超越“茂物目标”和WTO的“战略合作”，从而变被动为主动。

美国打出这张“王牌”，说到底，实际上是当年克林顿总统“新太平洋主义”在新形势下的“变种”和发展。

1993年，美国举办APEC领导人第一次非正式会议。克林顿企图把APEC变性为“亚太经济共同体”，以美国经济、安全和价值观为主导或基础。但由于大多数成员不赞成，没有成功。1994年，在印尼茂物举行APEC领导人第二次会议，美国起劲推动APEC搞“贸易投资自由化和便利化”，经过艰苦磋商，茂物宣言明确宣布，发达成员应在2010年、发展中成员应在2020年完成“茂物目标”——“贸易投资自由化和便利化”。

当时，美国态度咄咄逼人。在1995年日本大阪制定“茂物目标”行动纲领过程中，美国坚持一定要写上所有成员都“必须全面和无条件地执行”茂物目标。当时，不仅中国，韩国、日本和中国台北也很困难。那时我是中国代表，现在的联合国秘书长潘基文是韩国代表。我们紧密合作，终于争取“行动纲领”中写上了这样一条：“当成员有困难时，允许有灵活性”。后来，美国仍继续一路紧逼，不仅要每年审核落实情况，还要求搞什么“早期收获”（在诸多部门提前实行“茂物目标”），但由于多数成员不赞同而落空了。

现在，近20年过去了，2010的第一个限期也过去3年了，但美国并没有按照“茂物目标”履行自己的义务。

人们不解的是，美国为什么要抛弃它一手推动建立的现有炉灶（茂物目标）而另起炉灶（TPP）呢？居心何在？说到底，是美国需要维护和巩固它的“主导权”；它从来都不喜欢“协商一致”原则与“平等伙伴关系”。

美国现在看来颇为得意。殊不知它为“TPP”做的衣服并不合亚太国家的身材。这个美国版的TPP“探戈舞”难度很大。日美在“茂物目标”方面就一直存有矛盾，更何况现在超越“茂物目标”和WTO的“TPP”。越南等6个谈判成员的困难更可想而知。所谓“TPP”的发展方向仍有很多不确定性，中国不妨拭目以待，无需跟着共舞。这不可能真正“有效地维护和延长“中国战略机遇期”。中国的战略机遇靠的是独立自主的和平外交，是顺应时代潮流的方针政策和策略。中国可以通过各种渠道与TPP谈判国家接触和交流，认真研究和探讨今后可能的合作途径。但现在要强调的是，首先“必须全面和无条件地执行”茂物目标，积极而稳步地推进中国和东盟自贸区（10+1）、东盟和中日韩（10+3）以及中韩和各种形式的FTA。明年中国将第二次做APEC东道国，责任重大，千万不要偏离方向。

2013年8月01日中国网络电视台

美国会“享受相对衰落”吗?

近一两年来，人们高兴地注意到，美国国内出现了一些“好兆头”。

2011—2012年岁末年初，美国一些主流媒体就连续发表文章，说什么“美国自1945年以来一直就是世界头号大国”，在这个世界上“独占鳌头”，“风光无限”，“美国的文书和意志就是世界的法律”。可是现在，美国人站在“高山之巅”，却感到有“些许寂寞”和“忧心忡忡”，觉得那些黄金的年代似乎已渐行渐远，需要重新认识世界和自己。

这种现象和思考两年多以前就已经如此集中表现，是冷战结束后从来没有过的。有关文章都是美国一些“顶级专家”撰写的。他们并非是在无病呻吟，而是在反思和总结经验，在探寻如何维护美国霸权地位永续和“资本主义的再生”。

去年，奥巴马第二任期伊始，他的国务卿和国防部长就声称，“我们不能对世界发号施令，但我们必须参与世界”，“美国在世界的角色……已经成为参与世界”。克里在访华期间还表示，美国期待一个强健、正常而又特殊的中美关系。奥巴马今年在会见中国新任大使崔天凯时也说，美中两国关系已进入新的阶段，面临新的机遇；美方愿与中方一道，致力于建设新型的大国关系。

这些话，如果对比奥巴马第一任期开头说的豪言壮语，以及第二年他誓言“美国决不做老二”的场景，人们就不难看到微妙的变化。其实，随着时代变迁量变进程的加速发展和国际力量对比难以逆转的变化，美国有识之士不得不思考：美国怎么办？顺应时代潮流，还是继续逆潮流而动？以笔者之见，美国目前正处于战略十字路口，或曰：正处在痛苦的“量变过程中”。人们期盼美国领导人头脑清醒，面对现实，不要再失去新的战略机遇。问题是：美国能“享受衰落”吗？

去年9月，英国上院议员梅格纳德·德赛教授发表一篇引人注目的文章，题曰:《美国，应享受衰落》。作者特意提到冷战时期美国国务卿艾奇逊的一句名言:“虽然英国早已不再享有‘日不落帝国’的美誉，但它却没有在国际大舞台上重新找到自己的位置。”作者颇有感慨地说，“现在，就像英国在二战后的情况一样，美国正面临着相似的挑战”；因此，这句话还是奉还美国吧，“让美国人思考本国的未来再恰当不过了，它有助于美国人重新定义自己在世界上的位置”；或许，美国应当向英国学习，从容优雅地“享受衰落”。作者最后还饶有风趣地说：“美国，请不要再挣扎保住世界第一的位置。快点转身，享受你在下坡过程中的风景吧！”作者似乎无意于伤害或讽刺美国，而是语重心长地提醒美国注意历史的经验。

不过，这些话美国新保守主义理想家们是听不进去的。奥巴马及其团队也难真的听进去。大量的事实表明，美国领导人一心想的仍然是“美国统治下的世界和平”，他们虽然“无可奈何要收缩”，实际上还是“情不自禁要伸手”，到处搞“颜色革命”，推行“新干涉主义”。最有代表性的言论，当数美国新任国家安全事务助理赖斯。去年6月她被任命后，还没上任就迫不及待地宣称，“我期待与总统您，以及卓越的国安团队密切合作以保护美国，推进美国的全球领导地位，并推广美国人所珍惜的价值观。”美国新任太平洋空军司令赫伯特·卡莱尔上将，也扬言美国要在亚太盟国建基地网，派精锐战机组织包围圈，像包围苏联一样包围中国。

遗憾的是，霸权有意，现实无情。美国现在虽然仍然是超级大国，但早已不是原来意义上的超级大国了。用通俗的话来说，“它的指挥棒已不那么灵了”，昔日“美国的文书和意志就是世界的法律”已成“明日黄花”。就拿美国的“后院”来说，“美洲国家组织”秘书长由谁担任，过去几十年，美国说一不二，现在美国推荐的人选，一再被否决。伊朗被美国戴上了“邪恶轴心”国家的帽子，但美国一手扶持起来的阿富汗和伊拉克领导人与伊朗领导人相互称兄道弟，见面时还热烈拥抱。联合国秘书长潘基文也不顾美国的反对，出席了在伊朗召开的不结盟国家峰会。这方面的事例人们可以举出N个，美国自己也心知肚明。这正是为什么美国近年来玩弄“巧实力”和不断强调要“借力”日本和菲律宾等“中等国家”的原因所在；也是美国对中国虽然“情不自禁要遏制”，但又“无可奈何要合作”的根本原因。这是美国自身很难解决的一对矛盾，也充分表明，美国不能“享受衰落”，也很难“享受衰落”。

其实，在时代变迁快速进程中，国家综合国力的消长，此起彼伏，是很正常的现象。什么“美国例外论”，美国可以“霸权永续”，等等，实际上是自欺欺人。但现在时代不同了，环顾全球正在兴起的大国，它们并没有要与美国

“分庭抗礼”。在亚太地区，中国也没有反对美国的存在，只是希望它多发挥一点正面和积极的作用而已。美国领导人如果有一颗平常心，尊重历史，尊重美国领导人一手推动制定的《联合国宪章》精神，以及新世纪时代变迁的现实，好好听一听上述专家学者的肺腑之言，那将是美国的福音，也是渴望和平与发展人们的愿望，美国完全可以“享受衰落”，享受“在下坡过程中的风景”，或许仍然是全球最强大的国家之一。

2014年1月14日《环球时报》、《解放日报》等

美国何去何从？
——马年最大不确定因素和中日美关系

马年，人们更加渴望世界能太平一点，包容与和谐一点。形势总体看好，时代变迁量变进程加速发展的大趋势，尽管充满着矛盾和严峻的博弈，但不可阻挡，国际力量对比历史性变化的脚步不会停止。

地缘政治和热点，有很多不确定因素，一言难尽，谁也做不了算命先生。但从全局看，最大的不确定因素，恐怕还是：站在“战略十字路口”的美国，“何去何从”。

早在上世纪末，美国老外交家凯南就告诫说，“这个星球绝不会由任何一个单独的政治中心来统治”，“不论美元还是刺刀都不能保证成功”。那时，这类舆论在美国尚属罕见。后来，法国总统萨科奇、英国首相布朗和印尼总统苏西洛先后声称，现在是“相对大国时代”，世界任何重大问题离开中国、印度和巴西等发展中大国都不可能解决，现在由单一国家管理世界是不合适的。

形势变了，任何国家都不能不调整政策。美国这样的超级大国更不可能例外。

2011年开始，越来越多的美国知名人士和主流媒体开始议论，“春风得意的美国时代已经终结”；美国虽然仍站在“高山之巅”，但却感到有“些许寂寞”和“忧心忡忡”，“担心衰落”。美籍日本人福山一度曾得意忘形，著书立说，宣扬西方资产阶级民主自由制度是人类社会发展的“终极理想”，而且已经变成事实。现在也不得不认错。这些人并非是在无病呻吟，而是在反思和总结经验，在探寻“何去何从”的出路。

去年，奥巴马第二任期伊始，他的新任国务卿克里和国防部长哈格尔就公开声称，现在美国已“不能对世界发号施令”了；“美国在世界的角色……已经成为参与世界（的国家）”。克里近来还宣称，门罗主义的时代已终结，美国与美洲国家间关系建立在平等的伙伴关系和共同责任基础之上。奥巴马本人在会见中国新任大使崔天凯时也说，美中两国关系已进入新的阶段，面临新的机遇；

美方愿与中方一道，致力于建设新型的大国关系。奥巴马及其重臣，虽然也常说一些不合时宜的话，但他们上述这些言论，毕竟是时代吹拂的一股“新风”，是过去没有过的。

与此同时，美国新任国家安全事务助理赖斯，候任期间就迫不及待地宣称，她要与总统“密切合作”，“推进美国的全球领导地位，并推广美国人所珍惜的价值观”。美国新任太平洋空军司令卡莱甚至公开宣称，美国要像包围前苏联那样包围中国。这些“逆风”言论与上述“新风”形成鲜明对照，让人有点困惑。其实，这两派人在力争实现“美国家天下”战略方面是一致的，但如何实现，如何为自己找到一个合适的新定位，各自都处于痛苦的挣扎之中。

美国作为世界唯一超级大国，它何去何从，举足轻重。其影响可以是正面的，也可能是负面的，甚至产生破坏性后果。比如，美国所谓“战略再平衡”在亚太地区如何运作，中日关系后面的美国因素如何发酵，都将严重影响这一地区的和平与稳定。

长期以来，中国一直在向美国释放善意，希望同美国共同致力于构建新型大国关系，相互尊重，合作共赢。G2（共管）虽不宜搞，C2（共商）仍可行。美国国家安全顾问多尼伦卸任前曾说，美国的战略支柱之一是与中国建立建设性的关系；如果没有中国参与协商，如果中美两国不建立广泛、富有成效、建设性的关系，那么世界上几乎所有的外交、经济和安全挑战都无法解决。美国新任国家安全事务助理赖斯也声称，美国希望跟中国把“新型大国关系”落到实处。这些话如果当真，中美相互依存关系就可能变得比较舒服一些，对构建中美新型大国关系和亚太地区的影响都将是正面的。

随着综合国力的提高，中国军力相应增长，很正常。这是维护自己国家主权、独立和安全的需要，并无意挑战美国在这一地区的存在，抢美国的“第一把交椅”。中美关系何去何从，关键要看美国能否摒弃冷战思维，看清日本的图谋。

美国所谓的“战略再平衡”，如继续把遏制中国作为主旨，“借力”日本以保持其对中国的“绝对优势”，对付中国“反介入”（反对干涉内政）力量的增强，那就走错了路，结果可能事与愿违。日本也会打“中国牌”，利用“给力”美国，逐步摆脱美日“主从关系”，甚至把美国拉下水，倒逼美国为日本效劳。

美国如沿着这条路走下去，势必要继续袒护日本，甚至放纵日本军国主义发展和猖獗，那就无异于放虎归山，后患无穷，太平洋将会很不太平，放出去的“虎”也不一定咬中国。中国不会惹事，但也决不怕事。对日本可能的挑衅和冒险，中国是有充分准备的。美国呢？美国领导人需要三思而行；千万不要让一己私利遮望眼，忘记日本偷袭珍珠港惨剧。

2014年1月28日《解放日报》

美国应学会“享受合作”

奥巴马亚洲四国行已结束好多天了。但美国国内外评论仍延绵不断，说什么的都有。有人认为他“成功地”显示了美国作为“老大”的权威性；有人认为他表现软弱，被日本“要了”；有人认为他步入了“遏制（中国）陷阱”的险境，看似主动，实则被动，中国“如影随形”。

最令人感兴趣的是，美国主流媒体一再宣传，奥巴马既想对抗中国，又想讨好中国，一直在盟国和中国之间“走钢丝”。奥巴马本人和美国一些相关高级官员一方面对中国放狠话，强调美国要确保国际规则和准则得到遵守，“包括在海上争端”，同时又不断辩解说，美国的目标“不是对抗中国”，“不是遏制中国”，做出一副向中国释放“善意”的姿态。这种现象，在中美关系史上还从来没有过，看似矛盾，实则是美国“两面下注”在新形势下的反映，也是美国“亚太再平衡”战略的需要。

美国要维护和巩固它占绝对优势的所谓“战略平衡”，势必要千方百计排除它心目中的各种“负能量”。在美国新保守主义理想家們的眼里，中国显然是“假想敌”，首当其冲。因此，它情不自禁地要遏制和包围中国；要“借力”盟国、特别是日本同中国闹腾。但中美经济上相互依存关系日益加深，重大国际安全问题的解决，也离不开中国，它又无可奈何要寻求中国的合作。

懂得赌博的人都知道，“两面下注”是特定情况下的一种权宜之计，是很难坚持下去的，风险也大。美国目前的“两面下注”，实际上并不是一半对一半，而是60%—70%对30%—40%，甚至80%对20%，重点下在日本和盟国方面，同时期盼对中国下的“小注”，也能收到“大红利”，诱使中国遵守它所谓的“国际规则和准则”。这首先是一厢情愿，误判形势和中国独立自主的外交定力。其次是把原本是“正能量”（可以成为合作伙伴、甚至朋友）的中国当作“负能量”，结果可能造成美国专家约瑟夫·奈说的，自己“制造了一个敌人”。第三，把一心想重走军国主义道路的日本当作“正能量”，其恶果不言自明，有过珍珠港事件和太平洋战争经验的美国民众心里十分清楚，日本现在“借力”美国，有朝一日很可能变成伤害美国的“负能量”。中国不是容易被“忽悠”的国家，美国呢？千万不要被日本耍了！

时代变迁和国际力量对比的变化，是不以人们主观意志为转移的。美国一些比较务实的高层人士也承认，现在美国已“不能对世界发号施令”。英国上院议员梅格纳德·德赛教授也用调侃的语言建议美国应学习英国，“享受衰落”(当然，目前只是相对的)。我倒是建议，美国应该顺应时代潮流“享受合作”。

中国已提出中美共同构建“新型大国关系”，这是经过认真思考而释放的善意，而且一直在努力。奥巴马总统也多次表示，美方愿与中方一道，致力于建设新型的大国关系。既然如此，美国何不在中美关系方面增加“正面下注”，让中美现在“不那么舒服的相互依存关系”，舒服一点，从而逐步成为真正的“合作伙伴”，“享受合作”共赢的美酒，而不是后悔莫及的苦酒。

2014年5月7日《解放日报》

美国何不痛饮一杯“清醒酒”？

——美国需要明智的正确选择

近来，美国领导人和一些负责官员口口声声不离“美日同盟关系”，说什么美国有义务“保护”日本，而且，手里不断晃动美日安保条约这张“王牌”。同时，又在诸多方面与中国拉近乎，声称一直在努力与中国构建“新型大国关系”，希望跟中国把这种关系“落到实处”；一个更加强有力的中美关系，不仅符合两国人民的根本利益，也有利于整个亚太地区乃至全世界。显然，前者是美国“战略再平衡”政策的需要，是“情不自禁要遏制”中国政策的体现；后者是美国与中国“无可奈何要合作”的征兆。

看来，聪明的美国领导人很懂得“两面下注”，而且想把它玩得“淋漓尽致”。但他们也明白，这样的“两面下注”是“不可持续的”，也是危险的。因此，他们经常自相矛盾，或言不由衷，或威胁利诱，或拉开距离，或拉偏架，亮“王牌”，威慑中国。有人说，美国背着“决不做老二”和冷战思维的沉重包袱，正站在拿不定“何去何从的战略十字路口”，痛苦难当，不知如何是好，一点也不奇怪。

从战略层面看，美国要“推进美国的全球领导地位，并推广美国人所珍惜的价值观”，实现美国统治下的世界和平，似乎至今并无什么实质性的变化。从地缘政治角度看，美国要在亚太地区实现“战略再平衡”已是既定方针。所谓“战略再平衡”，其核心就是要维护美国在这一地区的“领导地位”，至少是主导权，保持军事上的绝对优势；实际上并不是要什么“平衡”，而是怕打破它占绝对优势的所谓“平衡”。但它力不从心，需要“借力”。“借力”，首先当然是从日本。问题是日本“给力”都是“正能量”吗？它能不影响中美关系吗？这一点，我看美国领导人也未必“拿得准”，未必完全“心中有数”。

时代变迁是历史的必然，力量对比的变化也不以人们主观意志为转移。中国迅速兴起，并不是美国新保守主义理想家們心目中的“负能量”。美国一位知名政治分析家曾告诫美国领导人说，相信冲突不可避免的想法本身就是冲突的根源，“我们现在若是把中国当成敌人，我们可能就为自己树立了一个敌人”。这话是在克林顿总统时期说的。2000年12月，也即小布什上台前夕，在华盛顿举行的中美日第二轨道对话期间，我明确表示赞同他的意见，并补充说，美国只有把中国“如实地当作伙伴”，至少是潜在的合作伙伴，美国才能真正避免制造一个敌人而交一个朋友。小布什没有真的听进去。奥巴马似乎有些变化，表示愿意同中国一起构建“新型大国关系”，但仍顾虑重重，不能、也不敢认真做战略决策。但他毕竟前进了一大步。

这次他访问日本等亚洲四国前，美国官员一再表示，不是为了“制衡”和“遏制”中国。这很好。希望美国言行一致，在这次行程中谨言慎行。

中国在迅速兴起的过程中，没有做什么对不起美国的事，没有挑战美国的核心利益。而且，一直在向美国释放善意，特别是倡议构建中美“新型大国关系”，相互尊重，互利共赢。同中国发展友好合作，对美国的地区和全球作用，只能是“正能量”。至于美国要“借力”日本，搞它的“战略再平衡”，那是美国自己的事。但请注意，不要企图指点中国江山，不要侵害中国的核心利益。也顺便提醒一下，不要上日本安倍之流的当，到头来自食恶果。

时代不同了，美国需要全面反思，痛下决心，喝一杯虽苦但治病的“清醒酒”，从美国根本利益和世界发展方向出发，享受合作，摒弃冷战思维，在原来意想不到的“十字路口”，何去何从，做一个明智的正确选择。

2014年5月14日环球网

美国“老大”，好好走路别摔了！

乌克兰大选，比较“务实”的“巧克力大王”卢卡申科获胜。乌局势能否缓解，不确定因素很多，关键要看他能否处理好东部问题和俄乌关系，以及“向西”走多远。

纵观乌克兰危机过程，美国无疑是外部因素“矛盾的主要方面”。美国一开始就喧宾夺主，迫不及待地抢先采取了一系列举措。这些都历历在目。最露骨的是，迅速否定了德、法、波外长参与签订的2月21日“和解协议”，利用广场亲美分子，实现了“违宪政变”；大肆宣传“普京大帝”威胁论，强调美欧“共同安全”的责任和紧迫性。这实际上也是想在欧洲搞“战略再平衡”。

这不禁使人想起美国一再强调的“亚太战略再平衡”及其一系列政策行为。它一会儿要在亚太，一会儿又要在欧洲搞“战略再平衡”，究竟是怎么回事？

20多年前，苏联解体、华沙条约组织解散时，美国新保守主义理想家们喜出望外，满以为自此这个世界就是美国的“家天下”了。用美籍日本人福山的话来说，这是“历史的终结”，美国“完胜”了！多米诺骨牌的下一个就是中国。美国东扩西进，把北约向俄罗斯推进了700—1000公里；加强美日同盟，企图拼凑包围中国的“亚洲北约”，并把它同本不应该继续存在的北约联系起来，扩大战果。

但霸权有意，现实无情。国际形势并没有按照他们的如意算盘运转。中国迅速兴起了；一大批发展中国家也兴起了；俄罗斯也“被逼出了”一个“不听话的”普京，迅速恢复了大国地位。无怪乎法国和英国前任领导人都说，现在是“相对大国时代”，离开中国、印度和巴西这样的发展中大国，重大国际问题一个也解决不了；美国资深外交官乔治˙凯南生前也告诫说：“这个星球绝不会由任何一个单独的政治中心来统治”，“不论是美元还是刺刀，都不能保证成功”。美国著名国际关系学教授查尔斯·库普钱还著书指出：现在已出现“美国霸权不可逆转的衰落趋势”。就连福山也不得不承认，他当年鼓吹“历史的终结”，错了。

不仅如此。美国两洋盟国的离心倾向也已不断显露。最有代表性的，一是德法与俄罗斯一起反对美国发动伊拉克战争；二是韩国前总统卢武铉和日本前首相鸠山，先后提出在东西方之间扮演“中间人”角色，发挥“桥梁作用”。

正是在这一大背景下，美国高调宣布要实现“战略再平衡”，而且来势汹汹。我曾多次指出，所谓“战略再平衡”，实际上是美国担心失去它一直占绝对优势的“平衡”；它并不是要真正意义上的平衡，而是“怕平衡”。试想，一个稳坐第一把交椅的“老大”，会大声呐喊我“决不做老二”吗？这正是它心虚和“体力不支”的反映。

美国“战略再平衡”的诉求是全方位的。在亚太地区，它千方百计制造美日联合版的“中国威胁论”，说什么中国到处展现肌肉，咄咄逼人，进行挑衅；在乌克兰和东欧一些国家，它收买亲美势力，宣传“普京大帝”回来了，俄罗斯要重温“苏联梦”。根本目的就是要造成一种态势：老美不能走！不仅不能走，而且都需要它的保护，都需要为它出“保护费”，“给力”。这显然是“一箭多雕”：

一是把太平洋和黑海、波罗的海的水搅浑，干扰和遏制中俄的迅速兴起。

二是打击、遏制欧洲和日本的离心倾向，加强控制。

三是刺激军备竞赛，为美国军火商效劳。

四是挑拨中俄与各自的周边邻国关系，让“一路一带”和独联体都搞不成。同时，“借力”盟国和所谓新的伙伴，争取实现“亚洲北约”和“两洋战略”——太平洋和大西洋，以及太平洋和印度洋连接的美梦。

五是经济上着力推动TPP和TTIP谈判成功，力争占领国际新经济的制高点，防止自己被“边缘化”。

当然，这一切都不过是美国的一厢情愿。它既遏制不了中国，也遏制不了俄罗斯，更不可能同时遏制中俄；它的盟国不可能继续唯命是从，在乌克兰问题上，德法同它并不一致，安倍头上的“反骨”也开始显露；中国周边除个别国家外，都不可能“选边站”，“乌云”遮不住中国周边外交的“阳关道”；俄罗斯也主张构建新型大国关系，进退有度；TPP和TTIP能否搞成，美国自己也信心不足。因此，美国最好还是冷静反思，为自己寻找一个符合时代诉求的新定位。好好走路，别摔了；既痛饮一杯英国参议员回送它的“皇家礼炮”老陈酒，享受“无可奈何花渐落”的沿途风景，又分享中国合作共赢的“美酒”与“红利”。

2014年5月28日环球网

美国怎么办?
——伊朗适时“出牌”，一箭数雕

近日，伊拉克形势突变，一个自称为“伊拉克和黎凡特伊斯兰国”（ISIS）的极端武装组织，忽然“异军突起”，在伊拉克北部攻城略地，甚至占领第二大城市摩苏尔等重镇，引起国际社会的广泛关注和忧虑，美国尤为揪心。美国国务卿克里6月16日说，这个极端武装组织已对伊拉克的存亡构成威胁，同时也威胁到整个地区的稳定。但他没有回答这一恶果是怎么造成的?美国怎么办?

伊朗总统鲁哈尼似乎看到了这一点，不失时机，适时打出了“合作反恐牌”。他迅即与伊拉克总理马利基通电话，表示支持伊拉克政府打击恐怖主义的努力；同时表示，如果美国开始在伊拉克和其他地区“打击恐怖主义团伙”，伊朗“可以考虑”与美国合作，打击“伊拉克和黎凡特伊斯兰国”武装分子。

这张牌可以说是“一箭数雕”：

首先，伊朗在一定意义和程度上抢占了地区“正真反恐行为”的制高点。“ISIS”极端武装组织实际上是基地组织的“衍生物”，也是叙利亚反政府武装的主力。美国《国家利益》双月刊网站6月17日文章，引用伊拉克一名开明神职人员的话“一针见血地指出”：“发生在叙利亚和伊拉克的战事其实是同一场战争。叙利亚也好，伊拉克也罢，这都是一场与ISIS的战争。美国努力削弱叙利亚政权，这有利于ISIS；但在巴格达，美国却支持伊拉克政府打击ISIS。“这种做法颇为可疑，也让人迷惑”。

这一切，美国并非不知，但出于推翻奥巴马认为已“失去合法性”的巴沙尔总统，并未设法铲除它，美国的某些“追随国”甚至还支持它，客观上助长了恐怖主义，帮了ISIS的忙。这自然让人们感到，美国“反恐”始终是“双重标准”，在反恐的制高点上，又跌下一个台阶，不得不自食恶果。

第二，将了美国一军。美国十分被动和尴尬。美国可能压根儿也没想到伊朗会打出这张牌：“可以考虑”与美国合作反恐。“接不接招”？不接，不得人心，而且自己力不从心，也有需要；接，伊朗头上戴的那顶“邪恶轴心”帽子岂不荡然无存！？咋办？美国似乎有点乱了阵脚。从近日表现看来，美国是一则以喜，一则以忧，目前还举棋未定。国务卿克里16日表示，美国愿意就伊拉克局势与伊朗展开会谈，也不排除与其进行军事合作的可能性；美国对任何维护伊拉克主权、消灭外部恐怖分子的“建设性”手段持开放态度，但美国将在伊朗提出方案后再做决定。但美国军方很快就声称，不可能与伊朗进行军事合作。

第三，有力地支持了叙利亚。巴沙尔政府一直以来都强调，叙利亚反政府武装里混杂着很多恐怖分子。美国和一些国家就是不承认。现在好了，巴沙尔进一步取得了主动。

第四，支持和巩固了两伊关系。美国发动的伊拉克战争，伊朗实际上是“战外”的最大获益国。小布什给伊朗戴的“邪恶轴心”帽子，伊拉克从来也没有承认过。两国领导人有不少往来，而且每次都相互拥抱。今后，伊朗在伊拉克的影响估计将进一步扩大。

据报道，伊朗精锐部队司令官萨利曼尼近日访问了伊拉克，与伊拉克高层共同探讨应对武装分子的作战计划。他们还专门成立了民兵协调部门，以平息伊拉克的乱局。这是伊拉克迫切需要和渴望的，但却是一直试图遏制伊朗在伊拉克发挥影响的美国非常不愿看到的。但客观事物的发展不以人们主观意志为转移啊。

2014年6月19日环球网

“徐娘半老”的G7尚存多少诱人姿色？

在克里米亚公投前，G7(七国集团)威胁要制裁俄罗斯，声称将不去索契参加G8峰会预备会。普京十分淡定和沉稳，称如果他们不想来就不必来。近日，G7又在海牙举行“紧急会议”，宣布不参加原定6月在索契举行的G8峰会，暂时中止G8活动。对此，俄外长拉夫罗夫也表现得毫不在乎，说如果G8认为这种形式已经没有存在的必要，那就暂停好了。G7与俄罗斯这种“热制裁”与“冷应对”的新型博弈，引起人们很多思考和疑问。虽然议论纷纷，但集中到一点就是:“徐娘半老”的G7尚存多少诱人的姿色？俄罗斯离开她伤心几许？

当年，由于戈尔巴乔夫和叶利钦的“老天真”(那是真心实意的幻想)，G7恩赐了俄罗斯一个“1”，勉强变成了7+1。后来G7为进一步拉拢俄罗斯，并为自身增添色彩，G7改成了G8，但俄罗斯仍然是“二等公民”，很多重要议题都被拒之门外。G7原本是世界“拳王”和“美女”，其GDP占世界的50%左右，影响几乎遍及全球。但随着时代变迁量变进程的加速发展和力量对比的变化，新兴经济体大面积发展，出现了法国前总统称之为“相对大国时代”的状况，它在全球所占GDP已下降到40%，而且前景评估是“负面的”。

1981年我曾有幸参加墨西哥坎昆会议(8个发达国家和12个发展中国家对话)。那时候，以美国为首的G7占了绝对主导。这以后，开始有了7+1和8+5(其中5为中国、印度、巴西、南非、墨西哥)，但还是G7国家来主导，连议题和时间长短都是它们决定的。及至2008年7月，在日本召开的洞爷湖G7峰会，就开始了新的变化。不仅“5”单独开会，“5”与“8”的对话议题也是共同商定的;“8+X”方式也出现了。这表明G8在处理全球政治、经济和社会事务时已力不从心，不得不“借力”发展中国家。时任日本首相的福田康夫就公开表示，面对目前形势，G8已“无法独自稳定全球经济”。前法国总统萨科齐也说，G8会议撇开中国和印度是“不明智的”。

后来，美国发生了金融危机，G20峰会应运而生。有人说，G20取代了G8，这是不对的。G8(现在是G7)仍然是一支独立的、很有影响的国际力量，在诸多方面它仍在发挥主导作用。但不可否认的是，它现在已独木难支，不可能说一不二了。G20实际上已成为G7和金5(金砖五国)各为主要一方的对话平台，也就是说，是发达成员同发展中成员对话的平台，同坎昆会议已不可同日而语。这是不可否认的客观事实，也是G7不能不面对的残酷现实。在这种情况下，G7理应认清形势，摒弃“我说了算”的思维，特别是霸道行为，共同制定时代变迁形势下新的定位，寻求不冲突、不对抗、相互尊重和合作共赢的新型国际关系，享受相对衰落沿途的风景，继续发挥举足轻重的作用。否则，衰落可能加速，沿途更加凄惨、更加孤独。

那么，俄罗斯是不是也受到了伤害？答案是肯定的。有点伤心和不悦，但无关大局，只不过早点丢掉幻想而已。俄罗斯在其他国际组织上的可用武之地还颇多。它是金砖国家和G20的重要成员，是上海合作组织和中俄印三国机制的先驱之一。就在G7发表海牙声明排除俄罗斯于G8的同时，金砖国家也举行外长会议，给俄罗斯吃了“定心丸”，声称要把俄罗斯排挤出G20，没门儿。近二十年来，G7，特别是美国不断挤压俄罗斯战略空间、步步向俄罗斯家门口逼近，终于酿成了乌克兰危机，但必须指出，它们自己酿造的苦酒还得自己来品尝。主动权不在它们手里，但“球”在它们一边。时代不同了，踢球的方法不能一成不变。记住啊，G7的朋友们！

2014年7月17日环球网

第二部分
国际形势与中国外交

“时代变迁”的四大征兆和中国外交面临的新课题

美国金融危机一年多来严重冲击和伤害着世界经济发展，同时也催化了国际力量对比进一步发生不利于老牌发达国家的变化。这种变化大大加速了我们时代变迁的“量变进程”，是带有历史性的。

由于经济全球化和信息技术的高度快速发展，以及非传统安全威胁的普遍性，世界各国，包括发展中国家和发达国家之间，相互依存度明显上升，在应对金融危机和气候变化以及反恐等诸多领域，国际协作和积极互动明显加强。但与此同时，综合国力的竞争、发展道路的“自主选择”与“反自主选择”、“变革”方向顺势与逆势的博弈，以及应对各种威胁和挑战的政策取向和利益冲突，特别是维护和反对国际垄断地位的矛盾和斗争，也空前错综复杂，十分尖锐。纵观全局，我们时代的变迁2009年似有四大新的征兆和发展趋势，中国外交也面临一些新的重要课题。

两道截然不同的风景线——“时代变迁”的新征兆和趋势之一

2008年初，法国总统萨科奇提出“相对大国时代”的观念。英国首相布朗和世界银行行长佐利克也先后强调，G8峰会和国际货币基金组织等国际机构“必须反映”发展中国家兴起的现实；“富国俱乐部”已不起作用了（not working），必须把中国、印度、巴西、墨西哥、南非和俄罗斯这类国家包括进来灵活组合运作才行。美国的一些有识之士也承认，“现在世道变了”，“全球化所释放的力量正在形成一个使美国受到更多制约的世界”，“多极化体系已经出现，这正是主宰今天这个世界的现实”。时隔一年多以后，日本新首相鸠山由纪夫也公开宣称，由于伊拉克战争的失败和金融危机的发生，美国主导的全球主义的时代正在走向终结，“我们正迈向一个多极化的时代”。日本作为名列前茅的老牌发达国家，其领导人第一次这样直面现实，本身就很说明问题。

正是在这种情况下，G20应运而生，G2、G3和G4的议论也广为传播。这里既有发达国家和发展中国家之间的互动，更有发展中大国不同组合的探索。

发展中大国由于不同历史背景和地缘政治的影响，特别是出于提高综合国力和扩大国际影响的考虑，很自然地形成了有所不同的组合。当前最有代表性的，当数“金砖四国”（巴西、俄罗斯、印度和中国）和参加20国集团的十个“南方国家”（目前还没有正式组合）。此外还有中、俄、印三边合作机制，印度、南非和巴西三国“准联盟”，以及原先与G8对话的5国机制。它们相互交叉，你中有我，我中有你；既有特性又有共性，虽有差异，存在着某些实际矛盾，但并不对立，也不相互排斥，大方向是一致的。

这些新兴大国的不同组合，有四大共同特征：

第一，它们都是兴起的大国或相对大国，发展速度快，潜力大，而且不同程度上都有着可持续性；第二，它们都坚持自己的民族传统和国家特性，自主选择发展模式；第三，它们都希望和要求建立更加公平、公正和合理的国际经济和政治秩序；第四，它们都希望和寻求和平的国际环境，主张国际关系民主化和平等化，不赞成旧有的“冷战思维”和“对抗政策”。

现在当然还谈不上发展中国家“风景这边独好”，但它显示的实力和发展方向，代表的时代潮流，反映的世界主流民意，确实与老牌发达国家“那边的风景”形成了鲜明的对照。法国前总统密特朗说得好：（现在）东方在增长，西方在衰退；西方充满担忧，东方满怀希望。这正是对当今世界两道不同风景线极佳的描绘。

“模式”之争波及全球，引发人们深刻反思——“时代变迁”的新征兆和趋势之二

关于“华盛顿共识”和“北京共识”问题的议论已有十多年。这次美国金融危机爆发之前的议论，一般都带有双重目的：一是吹捧美国“全球经济一体化”，即“美国模式”绝对自由主义经济的“优越性”和“普世价值”，为美国资本与货物在全世界通行无阻、获取最大利润服务；二是宣传“中国价值观”的僵化和扩张野心，为贬低中国社会制度和突出“中国威胁论”服务。

去年金融危机以来，情况大变。

“美国模式”遭到国际上的普遍质疑。越来越多的人认为，“美国模式”并非是万能药，它有着难以克服的内在弊病；它贪得无厌，长期以来，损人利己，现在自己也遭殃了。美国有些专家学者也承认，“美国模式”确有值得检讨之处，需要进行“反思”。

"中国模式"越来越具有吸引力。越来越多的人（包括美国某些著名人士）认为，"中国模式"的发展道路确有可取之处，它独立自主，按自己国情办事，调控和适应能力强，速度快，效率高，体现了"社会主义市场经济"的优越性。

国际舆情的这种变化，在一定程度上反映了我们"时代变迁"从量变到质变的发展势头。这是中国的荣誉，也是中国国际战略选择和政策取向的新课题。在新形势下，我们更需要冷静的科学态度，更需要谦虚谨慎，千万不要头脑发热，跟着炒作什么"中国模式""一枝独秀"。中国的社会属性和世界观不允许；美国以及世界历史的"前车"也不可"不鉴"。

美日双"鹰"落地，两"鸽"起飞——"时代变迁"的新征兆和趋势之三

2001年，当小布什和小泉纯一郎先后上台执政之时，笔者以为，美日"双鹰"东西呼应而飞，可能不利于世界和平与发展的潮流。果不其然，美国先后发动了两场战争，同时，在军事部署上向东方移动。美日新保守主义理想家们还相互呼应，图谋组建"民主国家同盟"和"自由与繁荣之弧"。其矛头所向，尽人皆知。只是由于中国等有关国家采取了妥善的应对之策，他们才未能美梦成真。

奥巴马和鸠山由纪夫都是打着"变革"的旗号今年先后上台的。"变革"之风究竟怎么吹，当然还要观察。他们都不是孤立的个人，都要受到各种势力的制约，都有自己的难处。但初步看来，不同程度上都有鸽派色彩，起飞的方向还是正面和积极的。

美国的全球战略目标，奥巴马没有改变，在可预见的未来，也不可能改变。奥巴马仍然是要实现"美国统治下的世界和平"（所谓"重塑美国在世界的领导地位"与"倾听和领导"）。但他对世界总体形势的观察和认知，显然与过去大不相同，在策略和政策上都有相当大的调整。他承认，世界已经大变，现在任何重大国际问题，美国都不可能单独解决，美国不仅需要盟国的帮助，也需要寻求新伙伴的合作；美国要领导，必须先"倾听"，"单边主义"和"硬实力"的"先发制人"政策行不通了。他还赞同G7平台应该让位于G20平台，即由发达国家单方面主导国际局势，逐渐转变为发达国家与发展中国家合作主导；支持国际金融体系进行符合世界现状的必要改革，虽然还是"犹抱琵琶半遮面"，没有触及主导权和美国的核心利益，但毕竟是一大进步，接近国际力量对比变化的现状，有利于时代的变迁与国际协调和合作。

日本的战略目标也没变，它仍然要力争成为政治和军事上都举足轻重的“正常国家”，仍然要坚持日美同盟。但它明确宣示，同美国的关系应该是“紧密而平等的关系”，要求美国承诺不首先使用核武器；表示愿意充当“东方和西方、发达国家和发展中国家、多样文明之间的桥梁”；强调亚洲是日本生存的地区，日本要重视同中韩和东盟等亚洲国家的关系，倡议建立“东亚共同体”；还说日本要考虑如何保持自己的政治和经济独立并保护自己的国家利益。

此外，美日两“鸽”起飞以来，鹰派所谓的“民主国家同盟”和“自由与繁荣之弧”之类的口号，2009年似乎也没有再公开出现了。

这些政策和策略上的调整和变化，对中国、对亚洲、对整个世界的和平与发展事业都是有利的好兆头。这是新时期的战略机遇，中国和有关国家都应不失时机，因势利导，进一步推动中美和中日关系“更上一重楼”，推动“时代变迁”继续朝着和平与发展的大方向发展。

国际货币多元化趋势开始动摇美元地位——时代变迁的新征兆和趋势之四

经过3次G20峰会和比较有力的协调与合作，在应对金融危机方面，应该说已初见成效。但最终走出危机、特别是金融体系的改革，仍然任重道远。有关各方切身利益的矛盾和碰撞，以及核心利益再分配的斗争和发展趋势，当前主要表现在以下两个方面：

1. 金融危机的爆发和发展已表明，美元的霸主地位已开始动摇，正在受到有关各方的严重挑战。最有代表性的一是“金砖四国”和海湾国家的主权基金方兴未艾。二是香港、迪拜乃至中国上海正在向国际金融中心方向迈进。三是出现了国际储备货币多元化和综合化的趋势：人民币开始了走向国际化的步伐，同中国进行以人民币结算贸易的国家日益增多；“玻利瓦尔美洲国家联盟”九国决定创立地区货币“苏克雷”以逐渐减少使用美元；伊朗和委内瑞拉等国已经或正在以美元以外的货币进行贸易结算；IMF“特别提款权”也正在酝酿包括其它货币。

2. 关于金融体系改革，目前老牌发达国家、特别是美国，说得很动听，但实际上并没有触及核心问题。美国的如意算盘是“割欧盟国家的肉”，“喂”中国等新兴大国，说什么要增加新兴发展中国家的发言权和投票权，由欧盟国家“让出”在IMF和世界银行的3%—5%份额。但IMF决策权的投票制度（需要85%的多数通过）不变，美国手中握有17%的份额，继续掌握“一票否决权”。

所谓增加发展中大国的发言权和投票权，虽是金融改革的一大进步，但在重大问题上，发展中大国仍然没有最后决定权。目前欧美在这方面矛盾比较突出，有关方面都在合理利用。作为战略目标和策略部署，新兴发展中大国似乎正在探讨如何逐步迫使美国也“让出”必要的份额，或者把需要85%多数通过的投票制度改为国际通用的2/3多数，从而改变“一票否决权”的不合理状况。

此外，一个带有全局性的重要动向是，世界各主要国家现在都已开始考虑“后金融危机”时期的出路和地位。最突出的几个方面一是“发展模式”的选择或调整；二是新经济和金融政策；三是大国或相对大国关系新的组合和博弈；四是大力开展科技创新，占领制高点（奥巴马已吹响了“低碳经济”的冲锋号）。中国需要未雨绸缪，深入调查研究，吸取正反两方面的经验，及早制定相应政策。

新时期中国外交面临的课题

实践表明，随着中国综合国力的提高，中国特色外交体现的“软实力”也更加鲜明，可圈可点。中国关于“构建和谐世界”与“合作共赢”的理念和相关政策，以及关于“国际关系民主化”和“发展模式多样化”的呼吁与倡议，已经日益深入人心，在国际上受到广泛好评。现在，“中国因素”进一步牵动着国际关系的方方面面，世界各国在制定政策时，一般都要考虑“中国因素”的影响。今年以来，连美国人也在借用中国的“软实力”语言，说我们要“求同存异”，“同舟共济”嘛！

这是“时代变迁”加速发展过程中对“中国因素”和“软实力”的肯定，是值得中国人民自豪的。但与此同时，我们也不能不看到，中国面临的挑战也是十分严峻的，国际责任十分沉重。因此，外交上必须注意要谦虚谨慎，戒骄戒躁，艰苦奋斗。当前，有三个重大战略性问题中国需要冷静思考和应对。一是“韬光养晦”战略是否已经过时。二是如何看待“中国模式”的意义和影响。三是如何正确对待和处理关于推动中美“共管世界”（所谓G2）之类的议论。

（一）诚然，中国综合国力的提高和“中国速度”的发展举世瞩目，中国在国际上举足轻重。但我们始终不能忘记，中国仍然是一个“社会主义发展中大国”的事实。中国的人均收入还处在世界的第97位，到本世纪中叶，我们才能达到中等发达国家水平。在“时代变迁”的新时期，中国仍然需要坚持“韬光养晦”战略，增强“有所作为”意识。这两者是辨证的统一关系。

中国坚持奉行“韬光养晦”战略，说白了，“韬”的就是国际环境和平与发展的“光”，就是经济全球化迅速发展的“光”，就是高科技无国界迅猛发展的“光”。我们如果不明白这一点，就很可能丧失我们需要的“光”，“养晦”也就无从谈起。

当然，随着综合国力的提高，中国在国际上“有所作为”的份量也要相应增加，如对贫困国家的援助，有选择地参加联合国维和行动，积极推动重大国际安全问题的合理解决，主动参与和推动建立更加公平和公正的国际经济和政治新秩序等。冷战结束以来，特别是近几年来，中国在国际舞台上一系列的活动，尤其是在应对国际金融危机方面积极而又冷静的出色表现，充分说明了这一点。但如果过分强调“有所作为”，甚至自我陶醉，鼓吹要“大有作为”，说过头的话，做过头的事，热衷于在国际事务中起“领导”作用，那就可能引起本可避免和不必要的对抗，从而影响乃至破坏“韬光养晦”的大局。

（二）诚然，中国坚持独立自主与和平发展道路以及“社会主义市场经济”大政方针的优越性是客观存在的，在国际上具有相当的吸引力和参考性，但中国从来都不赞成提倡什么“中国模式”，更没有鼓吹什么“普世价值”。我们始终认为，如果有什么“中国模式”和“北京共识”的话，那就是每个国家都有权按照自己的国情参照国际上的先进经验（包括“华盛顿共识”的可取之处）创建和制定自己的国家制度与发展道路。

现在热衷于谈论“中国模式”“普世价值”的专家学者中，很多人是出于好意和严肃的研究。然而，也确有一些人别有用心，向中国发射“糖衣炮弹”。如果我们也跟着炒作，可能正中奸计。60年来，中国没有在骂声和围追堵截中倒下，在和平发展的新时期，千万不要被糖衣炮弹打倒。

（三）现在国内外都有一些人在议论构建和推行G2、G3和G4。G2不可行，笔者已在“关于中美二重奏一些问题的思考”一文中说明了。温家宝总理更是明确指出，这是十分错误的。G3指的是中美日共管亚太。这是日本方面某些人的一厢情愿，也万万不可呼应。这不仅不符合我国的一贯政策，而且将招来东盟、韩国、俄罗斯以及澳大利亚等亚太地区国家的普遍反对。G4（美国、中国、日本和欧盟）当然也很不合适。这好像对中国“情有独钟”，但实际上用心不良。这无异于把中国“提升”为超越俄罗斯和加拿大的“新发达国家”，改变中国身份，同时把俄罗斯“逐出”G8，把加拿大“甩开”，并在发展中大国组合之间制造矛盾和对立，挑拨离间。中国媒体千万不要跟着炒作。

新的大国组合千头万绪。中国应该把“金砖四国”和G20作为重点加强合作，力争有更多作为。前者是发展中大国的新兴组合，今后可以逐步发展为4+X（即“金砖四国”加上南非、墨西哥或其它发展中大国）。G20实际上是“老牌发达国家”（G7）同“新兴发展中大国”对话的平台，有利于推动广泛的国际合作和协调立场，有利于和平发展与“合作共赢”的世界大局。

“沉舟侧畔千帆过，病树前头万木春”。刘禹锡的这两句诗好像是为我们21世纪“时代变迁”特写的。让我们好好品味吧。

2009年12月1—29日《中国日报》、《中国经济时报》、《解放日报》

中国最新的外交实践与追求

——关于建设和谐世界一些问题的思考

一、鲜明的时代性和针对性

胡锦涛主席2006年9月在联合国成立60周年首脑会议上提出了"建设和谐世界"的倡议。2007年6月，他先后在上海合作组织成立五周年峰会和亚信会议上提出共建"和谐亚洲"的主张。同年7月16日，在俄罗斯圣彼得堡发展中国家领导人集体会晤时，胡锦涛主席高屋建瓴，提出要"努力建设一个持久和平、共同繁荣的和谐世界"，并指出，这是人类"崇高目标"，"符合世界各国人民的共同福祉"；为了实现这一伟大理想，应该倡导"互尊互鉴"和"开放包容精神"。胡锦涛这席话，实际上也是对八国集团峰会说的，是峰会议题之外的一大亮点，具有深远的意义和影响。

有关建设和谐世界的倡议，早在去年9月联合国成立60周年首脑会议上，胡锦涛就提出来了。这是中国独立自主和平外交路线在新形势下的适时反映，具有鲜明的时代性和针对性。

冷战结束后，我们生活的这个世界，存在着实现和谐的普遍需要和一定的客观条件，出现了历史性的新机遇。但残酷的现实令人不安和失望。"建设和谐世界"的理念，正是在这种情况下应运而生。这是中国新一代领导人最新的外交实践，也是历史的总结和对世界前景的展望和追求，并不是像某些人说的那样，出于"浪漫情怀"；更不是像某些人说的那样，目的在于对付某某国家。

回顾历史，上个世纪打了两次世界大战，扔了两颗原子弹，其它冲突和局部战争不计其数，把这个大好世界搞得乱糟糟的。两极格局和冷战结束后，国际关系发生了一些积极变化，同时也爆发了许多地区冲突和错综复杂的矛盾。世界人民渴望和平、安宁和发展，期盼国际关系民主化和发展模式多样化，但冷战思维并未随冷战结束而消失；霸权主义也没有因为另一个霸权国家的解体而随之退出历史舞台；军火商唯恐天下不乱。"文明冲突论"、"人权高于主权"、

"新干涉主义"、"单极稳定论"以及"中国威胁论"等一系列谬论也风起云涌，形成一股时隐时现、不断涌动的逆流。正因为如此，1993年APEC领导人非正式会议之前，邓小平同志便提出"把一个什么样的世界带到二十一世纪"的问题，说"这是我们这一代领导人必须认真探索和解决的重大问题"，历史注定我们要承担这样的责任。在此之前，他还多次指出，"和平与发展是当今时代的两大主题"。他说的是"时代主题"，不是"时代主流"。"主流"是占主导和统治地位的；"主题"是待解决、需要争取解决的，是新千年面临的历史使命。

纵观当今时代，人类进入21世纪之初，便发生了9·11恐怖袭击事件，以及随之而来的阿富汗和伊拉克两场战争，恐怖主义全球化的趋势也在发展。实践表明，这个世界仍很不太平，并不和谐。胡锦涛主席提出"建设和谐世界"的理念和战略，正是回答邓小平同志提出的问题，回应我们时代的呼唤，是21世纪一面新的旗帜，有着很强的针对性，客观上有利于争取和调动国际上一切积极因素，应对时代各种不同的逆流与不和谐，为实现世界持久和平与共同繁荣而奋斗。

二、适时的继承和发展

50多年前，当周恩来同尼赫鲁和吴努提出"和平共处五项原则"时，那也是一面鲜明的旗帜。那是一个民族独立和解放运动、反对帝国主义和殖民主义风起云涌的时代。一方面社会主义在全球方兴未艾，另一方面冷战已拉开序幕，对立的军事集团迅速形成。

"和平共处五项原则"也有很强的针对性，是那个时代的需要，具有强大的生命力和凝聚力，对维护国家主权和民族独立、反对干涉内政，对维护世界和平、反对战争，对推动不结盟运动、促进平等互利合作等很多方面，都发挥了历史性作用，至今仍具有不可忽视的现实意义。

"建设和谐世界"的核心是"和谐共处"。"和谐共处"相对于"和平共处"，是"更上一层楼"了。它是"和平共处"的继承和发展。不论是现在还是将来，"和平共处"都仍是构建和谐世界的基石。

但时代不同了。时代的主题赋予"和谐共处"更多新的内涵。这主要是因为：第一，经济全球化的迅速发展和世界各国相互依存度的加深。第二，高科技的发展和跳跃式的影响，国际力量对比不断变化，速度惊人。第三，非传统安全、特别是恐怖主义威胁的国际化趋势。第四，人民大众、特别是"过度国家”对和平与发展的强烈渴望和追求。第五，世界多极化的发展趋势及其全球性的影响。

内涵有了新的因素，更丰富了，自然也就要提出更高的要求。“建设和谐世界”，不仅要求维护和平，实现“和平共处”，而且要超越和平，促进和睦、合作和共同繁荣，实现“和谐共处”。

三、潜心的探索和追求，知难而上

人类历史上有过各种各样美好的理想或主观愿望，诸如“天下为公”，“世界大同”，“美国统治下的世界和平”，等等。但是，俱往矣，谱壮丽诗篇，还看今朝。

建设和谐世界，并非权宜之计或功利主义，也不是一种让人可以“立地成佛”的主张。它绝不是一两代人可以完成的，它需要世世代代的潜心探索和艰苦奋斗，其间充满着不以人们意志为转移的矛盾和斗争。就当前和可以预见的未来而言，为了推动“建设和谐世界”，我们首先需要坚持和强调的是：

世界各主要大国、特别是联合国安理会常任理事国，都要做“负责任的大国”，带头并共同遵守联合国宪章精神和公认的国际关系准则。在实践中，还要彼此相互负责，不能只要求别人对自己负责，而自己却可以不对别人负责。在重大国际安全问题上，必须联合国安理会说了算，而不能由一两个国家独断专行。这一点对于“建设和谐世界”，可以说是关键和灵魂。这方面的问题解决好了，一般来说，其它问题如果不是可以迎刃而解，至少是比较好解决了。这样说，并不是主张大国共管世界，而是强调大国有不可推卸的责任和义务，需要带头。

但仅仅这样还远远不够。与此同时，我们还要强调：

第一，共同遵守“和平共处五项原则”，大小国家一律平等。国际关系不应以意识形态或国家制度划线，也不能以贫富差异或政策不同划线。

第二，努力促进国际关系民主化，以及国际社会的公平与公正，提倡平等的伙伴关系，放弃过时的“主从关系”，不随意强加于人。

第三，尊重发展模式多样化，承认各国有权选择自己的发展道路，相互借鉴和取长补短，反对惟我独尊和一个模式一统天下。

第四，推动经贸关系互利化，寻求共同发展。不要把自己的利益建立在损害它国利益的基础上。发达国家的繁荣，不可能长期建立在不发达国家贫穷的基础上。发展中国家也要争气，要不断努力完善自己；发达国家更要帮助它们，为它们提供方便。在贸易和投资方面，不应有双重标准。

第五，提倡文化关系包容化，相互尊重和学习。世界各国有着不同的文化和历史传统。不能用一种价值观来统领一切。价值观既有共性，也有特性（个性）。我们应接受共性，并用自己的特性去丰富它；也要承认和尊重特性（个性），并在自愿的基础上，用共性去丰富和发展它。

以上这些方面，看来似乎只是美好的理想，很难实现。但这毕竟是时代的呼唤和需要，是世界人民的渴望。从人类发展的前景考虑，我们应该“知难而上”。

人类生活在一个多样化的世界，一个彩色缤纷的世界。“一支独秀”固然值得羡慕和骄傲，但“孤芳自赏”毕竟不讨人喜欢。一支花或几支花，也许有点春意，但毕竟不是完美的春天。人类社会需要的，是“万物并育而不相害，道并行而不相悖”，是一个万紫千红和阳光绚烂的春天，一个自由、和谐的春天。

2006年7月《解放日报》等

千万莫被“忽悠”了

2007年底，美国时任财政部长的汉克·保尔森曾恭维中国说，“中国已经是全球经济领袖之一”。此后，美英两国媒体在这方面做了不少文章。美国《时代》周刊在2008年初一期杂志的封面上，以显赫的大字宣称：“中国：一个新王朝的开始。”此前，英国伦敦皇家国际问题研究所所长维克托·托马斯意味深长地发表文章，提醒世界注意:《2020年，世界将有中美两个超级大国》，而且要求中国同美国一样，“把责任扩大到整个地球”。5月下旬，美国一些媒体大量报道“美国世界意见调查机构”对十几个国家进行的所谓“世界民意调查”，认为“中国经济将超过美国”，而且说得有鼻子有眼，时间大概就在2020年；并挑逗中国人说，你们怎么“对自己的经济还没有美国人有信心”呢。

尤其值得注意的是，几乎与此同时，美国中央情报局公布了一份“世界数字”报告，按美国所谓“实际购买力”估算，突出宣传在世界各国国内生产总值方面，中国仅排在美国之后，遥遥领先于第三的日本。报告还“分析”说，如果按2006年一年间美中两国距离缩小近3%的比例算，“中国只需要两年就能超过美国，在2009年内成为世界上实际的第一经济大国”。说得多么“有根有据”，多么娓娓动听而又发人深思！

诚然，很多年来，“中国速度”的经济发展确实是举世瞩目，中国的伟大民族复兴势不可挡。中国人民为此而感到自豪，世界上一切友好人士，一切向往和平与发展的人们，以及严肃正直的专家学者和生意人，他们赞赏和宣传中国，说中国的好话，也是很自然的，即使有过誉之处，那也是对中国的鼓励和鞭策。

问题是美国的一些权威机构和媒体、特别是像美国中央情报局那样的组织，它们并非不了解中国的国情和实际状况，它们更清楚中国综合国力与美国差距多大。可是它们在“宣传”中国的时候，甚至连一些普通常识都不顾。如中国人均国民收入仅排世界第110位。2005年，我国人均收入为1740美元，仅相当于美国人均收入的4%，日本的4.8%，甚至只相当于韩国的十分之一。在世界经济总量中，中国仅占5%，而欧盟的比重为31.4%，美国占29.1%，日本占10.3%。美国等西方国家民间外汇储备要比中国大数十倍，美国是9万多亿美元，日本是3万多亿美元，中国只有1600亿美元。中国发展的战略目标，到2050年是中等发展水平的国家。当然，经过努力，中国可能提前实现这一目标，但怎么一下就变成到2020年、甚至2009年（也就是说,13年内甚至两年内）就会超过美国呢？！

如果我们不太健忘的话，正是美国中央情报局这类组织，长期以来不断宣传“中国威胁论”，现在怎么忽然摇身一变，大谈“中国超越美国论”来了呢？其用心何在，不能不发人深思。美国《侨报》很敏感，5月30日即发表评论说，“赶超美国的条件远不充分，中国更应警惕被捧杀”。

所谓中国很快就要赶超美国的论调，实际上是新时期的一颗“糖衣炮弹”，是“中国威胁论”的变种。它一是要引起西方、特别是美国的惊恐，从根本上感到“中国的威胁”和挑战，从而动员“遏制中国的势力”。二是要刺激中国某些人的浮躁情绪和简单的“大国心态”，麻痹忧患意识。这是更阴险的一招，而且更具“魅力”。我们不能“以小人之心，度君子之腹”，但也千万不要被“忽悠”了，不可不学会一点“以君子之心，度小人之腹”。

2007年6月18日《解放日报》

新中国外交“软实力”可圈可点

自从美国人约瑟夫．奈提出美国应充分运用“软实力”问题后，国际上有那么一些“明星专家学者”奉为至宝，不断炒作。国内也有那么几个“知名人士”一再跟进，甚至说什么中国“缺少软实力”，“不会运用软实力”，“要补这一课”，“逐步学习如何运用软实力”。这些人用心可能是好的，但似乎有点盲目跟风，不知所云。

所谓“软实力”，从广义上说，一般指的是文化、文明和价值观及其影响；从外交上看，一般指的是处理重大国际问题和国际关系的战略、政策和策略及其影响。约瑟夫．奈提出的“软实力”是针对以单边主义和先发制人为特征的“布什主义”不得人心有感而发的，反对过分使用“硬实力”，其实并不是什么新东西，是国际上普遍采用的，只不过他用了一个新名词。

新中国外交从一开始就很重视国际战略以及政策和策略。上世纪50年代初期，中国被迫在朝鲜战场上显示了“硬实力”，但同时提出了“和平共处五项原则”，参与制定了万隆会议十项原则。在万隆会议上，周恩来总理坦诚表明：中国不是来吵架的，是来“求同存异”的。这席话“四两拨千斤”，迅速挫败了反对社会主义新中国的图谋，赢得了全世界的赞扬。这正是中国“和为贵”以及“和而不同”传统思想在新时期的运用和发展，也是所谓“软实力”的体现。这种中国特色的“软实力”，可以说是历史性的，也是全球性的，深得人心，60年来长盛不衰，而且在继续发展。

新中国不仅善于运用“软实力”，而且与时俱进，坚持不懈。在边界问题上，中国不承认历史上的不平等条约，但认为，对历史遗留的问题要从和平与友好大局出发，妥善处理，互谅互让，以求得公平合理的解决。即使在边境形势十分紧张恶劣的情况下，中国也是一忍再忍，“退避三舍，先礼后兵”。在东海和南海问题上，中国提出“搁置争议，共同开发”的主张。这些难道不是中国“软实力”很好的体现吗？

1993年，APEC领导人在西雅图承诺要“深化大家庭精神”，但对如何深化分歧很大。后来中国提出“APEC方式”，即承认（成员情况的）多样性，允许灵活性和渐进性，遵循自主自愿和协商一致原则，集体制定战略目标，各成员分别制定努力达标的路线图。这个“APEC方式”，在苏比克和温哥华写进了领导人宣言，被很多专家学者认为是“APEC大家庭精神的灵魂”。这难道不是中国“软实力”在多边领域很好的体现吗?

更值得一提的是，进入新世纪以来，中国领导人提出构建和谐世界的战略思想，主张“合作共赢”，以及“国际关系民主化”和“发展模式多样化”。2006年9月23日，国家主席胡锦涛在联大一般性辩论的讲话中，再次强调和平、发展、合作、共赢和包容精神，呼吁“同舟共济，共创未来”。这些都是中国“软实力”在新时期可圈可点的运用，它基于和平共处五项原则，但“更上一重楼”，大大发展了，站得更高，看得更远，内涵也更加丰富了。这是我们时代变迁的呼唤，也是世界民众的需求。

当然，笔者并不是认为一切都好。中国还要加强宣传中国特色“软实力”的力度。但归根到底，“软实力”的影响不是靠“宣传力度”，而是看它是否顺应时代潮流和民心。美国的“宣传力度”可谓大矣，但如果战略目标仍然是“美国统治下的世界和平”和美式价值观，那无论是“软实力”还是“巧实力”，可能都无济于事。

2009年10月9日《国际在线》

“中国因素”和奥运主题歌

——写在奥运会闭幕之夜

2008年可谓是中国历史性的“机遇年”。“多难兴邦”，中国挺过了3·14和5·12人祸天灾，经受了严峻考验，前进的步伐更稳了，也更加豪迈。全世界都看到，一个更加团结奋进的中国已经屹立在东方。最近，中国妥善处理和排除各种干扰，成功举办了奥运会，而且金牌跃居第一，国际上好评如潮，进一步展现了中国的魅力和世界的“中国因素”。

诚然，中国的国际地位和形象正在发生历史性的变化。奥运以后中国人民将更加扬眉吐气。这是我们的光荣和骄傲，也是中国继续前进的巨大动力。“中国因素”将进一步牵动国际形势和国际关系的走向。

但这一切并不是美国和西方新保守主义理想家们乐意看到的。近几年来，中国综合国力的迅速提高，早已触及了他们的敏感神经，引起了他们一系列忽明忽暗的反弹和巨大的压力（今年以来他们的表演可谓淋漓尽致）。当前，他们特别担心中国的魅力和发展模式（所谓“北京共识”）影响扩大，冲击他们珍爱的传统模式（所谓“华盛顿共识”和“普世价值观”），削弱他们国家在全球的主导地位。他们不断传出要建立所谓“民主国家同盟”和“自由与繁荣之弧”等等，在很大程度上，都是想搞防患和遏制中国的某种统一战线。

“价值观”是这些国家的“命根子”，但“利益”也是它们无法割舍的“甜点”。因此，这些国家现阶段仍在“价值观驱动”和“利益驱动”之间不断摇摆，选择新的平衡点，从战略上观察“处于战略十字路口”的中国今后动向：是顺着它们指引的方向走呢，还是向它们发起挑战。

但它们的“观察”决不是“坐视”和“无为”，而是“进攻性的”，既有“高压”（棒杀），也有“赞歌”（捧杀）。对“高压”，中国人民早有领教；对“赞歌”，似乎还不大习惯。当前，国际上对中国的“赞歌”固然有很多是真诚的，发自内心的，但也有不少是别有用心的。美国中央情报局和一些“智囊人物”一再散布说，中国几年内就要赶上和超过美国了，“中国将是下一个头号超级大国”，中国有能力与美国“共管太平洋”乃至全球事务，等等，就是精心谱写的美妙“赞歌”，目的是迎合中国一些人的浮躁情绪，刺激中国简单的“大国心态”，麻痹中国人民的忧患意识；同时，引起西方及其盟国的惊恐，从而动员敌对中国的势力联手遏制中国兴起。

这就是“中国因素”和当前中国面临的国际大环境。

面对这种形势，我们一定要保持清醒头脑，决不能陶醉于“赞歌”，高枕无忧；也不宜呐喊什么“我们要高歌猛进”和“大有作为”，在国际上“出一口恶气”。这既不切实际，也很天真。实际上是自不量力，发展下去，势必引火烧身，干扰甚至破坏我国的和平发展和民族复兴。

在伟大民族复兴的道路上，我们确实需要“进行曲”，而我国的国歌就是一首最好的进行曲。但民族复兴离不开时代的特征与历史环境，离不开世界人民的诉求，也离不开中国的实际处境。奥运以后，“中国动向”，举世瞩目。我们更需要谦虚谨慎，居安思危；少一点“高歌猛进”的亢奋和轻言狂语，多一点奥运主题歌“我和你”的和谐与柔情。这首主题歌是中国“和谐共处”理念很好的体现。国际上很多评论认为，这是中国坚持走和平发展道路的代表作，也是和平与发展时代精神的呼唤。我们一定要唱好这首歌，同时，满怀信心，艰苦奋斗，自强不息，不断提高综合国力和完善民主法治建设，向全世界展现和传播中国的“软实力”。只有这样，中国才能真正立于不败之地，才能真正“圆强国之梦”，中国的魅力才会像阳光般灿烂。

当然，即使如此，国际上敌对势力对中国的骂声也不会叫停。相反，还可能改头换面，以各种新的形式对中国抹黑。

我们不妨泰然处之，有选择地予以反击和揭露，以正视听。西方有句谚语说得好：尽管狗在叫，骆驼队还是要继续前进。

“两岸猿声啼不住，轻舟已过万重山。”中国的伟大民族复兴是挡不住的，关键是看准方向，把好舵，不受干扰。

2008年8月26日《解放日报》

关于“中美二重唱”一些问题的思考

近一年来，围绕中美建设性合作关系的形式、性质和发展方向问题，美国有不少议论，奥巴马当选后议论更多。

比较早的是经济学家伯格斯腾。去年5月，他建议，美中战略经济对话机制应该进一步升级为“领导世界经济秩序的两国集团格局”。后来他又建议，奥巴马应该提议同中国领导人胡锦涛举行年度双边会晤。此前，个别美国媒体曾试探性提出过“中美共管太平洋”的主张。此后不久，美国经济史学家尼尔·弗格森提出了一个“新概念”，即现在广为议论的“中美国”（Chimerica）。

1月12日，在北京纪念中美建交三十周年活动的一次会议上，美国大选期间曾担任奥巴马外交事务顾问的战略家布热津斯基强调说，中美之间建设性的相互依存是全球政治和经济稳定的重要根源，我们现在需要全力推进一种非正式的“两国集团”。“美中之间的关系必须真正是一种与美欧、美日关系类似的全面的全球伙伴关系”；“美中高层领导人应进行例行的非正式会见”。他还说，中国所强调的“和谐”可以成为美中峰会一个有益的起始点。几乎与此同时，基辛格也发表了类似的观点，主张美中两国应该建立一种“命运共同体”结构，将两国关系提升到类似二战之后大西洋两岸关系的高度。

这些人的主张和建议在美国颇有一些代表性。他们的出发点不大一样，内涵有所不同，意向和图谋也不尽一致。但也有一定的“共性”，值得我们注意和认真对待。

首先，在时代变迁的新时期，他们都承认，美国已“无法凭一己之力解决”重大国际问题，老的同盟关系也不那么顶用了，美国需要寻求新的伙伴关系。第二，他们都基本上承认或者接受中国迅速兴起的客观事实，中国在国际上的影响举足轻重，中国奉行“构建和谐世界”和“合作共赢”的外交理念提供了机遇而不是挑战。第三，他们几乎都认为，中美更高层次的合作对美国在很多方面都是有利的，特别是在解决金融危机方面。由此人们不难看出，“中美国”的提出有着特定的时代背景，并具有正面和积极意义。

中美建设性合作关系发展到现阶段，利益汇合点已明显增加和拓宽。特别是在经济领域，确实存在“你中有我，我中有你”的局面，互相依存度大大加深。中美作为在世界上具有重要影响的国家，提高对话的层次，包括领导人定期或不定期的会晤，共同致力于战略性合作，协调立场和政策，无疑将有利于世界的和平与发展，以及重大国际安全问题的妥善处理和解决。这是我们首先应该肯定的。胡锦涛主席在接见希拉里时说，21世纪中美关系是世界上最重要的双边关系之一。在当前国际金融危机不断扩散和蔓延、各种全球性挑战日益突出的背景下，进一步深化和发展中美关系比以往任何时候都更为重要。奥巴马在同胡锦涛主席通电话时甚至说，对中美两国而言，没有比两国关系更为重要的双边关系。希拉里也说过类似的话，最近还提出，中美两国现在应该“同舟共济”。这都不是偶然的。

但与此同时，我们也不能不清醒地看到，热衷于搞“中美二重奏”，鼓吹所谓“中美国共同体”和“中美G2时代”，企图搞什么“中美共管世界”，不仅不切合实际，而且是十分天真和有害的。首先，这不符合中国作为一个社会主义发展中大国的地位和基本外交政策，中国没有这种意向和图谋。第二，中国远没有这么大的实力。即使今后有这种实力，也绝不会像美国某位学者说的那样，将“步美国的后尘”，去追逐世界霸权。这是中国社会性质所决定的。第三，美国绝对不会让中国同它一起唱平等的“二人转”，中国只能步当年苏联解体初期叶利钦的后尘，成为与美国合作的一个“第二小提琴手”，甚至“小伙伴”。

第四，如果真要搞什么“中美二重奏”，发展中国家几乎全都要反对。欧盟要反对、俄罗斯要反对，加拿大、日本、澳大利亚等也都要反对，几乎可以肯定，全世界找不到哪一个国家会支持中国这么做，中国将陷于孤立境地。因此，笔者认为，还是少谈一点“中美二重奏”，多注意一点谦虚谨慎为好，应该着力推动联合国等重要国际组织（当前特别是20国集团）共商国际大事，共同管理国际事务。我们既不能墨守成规，也不能妄自称大，而是要脚踏实地，努力开创外交工作新局面，以期在时代变迁的新时期更加有所作为，不辜负中国和世界人们的期盼。

我们千万不能醉心于“中美二重奏”的观点，还是要多一点谦虚谨慎为好，应该着力推动联合国等重要国际组织共商国际大事，共同管理国际事务。

2009年2月《解放日报》

中国会在一片颂歌中迷茫吗

改革开放30多年来，"中国速度"的发展和综合国力的大幅提高，举世瞩目；中国成功举办奥运会，快速高效应对金融危机，倍受国际舆论赞赏。这是我们中华民族的光荣和骄傲，中国人民感到扬眉吐气，豪情满怀，要在国际事务中积极有所作为，是很自然的。

现在，对中国的"颂歌"正在从四面八方飘来。既有朋友的祝福和鼓励，也有国际弱势群体的期盼；既有老牌发达国家的无可奈何，更有国际新保守主义理想家们的图谋，或者说得直白一点：别有用心的"捧杀"。

"颂歌"是各色各样的。除了所谓"中华美利坚"时代、中美"引领"和"共治世界"之类的"烧烤中国"的溢美之词外，主要是打两张"王牌"。一张是中国现在是世界外汇储备第一大户，美国第一大债权人，美国不得不同中国"平分秋色"，甚至向中国退让三分。另一张是中国的GDP已超过德国，今年将超过日本，用不了多久将超过美国；中国随着"崛起"也将像美国一样"无情地追逐世界霸权"。

这些"王牌颂歌"确实迷人，令人陶醉，具有很大的误导性。但它蓄意炒作和片面渲染的"捧杀性"也显而易见。

拿外汇储备"世界第一"来说，诚然，这是中国综合国力迅速提高的重要象征之一，也是中国国际竞争力和国际地位提高的一个很好的"风向标"，确实值得中国人民自豪。但我们必须清醒地看到，中国外汇储备同发达国家并没有多少科学的可比性。美欧日都是"藏汇于民"和"藏汇于物"。美国的民间外汇储备高达90000亿美元，差不多是中国民间外汇储备1600亿美元的60倍。美国黄金储备8135吨，差不多是中国黄金储备600吨的14倍。日本国家外汇储备位居世界第二，民间外汇储备高达3万多亿美元，将近中国的20倍，而且没有外债。更何况，中国持有巨额美元的美国国债也是一把"双刃剑"，它虽然有利于中国对美国的影响，但在一定程度上也被美国"绑架"了。

再拿GDP来说，中国的增速确实令人兴奋。但我们也要清醒地看到，中国的人均GDP只相当于日本的十分之一和美国的十四分之一，目前仍然排在世界的100位之后。美国的产出占全球四分之一以上，而中国还不到十分之一。更何况，GDP本身也缺少科学的可比性。中国GDP中有不少外资利润成分；中国的贫富差距大于美国和印度，排名世界第三。

但令人遗憾和不解的是，对这些“王牌颂歌”，我国某些主流媒体和知名学者不仅没有警惕，而且“和声”很高，可谓“有过之而无不及”。他们有意无意地大肆炒作，说什么“世界惊呼美中时代即将来临”，“中美两超”引领的多极世界已基本形成，中国很快就将超过日本而成为世界的老二了，中国的身份正在与发达国家“趋同”。他们还不切实际地宣传中国军力仅次于美国，排名世界第二，甚至鼓吹“中国有资格领导世界”；现在“韬光养晦”已经过时，应该“大有作为”，同发达国家“分庭抗礼”，等等，不一而足。

诚然，随着中国综合国力的提高，中国在国际上可以而且应该更加“积极有所作为”。但“积极有所作为”应该服务和服从于国内外两个大局。在历史的现阶段，最重要的是，要为构建和谐世界和周边，为和平、发展和“合作共赢”，为国际关系民主化与发展模式多样化这些中国外交“软实力”而做出积极的贡献。“韬光养晦”和“有所作为”是对立的统一。我们当今就是要借“和平与发展之光”，借“经济全球化之光”，借“高科技发展无国界之光”。如果我们争着当头，说过头的话，做过头的事，那就不是真正意义上的“积极有所作为”，而是引火烧身，其危害是十分明显的。

首先，它刺激国内本已存在的一些浮躁和盲目情绪，使之进一步膨胀，不利于国内大局。第二，容易使友好人士和发展中国家对我国产生不切实际的期盼和要求；同时又误以为中国要“改变身份”同美国去“共治”他们了，从而产生不满和抵触情绪。第三，白白送给西方、特别是给美国新保守主义理想家们一个很好的借口，加重对我“中国责任论”的压力。第四，引起广大发达国家、特别是周边国家对中国的提防、担心甚至畏惧，无形中帮助敌对势力扩大了“中国威胁论”的市场。

建国60多年来，新中国没有在围追堵截中折服倒下，现在千万不要在一片“颂歌”中迷茫。对“颂歌”，我们不妨倾听，细细品尝其中的奥妙；我们也要歌唱，但那必须是“中国的歌声”，豪迈而不轻狂，冷静而不浮躁。

2010年2月4日《中国日报》等

坚持“韬光养晦”战略，增强“有所作为”意识

改革开放以来，特别是近几年来，中国综合国力显著提高，“中国速度”的发展举世瞩目，经济总量在世界上已名列前茅，并有继续上升之势。2008年，中国对世界经济增长的贡献率已接近50%，在金融危机的严重冲击和影响下，2009年GDP仍可能达到8%，外汇储备已高达2.13亿美元，成为美国最大的债权国。特别是去年，中国挺过了3·14和5·12人祸天灾，经受了严峻考验；妥善处理和排除各种干扰，成功举办了奥运会，而且金牌跃居第一，国际上好评如潮，进一步展现了中国的魅力和世界的“中国因素”。现在，中国前进的步伐更稳了，也更加豪迈。全世界都看到，一个更加团结奋进的中国已经屹立在东方。中国的国际地位和形象正在发生历史性的变化，“中国因素”不依人们意志为转移地牵动着国际形势和国际关系的走向。

目前，国际力量对比正在发生深刻的演变，中美力量对比也在发生意味深长的变化。奥巴马上任后在同胡锦涛主席通电话时强调:“美中关系是世界上最重要的双边关系。”最近，在首轮中美战略与经济对话开幕式上，他还表示相信，“美中关系将塑造21世纪”。希拉里也说过类似的话，强调中美两国现在应该“同舟共济”。美国有些人甚至还提出所谓“中美共治”的主张。不管这些美国人心里是怎么想的，至少在客观上他们现在承认了中国新的国际地位。不仅美国，这两年来，英法等西方国家领导人也说过不少关于中国是当今时代解决国际重大问题不可或缺的因素。

这一切都是中国的光荣与骄傲，也是中国继续前进的巨大动力。中国人民因此感到扬眉吐气，是很自然的。但也正是在这一令人兴奋的大环境下，有些人头脑发热了，浮躁了，似乎忘记了天高地厚。他们认为，“韬光养晦”实际上是“苟且偷安”和“鸵鸟政策”，“客观上帮了美国霸权主义的忙”；邓小平当年提出“韬光养晦”时的国内外环境既已发生变化，就应适时调整政策，以“有所作为”为主，应该“大有作为”和“大显身手”；“中国不高兴”了，有实力和资本同西方“分庭抗礼”，同美国“平分秋色”，“共同治理世界”。有人甚至

主张“中国就是要领导世界”，“称霸全球”。这是不切实际的，也不符合中国作为“发展中社会主义大国”的性质，以及邓小平当初提出“韬光养晦”和“有所作为”的本意。

2001年和2004年，我先后发表了“关于韬光养晦一些问题的探讨”和“关于韬光养晦一些问题的再探讨”，引起不少热烈议论。现在世界正面临“时代变迁”的大环境，中国如何增强“机遇意识”和“忧患意识”，正确理解和奉行“韬光养晦”和“有所作为”战略方针，似乎有着很重要的现实意义。

一、历史的回顾：邓小平提出“韬光养晦”战略的时代背景。

1990年前后，东欧巨变，苏联解体，全球震动，牵动着国际形势和格局的方方面面。西方不少人弹冠相庆，欢呼胜利，认为社会主义行将“寿终正寝”，只要他们再加一把劲，中国就是“多米诺骨牌”中的下一个。他们加紧挑动中国内乱并对我国进行制裁。发展中国家普遍寄厚望于中国，甚至希望中国“当仁不让”，出来当头，但同时也担心中国“孤立无援”，顶不住新霸权主义和强权政治的压力。国内也有一些人觉得“大事不好”，忧心忡忡；还有些人感到“愤慨”，主张要站出来“坚决斗争”，批判苏联领导“出卖社会主义”。

当时的国内外局势是十分严峻的，而且带有几分紊乱。中国应该如何看，怎么办？

正是在这一关键时刻，邓小平同志提出了冷静观察、稳住阵脚、沉着应付、韬光养晦、有所作为的战略方针。他还强调，要“埋头实干，做好一件事，我们自己的事”。这里所说的“我们自己的事”，就是“以经济建设为中心”和改革开放。这“一件事”做好了，中国就立于不败之地，其他问题就迎刃而解，包括我国台湾这个宝岛也是丢不掉的。而要做好这“一件事”，就必须“韬光养晦”。

二、“韬光养晦”是长期战略，并非权宜之计。

这一谋略是在客观地分析了国际形势和力量对比，充分考虑了我国处于社会主义初级阶段这一历史事实和任务之后，做出的战略决断，而非主观臆断或“权宜之计”。

从鸦片战争算起，中国人民一个半世纪饱受战乱之苦和冷战之害，当冷战要结束时，他们感到由衷的高兴。他们渴望过安定和富裕的生活，盼望能有一个持久的和平环境，抓住历史的机遇发展自己。“韬光养晦”谋略反映了广大人民这一心愿和历史任务，引导全国人民坚定地以经济建设为中心，加深加快改革开放，努力提高综合国力，“任凭风浪起，稳坐钓鱼台”。只要不发生大规模军事入侵，这一战略方针决不动摇。

三、“韬光养晦”和“有所作为”的关系。

“韬光养晦”和“有所作为”不是对立的，而是辩证的统一，不可割裂。前者是矛盾的主要方面，后者也是与之紧密相连的“方面军”，不可或缺。

消极理解“韬光养晦”谋略，容易“右”，容易陷入“无所作为”和被动；过分强调“有所作为”，容易“左”，实际上容易自不量力，充好汉，打头阵，引火烧身。这两种社会现象一直客观存在。我们似有必要联系实际进一步探讨和澄清，以期在这一重大战略问题上中华儿女有更大的共识。

中国实行“韬光养晦”谋略是积极的，主动的，有原则的，并不是消极的，被动的。邓小平在提出这一谋略的同时，还提出要“有所作为”。中国作为最大的发展中国家和联合国安理会常任理事国，在国际事务中，理所当然地要做出自己的积极贡献，特别是要坚决维护国家的主权、独立和领土完整。在涉及发展中国家正当权益时，也要主持公道，伸张正义。在国家安全方面，我们虽不主张搞军备竞赛，但也要积极准备对付强敌的“杀手锏”，防患于未然。

不仅如此。随着中国综合国力的提高，中国在国际上“有所作为”的分量也要相应增加，如对贫困国家的援助，有选择地参加联合国维和行动，积极推动重大国际安全问题的合理解决，主动参与和推动建立更加公平和公正的国际经济和政治新秩序等。冷战结束以来，特别是近几年来，中国在国际舞台上一系列的活动，尤其是在应对国际金融危机方面积极而又冷静的出色表现，充分说明了这一点。

经过近20年来的实践，人们越来越认识到，过分强调“韬光养晦”，消极地理解和执行，容易在国际上被“边缘化”，为人所用，不符合中国独立自主的和平外交政策。这当然是中国外交需要警惕的。

但如果过分强调“有所作为”，甚至鼓吹要“大有作为”，热衷于在国际事务中起“领导”作用，热中于“富人俱乐部”成员地位，热衷于搞什么“中美共治”（所谓G2），事事想冲在前面，那就可能引起本可避免和不必要的对抗，从而影响乃至破坏“韬光养晦”的大局。我们“韬光养晦”，说白了，“韬”的就是国际环境和平与发展的“光”，就是经济全球化迅速发展的“光”，就是高科技无国界迅猛发展的“光”。我们如果不明白这一点，就很可能丧失我们需要的“光”，“养晦”也就无从谈起。

这里需要特别提一下的是，邓小平同志在提出“韬光养晦”和“有所作为”的同时，还强调要“不称霸”。他说，“搞霸权主义的名誉很坏，当第三世界的头头名誉也不好。这不是客气话，这是一种真实的政治考虑。”即使将来中国强大了，也永远不称霸，不搞集团政治，不干涉别国内政。过头的话不讲，过头的事不做。既不为外部的挑动刺激而锋芒毕露，也不为一些不切实际的赞扬或捧场而飘飘然。这样，我们就可以集中精力搞好国内经济建设，在国际事务中始终保持较大的主动权。邓小平同志的这些指示，对我们今天探讨和澄清认识可能是很有益的。

四、中国的“韬光养晦”战略与历史上刘备和勾践的谋略有本质的不同。

国际上少数敌对势力、特别是美国和日本新保守主义理想家们，不断在中国“韬光养晦”战略方针问题上做文章，甚至把这一方针同我国坚持“和平发展道路”联系起来歪曲，说这是中国“卧薪尝胆”的现代版，是进行“最大的国际战略欺骗”；说中国越是强调“韬光养晦”与“和平发展”，越是让人怀疑它“包藏祸心”；“崛起”的中国迟早要无情地追逐霸权，挑战美国的领导地位。这显然是以小人之心，度君子之腹。自己歪曲事实，进行国际欺骗，却硬要把这顶帽子戴在中国头上。

中国的“韬光养晦”方针与“和平发展”道路，一向是十分透明的，两者紧密相连，不可分隔，是中国发展战略的两个方面，是中国历史性的选择。正是因为中国坚持走和平发展道路，中国就必须更加坚定地坚持“韬光养晦”方针。这也正好说明，这里没有什么不可告人的目的，更没有什么“包藏祸心”。

世界文化和历史的长期实践证明，一切经典的成语，在不同历史时期和不同环境，涵义并不一样，甚至完全不同。中国三国时期，刘备一度依附于曹操，屈居于人下，采取“韬晦之计”。在曹操与其“煮酒论英雄”、说“今天下英雄，惟使君与操耳”的时候，刘备深怕他图谋“称雄”的野心被识破，吓得把手中筷子都掉到地下了。后来巧闻一声惊雷，掩饰了过去。这与当今中美关系以及中国的国际地位和战略毫无共同之处，根本没有可比性。如果中国奉行“韬光养晦”方针目的真是像刘备那样为了争霸称雄，那为什么要公开说出去，为什么还要昭告天下，那不是有违“韬光养晦”的本意吗？只有傻子才会那么做。

至于说“韬光养晦”是中国“卧薪尝胆”的现代版，更是无稽之谈。越王勾践“卧薪尝胆”的要害是“复仇”，有特定的敌人，而且，为了达到目的，可以不择手段。历史上越王勾践可以俯首称臣，下跪求饶参拜。我们讲的“韬光养晦”，是现代版的“韬光养晦”战略，其核心是“复兴中华”和“不争霸”，既没有假想敌人，更没有特定的敌人；其根本目的，对内是要抓住机遇，建设具有中国特色的和谐社会；对外是要追求和平、合作和“共同繁荣”，是要推动建设公平、公正与“和而不同”的和谐世界。这与“卧薪尝胆”更是毫不相干。一切有普通历史知识和国际关系知识的人都很容易明白这一点。

这里需要指出的是，中国的“韬光养晦”方针是有原则的，不是屈辱的，更不是乞求的。在事关中国根本利益和人类共同命运的大是大非问题上，中国是要积极“有所作为”的，既不会做“鸵鸟”，更不会做“东郭先生”。

五、冷静看待中国自己的综合国力。

诚然，中国现在的综合国力已非昔日的“一穷二白”。谁都不能否认，当今世界，中国举足轻重。但我们不能忘记，中国仍然是一个“发展中的社会主义大国”，中国的人均收入还摆在世界的100位以后，到本世纪中叶，我们才能达到中等发达国家水平。拿中国现今“外汇储备第一”的身份来说，我们也需要“冷思考”。

1979年之前，我国外汇储备从来没有超过10亿美元。改革开放20几年，便开始突破万亿美元。最近几年，外汇储备更是迅猛增加。这是中国综合国力迅速提高的重要象征之一，也是中国国际竞争力和国际地位提高的一个很好的“风向标”，确实是非常喜人的大事，值得中国人民自豪。

但我们千万不能过于自我陶醉，更不应因此感到飘飘然，以为中国外汇储备真的已经“雄踞世界第一”，把美欧日等发达国家“都比下去了”。事实并非如此。我们在庆幸来之不易成就的同时，必须保持清醒的头脑，看到其中的某些风险和泡沫，看到这个“第一”同美欧日有着一些“不可比性”。

首先，中国外汇储备目前主要由四部分组成：一是巨额贸易顺差；二是外国直接投资净流入的大幅增加；三是外国贷款的持续增多；四是对人民币升值预期导致的“热钱”流入。这四个部分不同程度上都存在着一些不确定性，或者风险和泡沫。特别是“热钱”和短期贷款可能造成的危害不容忽视。1997年亚洲金融危机是很好的教训，去年越南在这方面的“险情”也值得我们注意。目前我国短期贷款已高达60%以上，超过了国际权威的“危险警戒线”，加之“热钱”又通过多种渠道悄然而来，难道还不值得我们警惕和忧虑吗?

第二，中国外汇储备同美欧日并没有科学的可比性。如果简单地用中国在这方面的“第一”来与之类比，那么，美国国家外汇储备只有758亿美元，加拿大只有430亿美元，英国不到1000亿美元，法国和德国也都不到1，500亿美元，这些发达国家岂不都成了“相对贫穷国家”了。但美欧日都是在金融方面比较成熟的发达国家，它们是“藏汇于民”和“藏汇于物”。美国的民间外汇储备高达90000亿美元，差不多是中国民间外汇储备1600亿美元的60倍。美国黄金储备8135吨，差不多是中国黄金储备600吨的14倍。德国、法国和意大利的情况也大体如此。日本国家外汇储备位居世界第二，民间外汇储备高达3万多亿美元，将近中国的20倍，而且不仅没有外债，还有包括我国在内的几十个国家对它的欠债（3000多亿美元）。在石油储备方面，中国同这些国家比较起来更是相形见绌。

第三，目前，国际上外汇市场每天的交易量高达34000万美元，其中相当一部分是投机性很大的“对冲基金”和“热钱”在活动，一有风吹草动，索罗斯之流的国际金融大鳄和投机家们就会向中国张开大口，冲击和吞噬中国外汇市场。如果我们盲目乐观，没有忧患意识，不清醒，不设防，到头来是要吃大亏的。

不仅如此，片面和简单地宣传中国外汇储备“雄踞世界第一”，“超过了G7的总和”，很容易误导舆论和读者，刺激实际上已经存在的某些浮躁情绪，助长要“大显身手”的心态，是有害无益的。

说到底，我们千万不要忘记中国仍然是一个发展中大国，要赶上发达国家仍然任重道远。可谓“路漫漫其修远兮”，我们还需要继续“上下而求索”，还需要坚持“韬光养晦”战略，居安思危，加倍努力，艰苦奋斗几十年。

六、新形势下中国一定要增强“有所作为”意识，争取有更多、更好的作为。但要恰如其分，不说过头的话，不做过头的事；不忘“韬光养晦”总体战略，更不应图谋随便“改变身份”。

当前国际形势和格局深刻演变的一个重要现象是发展中国家的大面积兴起，国际力量对比开始出现历史性变化，以及世界多极化趋势加速发展。

在这种情况下，发展中大国由于不同历史背景和地缘政治的影响，特别是出于提高综合国力和扩大国际影响的考虑，形成有所不同的组合，是很自然的，也是必要的。在这方面，目前比较有代表性的，一是与G8对话的5国机制（中国、印度、巴西、南非、墨西哥）；二是“金砖四国”（巴西、俄罗斯、印度和中国）；三是参加20国集团的十个“南方国家”；四是中俄印三边合作机制；五是印度、南非和巴西三国“准联盟”。它们相互交叉，你中有我，我中有你；

既有特性又有共性；虽有差异，存在着某些实际矛盾，但当前并不存在什么明显的对立，也谈不上什么相互排斥。

这些新兴大国的组合有着四大共同特征：第一，它们都是兴起的大国或相对大国，发展速度快，潜力大，而且不同程度上都有着可持续性；第二，它们都坚持自己的民族传统和国家特性，自主选择发展模式；第三，它们都希望和要求建立更加公平、公正和合理的国际经济和政治秩序；第四，它们都希望和寻求有一个和平的国际环境，主张国际关系民主化和平等化，不赞成旧有的“冷战思维”和“对抗政策”。

在这些新兴大国的组合中，除印度、南非和巴西三国“准联盟”外，中国都身临其境。它们对中国都很重要，大方向同中国也是比较一致的。特别是“金砖四国”，它是新时期发展中国家大面积兴起具有代表性的反映。它们社会制度不同，意识形态各异，但它们共同的战略目标是要建立一个“更加民主和公正的多极世界”，支持联合国的中心地位和作用。而且，“金砖四国”客观上是中俄印战略合作机制的某种“延伸”（只是多了一个巴西，相当于3+1），比较有利于运作，有利于应对美日欧冷战思维的干扰，有利于推动“5国机制”同8国集团对话（5国合作机制“金砖四国”占3席，俄罗斯的“双重身份”也有一定好处），更有利于8+5演变为G20后积极发挥发展中国家的团结合作作用。这正是中国在新时期力争“有所作为”的很好平台。

因此，中国作为“发展中社会主义大国”，应该增强“机遇意识”，重点经营上述大国组合，包括积极参与G20的对话，特别是“金砖四国”，而不应垂青于8国或7国集团，更不能推动什么“中美共治”。中美关系至关重要，一定要认真对待，妥善处理，积极“扩大共识，减少分歧，加深互信，促进合作”。但所谓“中美共治”，实际上是把中美两国领导人达成的共识（“共同建设21世纪积极合作全面的中美关系”）以及我国的上述主张“变异”了，似乎有点幼稚，既不实际，也不可能。

首先，这不符合中国作为一个“发展中社会主义大国”的地位和基本外交政策，中国没有这种意向和图谋。

第二，中国远没有这么大的实力。即使今后有这种实力，也绝不会像美国某位学者说的那样，将“步美国的后尘”，无情地去追逐世界霸权。这是中国社会性质所决定的。

第三，美国绝对不会让中国同它一起唱平等的“二人转”，中国只能步当年苏联解体初期叶利钦的后尘，成为与美国合作的一个“第二小提琴手”，甚至“小伙伴”。

第四，如果真的要搞什么“中美共治”，发展中国家几乎全都要反对。欧盟要反对、俄罗斯要反对，加拿大、日本、澳大利亚等也都要反对，几乎可以肯定，全世界找不到哪一个国家会支持中国这么做，中国将陷于十分孤立的境地。俄罗斯有两家媒体近来已有专论，误以为“北京可能成为华盛顿瓜分世界的最佳搭档”；金融危机后的世界将是带有“反俄倾向”的中美“双头世界”。日本右翼媒体也在夸大宣传，说“中美两国集团时代已拉开了帷幕”。这对中国开创外交工作新局面也是不利的。

总之，“韬光养晦”和“有所作为”这一对“对立统一的法宝”不仅不能丢，而且还要在新的实践中进一步完善和发展。

2009年8月北京外国语大学“实践外交学”讲座

“单极稳定论”可以休矣

一个时期以来，随着大国兴衰趋势的微妙变化和发展，特别是美国“布什主义”不断遭遇挫折，国际上出现不少关于“超级大国的责任”和“代价”的议论。“单极稳定论”及其孪生兄弟“无极世界危险论”也相继问世。其中最有代表性的，当数法里德·扎卡里安先生2月5日在美国《新闻周刊》发表的一篇文章:“后美国世界的前瞻”。

文章欣赏英国历史学家尼尔·弗格森三年前的“推测”，认为“美国霸权主义的终结”将意味着一个“无极世界”，一个“四分五裂的世界”，最终将“意味着无政府主义的新的黑暗时代”，“一个帝国衰落和宗教狂热的时代”，以及“经济停滞不前”和“文明被禁锢”的时代。文章承认，美国现在“正处于低潮”和“陷入伊拉克的泥潭之中”，“全球任何地方都对美国抱有很大敌意”，但告诫“等待美国衰落的人们”：一个没有“美国责任”和“美国不占主导地位的世界”，将是一个“群龙无首的世界，一个问题不断恶化、彼此无休止地推诿责任直至问题大爆发的世界”。总之，似乎没有美国的霸权统治，天都要塌下来了。

无独有偶。去年朝鲜进行核试验后，美国著名专栏作家托马斯·弗里格曼也曾发表文章说，柏林墙于1989年11月9日倒塌，让人们进入了美国独霸的后冷战时代；朝鲜于2006年10月9日进行核试验，把人们带出后冷战时代，带入到一个问题更多的时代——“后冷战后时代”。这个时代将“更加危险和动荡”，“比美国独霸的后冷战时代威胁更大”。弗里格曼先生也许根本无意要为美国霸权主义辩护，但他的看法客观上同法里德先生是一致的。

其实，早在美国发动伊拉克战争后不久，时任美国总统国家安全顾问的赖斯就在英国发表了一次重要演说，批评有些人“赞赏”和“怀念”“多极世界”；说“多极世界”过去“把这个世界折磨得痛苦不堪”，“导致了第一次世界大战”；它是一种“竞争理论”，“带来竞争利益，但并不能促进和平”。她奉劝人们、特别是欧洲国家“放弃对众多新‘极’的追求”，团结在自由、和平与正义“一极”（也就是美国）的周围。

上述这些人的言论，如果说是美国“霸权有理”的上好“说贴”，可能不会有人反对。遗憾的是，我们也有一些专家学者最近大谈什么“超级大国的责任与代价”，观点似是而非。但仔细捉摸，不难发现作者基本上赞同约翰·霍普金斯大学教授孟德邦在其专著《在二十一世纪，美国如何作为世界的政府》一书中的观点，认为联合国只是一个国际的协调机构，并没有政府的管理职能，而美国却在国际社会上提供了这样的职能和公共服务，比如军事安全和国际金融服务等。作者强调，“这既是美国的需要，也有世界的需要”；说美国由于“超级大国的身份”，以及要履行“世界政府”的职能，承担了巨大的责任并付出了巨大的代价；而美国对世界的这一切“服务”，主要是靠美国人的税收来支持的，并不是像过去那样靠“被统治国家”“向帝国上交自己的利益”。作者认为，今后任何大国如果作为美国的“接班人”，“也将与美国一样，为超级大国的身份、责任以及行为付出巨大的代价”。作者的意思很清楚，那就是奉劝国际社会公平对待美国霸权行为，承认超级大国为了全世界的“好处”而做出的自我牺牲。看来，在美国主导话语权的汪洋大海中，我们有些专家学者也难免被误导航向。

上述这些人立场不尽相同，出发点也并非一样。但似乎都有共同的盲点。

其一，历史的偏见。世界多极化及其发展趋势，是不以人们意志为转移的客观现实。它既是资本主义政治、经济发展不平衡的一种反映，也是发展中国家兴起的一种反映。诚然，历史上，随着帝国的兴衰，往往会出现重新划分势力范围的挑战，相互争夺霸主地位，从而导致战争。但现在时代不同了。当今世界多极化及其发展趋势，虽仍有资本主义政治、经济发展不平衡的因素和影响，但它同时也是发展中国家兴起的反映和结果。后者对唯一超级大国来说，当然也是一种挑战，但它不会遵循历史上的“争霸规律”，它要求的是平等伙伴关系，是合作共赢，是和谐相处。

其二，人类生活在一个丰富多彩和多元化的世界。美国图谋实现“美国统治下的世界和平”，强调“单极稳定论”。但世界的现实正像美国外交元老乔治·凯南生前所说，“这个星球绝不会由任何一个单独的政治中心来统治，不论其军事力量有多大”。他强调指出，“把我们自己看成政治开明的中心”，“无限期地把别国政府的功能接收过来，按照美国自己的方式，而不是按照当地的传统办事，是不行的。不论美元还是刺刀都不能保证成功。”凯南语重心长，以其几十年的外交经验告诫美国领导人，“最好把对领导世界的可能性的梦想和愿望缩小一点”，学会尊重别的国家。布什执政以来的实践已经充分证明，正是“单极稳定论”及其衍生物“单边主义”在不断制造“不稳定”，对世界和平与发展起着负面作用。

其三，所谓“超级大国的责任”和“世界政府”，那不过是“自封的”。诚然，联合国不是“世界政府”。但联合国是当今世界处理重大国际问题、特别是安全问题多边合作的权威机构。当年成立联合国时，美国总统罗斯福就主张国家主权平等和不干涉内政原则；联合国安理会、特别是五个常任理事国对国际安全与和平负有共同责任。他还告诫说，今后不论力量多么强大，美国都应谨记，不能为所欲为。所谓“负责任”，超级大国也好，其它大国也好，首先就是要对《联合国宪章》负责，对安理会负责。布什上台不久就宣称，美国的权威“高于联合国”，我们的一些专家学者也认为，美国是在行使“世界政府”的职务，岂不可笑？俄罗斯总统普京最近说得好，美国领导的“单极世界”是不可接受的，“单边的非法行动并没有解决任何问题”，已给世界带来更多的战争和冲突。他强调，只有联合国才能合法使用武力。

总之，在无情的现实面前，面对和平与发展的时代潮流，一切为“单极稳定论”以及“超级大国责任论”的辩词都显得苍白无力，还是收起来为好。

2007年2月15日《光明日报》

又闻“无极世界危险”声

2008伊始，法国、英国和印度领导人先后发表了重要讲话，引起全世界的关注。

首先，法国总统萨科齐1月18日在外交招待会上说，现在的世界已不再是十几年前的“单极世界”，“超级大国”已不那么响亮了，世界将进入“相对大国时代”，“金砖四国”已为新的、“大国合唱”和“多极世界”创造了条件。

紧接着，英国首相布朗在访问印度时发表了据说是反映了英国现任政权世界观的“外交基调演说”，强调国际货币基金组织、世界银行和G8峰会之类的机构“必须反映出印度和亚洲的崛起”，印度和中国应该成为G8的正式成员。

与此同时，印度总理辛格在同布朗举行的联合记者招待会上也十分自信地声称，今后“任何一个国际机构如果还要把印度和中国这样的国家排除在外，就会让人们对其处理问题的能力产生怀疑。”

类似的话，国际上很多专家学者都说过。但三个重要国家领导人几乎在同一时期都这么说，实在不同凡响，牵动了很多大国和它们智囊人物的神经。近来，人们又开始闻到相反的嗡嗡声：“无极世界危险”啊！某经济大国一家杂志的评论最有代表性，感慨万分地指出，由于美国无力维持“单极秩序”，世界将失去一个“权威的调停者”，进入不稳定的“无极化”时代。这样的“无极世界”将是“危机四伏”的世界，比美国“单极支配”“更加危险”。还有些学者发表专论，从不同角度讽刺“唱衰美国”，强调美国“自我调节力量很强”，二战以来多次的“唱衰美国”全都落空了；新一轮的“唱衰”也是一种“幻想”。好像萨科齐、布朗和辛格也都不过是生活在“幻想”之中的领导人而已。

这些“嗡嗡声”其实一直存在。几年前美国和英国就有一些知名人士发表文章，认为“美国霸权主义的终结”将意味着一个“无极世界”，一个“四分五裂的世界”，最终将“意味着无政府主义的新的黑暗时代”。这些文章还告诫“等待美国衰落的人们”，一个没有“美国责任”和“美国不占主导地位的世界”，将是一个“群龙无首的世界，一个问题不断恶化的世界”。这个时代将“更加危险和动荡”，“比美国独霸的后冷战时代威胁更大”。总之，似乎没有美国的霸权统治，天都要塌下来了，而美国的霸权是"永恒的"。

看来，发表这些言论的先生们没有真正弄清楚国际形势新的发展和变化，忽略了时代的变迁。

近十几年来，发展中国家、特别是与G–8对话的发展中五大国的迅速兴起，以及俄罗斯闪电般的复兴，已是不争的事实，而且遍及全球。2007年，新兴国家在全球经济所占比重已上升到将近一半。发展中国家、尤其是新兴经济体外汇储备迅速增加，目前已占世界外汇储备的3/4。新兴经济体的"金融之都"、特别是香港和迪拜，正在同纽约和伦敦竞争，"在国际资本市场上发挥越来越大的作用"。

国际形势和国际关系中这一新的情况，势必要加速世界多极化的发展趋势，并使国际力量对比发生新的、历史性变化。如果说二十世纪五、六十年代的民族独立和解放运动是第二次世界大战后对帝国主义和殖民主义体系在政治上一次最为严重的冲击，那么，这一次发展中国家的迅速兴起，伴随着"发展模式多样化"，则是在经济上对西方（特别是美国）主导的经济体系一次最为严重的冲击，而且正在向政治方面发展。这是不依人们意志为转移的，也是不可逆转的。美国可以换总统，可以调整政策（即所谓"自我调节"），甚至在一定程度上"重振雄风"，但它扭转不了世界力量对比变化的趋势。

在这种情况下，假如我是美国总统，或总统顾问，我就要：

首先，承认国际力量对比正在发生不利于美国"支配世界"战略意图的巨大变化，美国虽然仍是世界第一强国，但毕竟力量有限，独木难支，"指挥棒"已不那么灵了，世界也不再需要美国的"保护伞战略"，不如放弃"独家指挥"的角色，做一个"识时务和有重要影响的世界大国"。

第二，认识当今世界多极化的发展趋势不同于历史上的帝国兴衰。这是发展中国家的兴起，是和平与发展为主题时代的新兴力量，它们是不会不负责任的，更不会互相推诿责任。这个世界不会是"无极的"和"无序的"，更不会是"更加危险和动荡"的。兴起的发展中国家需要发达国家的合作和支持，不会主动走排挤和对抗发达国家的道路，美国应该同它们一起共商世界和平、发展与"合作共赢"大计，使这个世界秩序更加公平、公正和合理。

第三，告诫众多智囊机构的"鹰派"，把那些过时的"单极稳定论"、"无极危险论"以及什么"帝国使命"和"美国统治下的世界和平"统统放进历史博物馆吧。

2008年2月15日《解放日报》、新浪、腾讯网

萨科齐总统说错了吗

2008年1月18日，法国总统萨科齐在各国驻法使节新年招待会上说，现在已“不再是1991年至2001年的单极世界，像‘超级大国’这样的词，几年前叫得很响，但如今已不再流行”。他认为，未来30年至40年内，世界将进入“相对大国时代”，中国、印度、巴西等国“在政治、经济领域日益崛起”，俄罗斯“逐渐恢复元气”，为形成一个新的、“大国合唱的”“多极世界”创造了条件，欧盟如有政治意愿，也可以在这个“多极世界”中成为“最积极的一极”之一。

这类话美国和欧洲的一些专家学者一直在说，笔者去年在《光明日报》上发表的“单极稳定论”一文也说过。但萨科齐作为现任总统在外交场合说这样的话分量就大大加重了。这是他对当今不断变化的世界深入思考后的结果，是法国新一代领导人的外交理念，而“相对大国论”就是这一外交理念的核心。国内外某些专家学者对此似乎不以为然。他们认为，美国“自我调节的能力很强”，国际上（包括美国的某些政治家）过去多次“唱衰美国”，结果都证明是不符合事实的；美国仍然是“说一不二”的超级大国。

那么是不是萨科齐总统心血来潮说错话了呢？显然不是。

从现状和实力来说，萨科齐确实有点言过其实，美国至今仍不失为一个“超级大国”，在诸多国际领域仍然起着主导作用。从发展趋势和哲学观点来看，萨科齐说得好。美国明摆着是在走下坡路，它“超级大国”地位的演变正处在“量变过程”之中。

诚然，美国确有一定的“自我调节能力”，过去几次它都摆脱了困境，重振了“雄风”。但这次不同了。美国也许可以再次“自我调节”，然而这只是事物的一个方面，也即矛盾对立统一体的一个方面，另一方面的情况现在已经大不一样了。现在不仅俄罗斯正在迅速恢复元气（大国地位），更重要的是，广大发展中国家、特别是发展中大国正在以惊人的速度兴起。这是历史上未曾有过的，也是世界多极化发展趋势的客观反映。萨科齐列举的中国、印度、巴西以及俄罗斯，正是人们普遍认同的“金砖四国”，还有人们普遍看好的“远景五国”（越南、印度尼西亚、南非、土耳其和阿根廷），以及众多中等发展中国家。它们的迅速兴起（萨科齐叫“崛起”）正在改变着世界力量对比和国际格局，形成对“单极世界”和“单一发展模式”图谋前所未有的冲击。美国的指挥棒已经不那么灵了，在有些方面实际上已经失灵了。

萨科齐总统的话正是在这一背景下说的。他在阐述世界将进入“相对大国时代”时还说，大国之间需要建立新的国际关系和国际机构；“敌人”和“对手”等概念“已经过时”，需要考虑如何将“竞争”和“角逐”关系转化为“负责任的伙伴关系”；法国将奉行“和解外交政策”，与世界各国进行对话，促进国际社会“多样性”以及国与国之间的“互惠关系”，推动现有多边国际政治和经济机构的改革。这些话显然是比较务实的，也比较有远见。

2008年1月22日《光明日报》、人民网

“大巫”与“小巫”

——评霸权主义、恐怖主义与时代主题

“9·11”事件三周年转眼又过去一个多月了。近来美国媒体发表了大量评论，其中有一种人的意见很值得注意和商榷。他们强调，“9·11”改变了世界，在新形势下，“地缘政治不存在了”，“冷战思维消失了”，“传统安全逐步让位于非传统安全”，世界已进入“反恐战争时代”，“反恐”是全世界的“头等任务”等等。世界的现实果真如此吗？显然不是。

什么是主要矛盾

我们不妨回顾一下冷战结束以来、特别是“9·11”事件以来的国际形势和美国的外交动向。

上世纪90年代初，冷战结束后，冷战思维并未随之消失，霸权主义也未因为另一个霸权国家的解体而退出历史舞台，军火商也幕后兴风作浪，企图挽回军火工业的颓势；“文明冲突论”、“单极稳定论”、“中国威胁论”，以及“人权高于主权”和“新干涉主义”等一系列论点应运而生。克林顿公开宣称，美国“最具有领导这个世界的能力”，美国1998年发表的“新世纪国家安全战略”更是毫不隐讳：美国就是要领导这个世界，绝不允许世界上出现任何可能挑战美国“领导地位”的国家或国家集团。“北约东扩”、“日美防卫合作新指针”和“战区导弹防御体系”就是在这一指导思想下产生的，科索沃战争也是在这一背景下发动的。布什走得更远。他一上台便四面出击，大搞单边主义、迫不及待地中断同朝鲜的会谈、下令轰炸伊拉克、退出《京都议定书》，拒不批准全面核禁试条约、为推行导弹防御体系大造声势，严重冲击着公认的国际法和国际关系准则，也使克林顿时期形成的那股逆流，更加汹涌泛滥。

恐怖主义也是我们这个时代的一股逆流，“9·11”使之达到了顶峰。目前，它显然已是全球性的，且有蔓延之势。它为了达到目的，不择手段，闹得几乎全世界都不得安宁。

但恐怖主义和霸权主义这两股逆流，主次有所不同。霸权主义是矛盾的主要方面，恐怖主义在一定程度和一定意义上是派生的（包括经济全球化的负面影响，以及一些原教旨主义的驱动和催生）。同霸权主义比较起来，它毕竟是“小巫见大巫”。“小巫”当然也要坚决反对，但如果把“小巫”同“大巫”混为一谈，就容易误导，甚至掩盖矛盾的主要方面，忽略我们时代和平与发展两大主题所面临的最主要挑战和问题。

变味的“反恐战争”

“9·11”后，美国完全可以沉着应对，适时反思，团结世界各国，在多边基础和联合国框架内进行真正意义上的反恐。可惜美国的当政者私心太重，经不起“美利坚帝国使命”的诱惑，反恐的路线很快就偏离了方向，而且扩大化了。

首先，美国把它的“反恐”称之为“全球性反恐战争”，对此国际上普遍持保留态度。欧洲的法国、德国和比利时等很多国家，俄罗斯，以及亚洲绝大多数国家，都把它称为“反恐斗争”，美国国内舆论也有不同看法，连布什总统自己不久前也承认，“反恐战争”这个名字取得不恰当，需要有一个“更为准确的名字”。

第二，美国发动的伊拉克战争同“反恐”并无直接关系，这一点实际上已是举世公认。目前伊拉克局势严重动荡和混乱，暴力不断，既有恐怖主义因素和需要反对恐怖主义的一面，更有占领和反占领斗争的一面。美国新保守主义理想家们把这场战争称为“反恐战争”，把反对美英占领的武装斗争统称为“恐怖主义”和“颠覆势力”，显然是不符合事实的。

第三，“9·11”以来的实践表明，美国奉行的基本方针是“反恐谋霸”，“挟反恐以令天下”。在“反恐需要”的旗帜下，在“地缘政治不存在了”和“传统安全逐步让位于非传统安全”的掩盖下，美国军事力量已经大摇大摆地进入了俄罗斯在中亚的后院，并已从两方面推进到伊朗边境，对南亚和东南亚也有明显的渗透。现在的实际情况并非是“地缘政治不存在了”，而是得到了强化，不是“传统安全让位于非传统安全”了，而是在非传统安全因素全面上升的同时，传统安全也吃紧了。

第四，美国把一些国家定为“邪恶轴心国家”和“无赖国家”，把另一些国家定为“失败国家”，还把很多国家定为“不站在我们一边就站在敌人一边的国家”，而且威胁要进行制裁，实行先发制人的打击，更迭它不喜欢的政权。这只能制造更多的敌人，迫使更多的国家在军事上准备应对措施，从而使美国自身不得安宁，也使我们生活的这个世界更不太平。

不难看出，当今世界并非进入了“反恐战争时代”，我们时代和平与发展两大主题面临诸多逆流的冲击，其中首先是霸权主义，其次是恐怖主义。这两股逆流我们都要反，但一定要心中有数，有度，明白主次，不被误导。

2004年10月26日《解放日报》

中国无需“杀出重围”

——兼议美日一厢情愿的“两条线”

最近，不少朋友提出，现在唯一超级大国美国和世界经济第二强国日本联合起来围堵中国，中国能否“杀出重围”？这是一个非常严肃而又现实的问题，反映了在当前错综复杂的国际形势下，由于美日新保守主义理想家们的错误政策及其裸露的宣传，中国民众有一种忧患意识和警觉。这是好事。不过，如果仔细看一看我国周边的实际情况和世界形势发展的大方向，我觉得，中国无需“杀出重围”。

首先，美日同盟其实是很脆弱和孤立的。冷战结束十几年来，美日新保守主义理想家们一直试图策划一个“亚洲版北约”。他们企图巩固美日韩“铁三角联盟”和美日澳“铁杆联盟”（又称“北锚”和“南锚”），并以此为基础，经东盟直至印度，形成包围中国的“一条线”。可是韩国和澳大利亚早已在不同程度上与美日拉开了距离。韩国不仅要求摆脱主从关系，还要在这一地区发挥“平衡者”的作用，反对搞冷战时期的那种集团政治。澳大利亚近来也一再宣称，它并无“遏制中国”的图谋，强调中国的迅速发展不但不会是威胁，“对澳大利亚以及全世界都是好事”。“老盟友”韩国和澳大利亚“不可靠”，更何况中国的友好邻邦东盟和印度呢。它们固然需要美日的合作，但不可能成为它们“反华的知音”。所谓“亚洲版北约”或“遏制中国的一条线”，不过是一厢情愿而已，没多少戏可唱。

第二，美国利用“反恐战争”和“颜色革命”，近几年来对中亚国家已有不同程度的渗透（包括建立军事基地）。美国的“大战略”是要由中东经阿富汗和中亚与东北亚逐步连接，形成欧亚大陆之间的“一条线”。掌握了这条线，向北，可以与北约呼应，对付俄罗斯；向南，可以与美日同盟呼应，对付中国。日本的“配合战略”是，延伸美日军事同盟，沿中国北部边境建立另一条“包围中国”的“日本丝绸之路”。日本现在大力拉拢中亚国家和蒙古，正是出于这种需要。但它们也不看看，在这一地区，上海合作组织和中俄睦邻友好关系正日益巩固和发展，中蒙关系也日益紧密，它们岂能动摇？美国不行，美国加日本也好不到哪里去。这“一条线”也是虚妄和一厢情愿的，成不了大气候。

因此，我觉得，中国无需费力“杀出重围”。最好的办法是“稳坐钓鱼台”，对内，坚持自己的和平发展道路；对外，坚持睦邻友好政策，努力推动和平、发展与合作共赢。

中国并无意要与美日为敌。如果能通过对话逐步化解矛盾，增加互信，减少麻烦，促进合作，实现共同发展和繁荣，当然更好。这是广大中国人民的愿望。但话又说回来，我们不能没有忧患意识，还是要始终保持警惕，做到有备无患。因为，毕竟世界上有些事是不以人们主观意志为转移的。

2006年8月25日《世界新闻报》

谨防挑拨离间

美国《华尔街日报》4月8日发表某知名大学一位教授的专文说，（印度、巴西、南非）“三个强国的准联盟让中国靠边站”了。文章承认，美国及其主导的“全球自由秩序”受到发展中国家兴起前所未有的挑战和“威胁”，但按照美国自命不凡的价值观把发展中大国分门别类，并特意渲染印度、巴西和南非是“充满活力的民主国家”，而中国则是属于“另类”：一个“非自由国家”，一个“不民主国家”。

文章故弄玄虚，说人们原来很担心中国会“成为发展中国家代言人”，但“让人意想不到的是”，“当前世界秩序面临的更迫切挑战”不是来自中国，而是来自上述三个“拥有完美的民主背景和深远的全球影响力”的国家。

文章说，“这三个强国的准联盟固然对国际体系及其主要保证人美国都有重大影响”，但同样重要的是，它“破坏”了“中国大国野心”；“剥夺了中国代表发展中国家的说法”；“可能使中国在国际事务的讨论中靠边站”。

众所周知，当前国际形势和格局深刻演变的一个重要特征是发展中国家的大面积兴起，国际力量对比正在发生历史性变化，以及世界多极化趋势在加速发展。在这种情况下，发展中大国由于不同历史背景和地缘政治的影响，形成有所不同的组合，是很自然的，也是必要的。但它们的大方向是基本一致的，那就是要争取一个大发展的和平环境，要求改变不合理和不公正的国际制度。具体来说，就是普遍要求国际关系民主化和发展模式多样化；要求平等的伙伴关系以及“合作共赢”。在这方面，目前比较有代表性的莫过于以下几个组织：与G8对话的5国机制（中国、印度、巴西、南非、墨西哥）；“金砖四国”（巴西、俄罗斯、印度和中国）；中俄印三边合作机制；印度、南非和巴西三国“准联盟”。它们相互交叉，你中有我，我中有你；既有特性又有共性，虽有差异，存在着某些实际矛盾，但并不存在什么对立，更谈不上什么相互排斥、谁让谁“靠边站”的问题。拿中国来说，中国同三国“准联盟”的每个国家关系都相当好，互利合作一直是它们关系的主流。

但作者不顾起码的事实，而且硬给中国加上一些莫须有的罪名，说什么中国有“大国野心”，企图“代表发展中国家”；中国口是心非，表面上呼吁国际事务民主化，事实上却担心这会给中国带来损失，“走自私自利的道路”，等等。作者身为教授，如果说他对客观事实全然“无知”，恐怕难以令人置信。人们只能认为他存有政治“偏见”，至少有意无意在起着挑拨离间作用。

《华尔街日报》现时发表这篇文章并非偶然。据美国媒体报道，美国新保守主义理想家的代表人物目前正在重新集结，成立“外交政策创议”组织，“核心主张是对抗中国和俄罗斯”。实际上，冷战结束以来，美、日、欧的这类人物一直念念不忘以意识形态和社会制度划线，误诊时代脉搏。近几年来，他们竞相拉拢印度，不断渲染中俄印之间制度和战略目标方面的矛盾，极尽挑拨离间之能事。前年，印度试验战略导弹，他们大肆宣传，说这显然是“矛头指向中国”，印度的导弹今后“可以打到北京”了。他们为什么不说“可以打到东京和夏威夷”呢？！司马昭之心，路人皆知。现在这类蓄意挑拨离间的言论层出不穷，发展中国家、特别是有关发展中大国，千万不能丧失警惕，而且有必要让其示众。

2009年4月21日《解放日报》

新兴大国组合和"金砖四国"

近几年来，国际形势和格局正在发生深刻的演变，其中一个重要现象是发展中国家的大面积兴起，国际力量对比开始出现历史性变化，以及世界多极化趋势加速发展。

在这种情况下，发展中大国由于不同历史背景和地缘政治的影响，特别是出于提高综合国力和扩大国际影响的考虑，形成有所不同的组合，是很自然的，也是必要的。在这方面，目前比较有代表性的，一是与G8对话的5国机制（中国、印度、巴西、南非、墨西哥）；二是"金砖四国"（巴西、俄罗斯、印度和中国）；三是参加20国集团的十多个"南方国家"；四是中俄印三边合作机制；五是印度、南非和巴西三国"准联盟"。它们相互交叉，你中有我，我中有你；既有特性又有共性，虽有差异，存在着某些实际矛盾，但并不存在什么对立，也谈不上什么相互排斥。

这些新兴大国的组合有着四大共同特征：第一，它们都是兴起的大国或相对大国，发展速度快，潜力大，而且不同程度上都有着可持续性；第二，它们都坚持自己的民族传统和国家特性，自主选择发展模式；第三，它们都希望和要求建立更加公平、公正和合理的国际经济和政治秩序；第四，它们都希望和寻求建立一个和平的国际环境，主张国际关系民主化和平等化，不赞成旧有的"冷战思维"和"对抗政策"。

但这些新兴大国的组合作用和任务不一样，或不尽相同。与G8对话的5国机制主要是发展中大国与"富国俱乐部"对话的平台；20国集团是8+5扩大性质的南北对话；印度、南非和巴西三国"准联盟"是社会性质比较接近的发展中大国组合；中俄印三边合作机制更多是地缘政治的组合。"金砖四国"则不同，它既不是与"富国俱乐部"直接对话的平台，也不是地缘政治影响的组合，而是不同社会制度的新兴大国的组合，是当今世界普遍看好的新兴大国合作机制。

这些新兴大国的组合，除印度、南非和巴西三国"准联盟"外，中国都身临其境。它们对中国都很重要，而且各有各的用处。但"金砖四国"更具魅力，对中国尤为重要。这是因为：

第一，“金砖四国”是新时期发展中国家大面积兴起具有代表性的反映。四国的国土面积占世界各国领土总面积的26%，人口占全球总人口的42%。它们的发展速度名列前茅，过去5—6年来，对世界经济增长的贡献已接近50%；按购买力平价法计算，经济总量已超过美国；从2006到2008年，四国的经济平均增幅为10.7%。提出“金砖四国”概念的高盛公司预测，世界经济今年将萎缩1.1%，“金砖四国”经济则将有平均4.8%增长率。全球外汇存底中，“金砖四国”持有近30000亿美元，达四成之多，在国际金融领域举足轻重。在世界经济体系中，它们正在发挥着前所未有的重要作用。

第二，“金砖四国”社会制度不同，意识形态各异，但它们共同的战略目标是要建立一个“更加民主和公正的多极世界”，支持联合国的中心地位和作用。中俄是联合国安理会常任理事国，今后印度和巴西如果能以某种形式“入常”，“金砖四国”的国际地位和影响将进一步提高。这是其它组合所没有的。

第三，“金砖四国”客观上是中俄印战略合作机制的某种“延伸”（只是多了一个巴西，相当于3+1），比较有利于运作，有利于应对美日欧冷战思维的干扰，有利于推动甚至主导5国机制同8国集团对话（5国合作机制“金砖四国”占3席，俄罗斯虽不是“身在曹营心在汉”，但它的“双重身份”也是有好处的）。

因此，中国之“花”应该首先落在“金砖四国”，并努力重点经营。但有三点需要注意。一是要防止操之过急，应徐图发展；二是要谨防挑拨离间，避免敌对势力各个击破；三是要伺机发展，在“金砖四国”比较巩固后，可考虑采取“4+X”方式，即“金砖四国”加南非和墨西哥，或加南非和埃及。这样“金砖四国”将更有代表性，5国合作机制也将更有影响。

2009年8月15日博客

中美日三边关系新趋势

日本《朝日新闻》3月5日发表一篇引人注目的文章:“因中国的兴起而变化的基轴”。文章认为，在新形势下，继续以日美同盟“考量世界”，“已经没有太大意义”。美国发出的“外交信号”已经表明，美国如今需要的“基轴体制”“不是日美，而是日美中”；这实际上“宣告了日本长久以来念念不忘的日美基轴时代的终结”。

日本当权派、特别是右派一向津津乐道日美同盟是日本外交的“基轴”，并力图加强。在中美日三边关系方面，一直想维持“2对1”（即“日美对中国”）的局面，对中美关系的改善和发展心存疑虑，醋意十足。奥巴马上台后，他们沉醉于“两个第一”（希拉里国务卿首访日本，麻生太郎首相第一个被邀请访美），满以为日本仍然是美国的“首选”。殊不知实际情况已经在不依人们意志为转移地变化。

首先，力量对比发生了变化。中国已是世界第三大经济体，美国的最大债权国。早在一年前，在中美日三边经济关系方面，相互重要性的比重就已经发生了新的变化。“在经济上谁更重要”问题上，日本有62%的人认为是中国，23%的人认为是美国；在美国认为中国更重要的有49%，认为日本更重要的只有32%。金融危机爆发以来，中国的分量显然进一步增加

第二，中国综合国力显著提高，举世公认。但中国坚持独立自主的和平外交，奉行“合作共赢”与“和谐共处”的战略方针。中国十分重视中美关系，但也很重视中日战略互惠合作，从未在中美日三边关系方面寻求什么“倒2对1”（即“中美对日本”）的前景——这既不符合中国社会性质和政策，也不切实际；更没有去追求什么“亚洲老大”的图谋。中国“君子坦荡荡”的大国风度不能不牵动日本的舆论。

第三，美国已经在变化和调整政策。国务卿希拉里在访问亚洲四国时，虽然也说要“强化与亚洲传统盟友的关系”，但强调美国需要寻求“与新兴国家构筑新型的伙伴关系”，“需要创出更多平衡、更多和谐”，以帮助解决美国“单

独无法解决的问题”。她还宣称，中美两国现在应该“同舟共济”。1月30日，奥巴马总统在与胡锦涛主席进行电话交谈时甚至说，“没有哪两个国家之间的关系能像美中关系这样重要”。这并非是美国领导人简单的“做秀”，而是美国需要调整政策的某种反映。奥巴马竞选期间的外交事务顾问布热津斯基也说，“美中之间的关系必须真正是一种与美欧、美日关系类似的全面的全球伙伴关系”。这些“语言信号”，难道不预示着美国心目中“中美日三边关系”的新态势吗?

第四，日本实际上也在酝酿调整政策。早在2007年12月，日本一家有影响的智库赶在福田首相访华前发表一个报告，认为日本在致力于日美同盟的同时，应努力“推进日中战略合作伙伴关系”；并建议定期举行日美中三国首脑会议。这个报告和建议实际上已经启动了中美日三边关系新思维。

考虑到所有这些因素，《朝日新闻》的文章无异于对日本右翼在中美日三边关系中继续玩弄“2对1”的“欲火”泼了一瓢冷水，让他们清醒清醒。如今时代正在变迁，冷战思维那一套吃不开了，还是改弦易辙，在中美日三边关系方面推行“合作共赢”和“平等的伙伴关系”为好，既不要搞什么“2对1”，也不要搞什么“中美日基轴”（“基轴”有“引领”它国的嫌疑）。这样对己、对人、对世界的和平与发展都有好处，也顺应时代的潮流。

2009年3月17日《解放日报》、《世界新闻报》

关于“东亚共同体”和美日因素

去年9月日本政权更迭后，新首相鸠山由纪夫在外交上打出的第一张“变革牌”，就是公开宣称，日本要努力推动构建“东亚共同体”，强调日本“不能忘记自己的身份”，即日本“是一个位于亚洲的国家”，“必须把日益显出生机活力的东亚地区确定为日本的基本生存空间”。

“东亚共同体”这一东亚合作和发展所需要的“关键词”，人们并不生疏。早在1990年，时任马来西亚总理的马哈蒂尔就曾提出过成立“东亚经济核心组织”（EAEC）的建议，虽然由于美国的反对以及日本和韩国的退缩而悄然“流产”，但其影响仍然持续在东亚乃至整个亚洲徘徊，实际上包括中国在内的很多东亚国家都在以不同形式、在不同程度上对它有朝一日重新诞生而做出奉献。

新世纪之初，日本首相小泉也曾提出过建立“东亚共同体”的主张，但由于他亲美色彩太浓，冷战思维太重，东亚国家几乎无人搭理，连“昙花一现”的声誉也没能得到。如今，鸠山在联合国提出构建“东亚共同体”的主张，立足点已有所不同，在一定程度上适应了时代变迁的步伐，也反映了日本重新国际定位的某种需要，在国际上引起了普遍关注；当然，也引起了美国的不安，以及日本一些右翼的不满和担心。

几个月来，对鸠山关于“东亚共同体”的倡议，国际媒体有大量评论。各路专家学者“众说纷纭”，但还不是“莫衷一是”。多数评论持正面和肯定态度，认为逐步构建“东亚共同体”这是“大势所趋”，难度虽然极大，但不失为东亚各国共同奋斗的战略目标。也有不少评论提出质疑或表示忧虑，带有某些悲观情绪，但客观上为构建“东亚共同体”提出了需要排除的障碍和克服的困难；从某种意义上说，也为构建“东亚共同体”探讨和制定“路线图”提供了很好的思路。当然，也有少数冷战思维严重的媒体（如日本的《产经新闻》）警告说，一个“不包括美国的共同体是危险的”，认为“日本要在亚洲外交发挥领导力量的大前提是，必须通过日美同盟的互动与协力”，要求日本首相和外相将此“铭刻于心”。

纵观时代变迁的大局和亚洲地缘政治与经济的特点，笔者窃以为有四个方面的问题需要妥善处理和探讨解决的途径。

一、构建“东亚共同体”和美国因素

这是人们目前最为关心、也是最担心的问题。美国在亚太地区、特别是东亚地区有着传统的影响和利益，有些是正面，积极的；有些是负面，消极的。构建“东亚共同体”可以而且应该欢迎美国发挥积极作用。但美国一些主流媒体强调，美国应成为“不可或缺的成员”。奥巴马总统十一月访问日本时，声称他是“首位心系太平洋的总统”，这本无可非议。1993年，克林顿总统上台后也曾“心系”亚太。问题是奥巴马接着强调，美国要增强并继续保持在这一极其重要地区的“主导地位”。1月12日，美国国务卿希拉里·克林顿在夏威夷东西方中心发表奥巴马政府对亚太地区的政策性讲话，连续6次强调，美国要继续在这一地区（当然也包括东亚）发挥美国“传统的经济与战略领导作用”或“中心作用”。这与APEC运作的“平等伙伴关系”基本精神背道而驰，也是东亚地区国家和民众难以苟同的。

“东亚共同体”，顾名思义，是东亚地区国家的“共同体”，岂能由大洋彼岸的美国来“主导”？美国如真有兴趣，准备发挥积极作用，东亚国家是会欢迎的。它完全可以以“东亚共同体+1”之类的形式参与，或者索性成为“东亚共同体”利益攸关的“对话国”。否则，正像日本外相冈田克也说的，那就说不清楚是什么“共同体”了。难道中国和日本也可以要求成为“北美自由贸易区”或者“欧盟”“不可或缺的成员”，而且要去“主导”吗？！按照这一逻辑，俄罗斯岂不更有理由要求成为“东亚共同体”“不可或缺的成员”吗？！

二、构建“东亚共同体”是否应包括“东亚峰会”成员中的印度、澳大利亚和新西兰？

“东亚峰会”是一个“论坛”，本质上是“10+3”（东盟+中日韩）的延伸，也即“10+3+3”，而不是什么“10+6”。“10+3”延伸到包括印、澳、新，这既体现了它的开放性，也体现了它合作共赢的战略目标，有利于它的发展和扩大影响。印度是一个很有影响的南亚大国，它的参与连接了南亚一大片；澳大利亚和新西兰是太平洋地区颇有影响的发达国家，而且连接着大洋彼岸的一大片。但这3个国家都不是东亚地区国家，因此，原则上也只能按照“美国因素”处理，或者欢迎它们参加可能出现的“东亚共同体论坛”，发挥积极合作的作用。

三、“东亚共同体”这个地缘政治的“大山”是否能容纳中日两只“老虎”？

日本方面的保守派，一直把实现伟大民族复兴的中国视为一只“虎”。他们以“冷战思维”之心，度中国“和谐共处”与“合作共赢”之腹。他们自己想当“老虎”称雄，却硬要制造一个“中国虎”。长期以来，他们不断宣传“一山不容二虎”论。最近，他们更是露骨地散布，构建“东亚共同体”日本的“主导权不易落实”，中日“同床异梦”，等等。这是十分有害的，也有悖于时代潮流。中国不是“虎”，也压根儿不想当什么“虎”。笔者2000年在日本冲绳的一次国际会议上曾提出，中日“应为良马勿为虎”的主张，当时会场一片掌声。可见这也是日本的民心所向。

所幸的是，去年日本政权更迭以后，日本新政府开始了外交变革。鸠山和执政的民主党领导人一再宣称，他们要奉行“友爱外交”；日本的基本生存空间在亚洲，要重视和“确立同中韩等亚洲国家的信赖关系”，在东西方、发达国家与发展中国家以及不同文明之间发挥“桥梁作用”；加强同中国的战略互惠关系是他（鸠山首相）的“历史使命”，日美中三国关系应该是等边的（过去60年，日本一直依仗“2对1”，即日美对中国），日本不能过于倾向美国，同美国关系应该是“紧密而对等的”，等等。这些政策的宣示虽然可能有一定水分，执行起来也会遇到很多困难，甚至挫折，但这些政策反映的时代潮流和日本的需求是客观存在的，难以逆转的。日本这只昔日的“虎”，也可能成为新时期的“良马”，中日二马齐驱，如果再加上韩国和东盟这些“良马”，东亚奔向“共同体”只是个时间问题。

至于“领导权”或“主导权”问题，既要看实力，更要看政策，在共同推进构建“东亚共同体”的实践过程，会自然形成某种形式的“主导”。但从根本上说，“东亚共同体”应该是一个“平等伙伴关系的共同体”。现在就一心想着当头，或争着当头，既不现实，也不可能，有百害而无一利。

四、妥善而耐心地推动“10+3”（东盟和中日韩）关系发展，首先向“东亚自由贸易区”迈进

东亚国家的合作和一体化进程，相对于世界其它地区已滞后很多。但东亚

地区形势现在显然比世界其它地区好，这次金融危机受到的冲击相对也比较少一些，存在着很好的发展势头和有利条件。东盟10国2015年将完成一体化进程；中日韩3国已开启了自身的合作机制，并有了初步的共进目标；中国和东盟10国的自由贸易区协议今年1月1日已经生效，日韩与东盟的自由贸易区协议也将于今后3年相继生效；"10+3"区域内的贸易已经接近它们外贸的60%，高于北美自贸区；金融与货币方面的合作也取得了长足发展（如清迈协议和有关基金的建立）。这一切都为构建"东亚共同体"的第一个战略目标"自由贸易区"提供了很好的基础和发展条件。如不出现特殊干扰或意外事件，"东亚自贸区"建立将是顺理成章的，只是速度快慢问题。

当然，"东亚自贸区"也有个"谁是主渠道"的问题。如果仅以实力而论，中日韩经济总量占"10+3"13个国家的85%。但如从东亚地区合作的历史进程和演变的实际情况，以及各种关系与实际矛盾看，当推东盟为"主渠道"比较实际可行。中日韩不应同东盟攀比摩擦，而应协力同心，推动"合作共赢"。至于"10+3"以外的东亚国家和地区，在构建"东亚共同体"的运作过程中，可以在一定条件下参加。

总之，构建"东亚共同体"是一个复杂的艰巨工程，不可能一蹴而就。正像鸠山所说的，这是"一项艰巨挑战，但成就伟业非一日之功"。东亚情况既不同于北美自贸区，也不同于欧盟，它有着巨大的多样性，经济、文化、社会制度以及价值观等等方面都存在着很多差异，有些矛盾是结构性的。因此，需要更大的耐心和更强的协力，共同排除冷战思维和意识形态的干扰，摒弃历史恩怨。

中国领导人说得好：鸠山首相提出建立东亚共同体，显示了日本政府重视东亚区域合作的积极姿态。这一构想符合亚洲一体化进程的大趋势，也是包括中日两国在内本地区各国共同追求的目标。构建东亚共同体是一个系统工程，既要立足现实，又要着眼长远。当前最重要的是各国应加强对话沟通，形成共识。这席话把中国对构建"东亚共同体"以及对日本外交"新政"的态度说得再清楚不过了，为中国外交思考和处理构建"东亚共同体"战略指出了方向和路线。

2010年1月《时代周报》

中美关系好比电视剧“金婚”吗？
——奥巴马访华和中美关系

一、中美关系一个好的开端和新的起点

奥巴马执政近10个月来，已在国际会议期间同胡锦涛主席多次见面，并同胡主席几次直接通话。双方从战略高度和全球视野看待两国关系，一致同意要共同努力建设“21世纪积极合作全面的中美关系”，并决定把两国对话级别进一步提高，决定建立中美战略与经济对话机制（布什政府一直不同意中美“战略对话”之说）。这种情况在过去是没有过的，应该说是中美关系一个好的开端和新的起点。

过去10个月，两国外长已进行了探讨性和务实性互访，新的战略与经济对话也已成功启动。奥巴马总统在参加APEC领导人非正式会议后，将于15日开始访问中国。美国国内对这次访问普遍寄予希望，中国国内也有所期待。国际评论一般都是比较正面和积极的。显然，在新的国际形势下，中美关系的稳定和发展方向，不仅牵动着中美两国的未来，也在一定意义上牵动着国际格局的演变。

二、奥巴马上了一个新台阶

布什执政后期，对中美关系还是做出了一些积极贡献的。由于形势逼人，他不得不把中美关系的定位由原来所谓的“战略竞争对手”，改变和发展为“利益攸关方”和“建设性合作关系”。金融危机爆发以来，我们“时代的变迁”显然加快了速度，进一步推动着国际力量对比（包括中美力量对比）的变化，形势更加逼人。奥巴马是顺应时代潮流、打着“变革”的旗号上台的。他的政治理念本来就同布什有所不同，执政后力图与布什划清界限，在外交上要奉行与布什泾渭分明的“奥巴马新政”。

在中美关系方面，奥巴马“外交新政”也有一些明显的体现，如他一再强

调，“美中关系是世界上最重要的双边关系”（虽然有点言过其实），亲自出席中美战略与经济对话，并发表有利于推动两国关系健康发展的讲话；他明确向胡主席表示，美中两国都负有重要的国际责任，美国积极致力于同中国发展“更强有力的关系”，共同应对各种全球性问题和挑战。他还认为，对美国来说，“最棘手的军事挑战不会来自中国”；美国商人在中国“还要火红相当长的时期”。一个时期以来，奥巴马政府的一些外交高官也在放风和谈论，说要把中美关系“提高到美国同盟国关系的水平”；美中要“同舟共济”；美中双方有必要了解对方的“红线”在哪里，以吸取经验教训，避免重犯错误，避免摩擦，等等。在一些与所谓“普世价值观”有关的敏感问题上，奥巴马政府态度也有所收敛，比过去谨慎。这些都是值得肯定和称赞的，有利于推动中美关系稳定、健康发展，有利于拓展中美积极合作，引领中美关系“更上一重楼”。

三、美国还需要进一步领会“求同存异”的真谛

中国老百姓难以理解的是，既然如此，美国为什么还要继续售台先进武器？为什么还要继续指派“西藏问题特别协调员”？为什么美国至今仍不承认中国的市场经济地位（俄罗斯它早就承认了）？为什么美国2009年《国家情报战略》文件不顾事实，硬说中国“以自然资源为重点的外交和军事现代化”将成为美国的“全球挑战者”（而且与所谓的“邪恶轴心”国家并列）？为什么这个文件还单独将中国列为“在网络世界极具侵略性”的国家？为什么美国国防部长盖茨近日还进一步呼应说，中国越来越先进的武器可能会对美军构成“新威胁”，削弱美国在太平洋地区的军事力量？这一系列问题表明，奥巴马政府对中国政策同样具有两面性，这同布什所谓的中国是一个“处于战略十字路口”的国家本质上有何不同？不也是在“两面下注”吗！？否则，美国方面何以自圆其说！

笔者日前作为嘉宾参加了美国乔治敦大学法学院在北京举行的一天“全球论坛”会议。会上，以上这些美国政策的消极面都提出来了。美国新任驻华公使金瑞德（副馆长，笔者在中美日第二轨道对话期间曾有一面之交）有一个发言，对中美关系的评价和展望都是比较肯定和积极的。但他对上述问题用一句中国话大声回答说：事情正像中国俗话说的嘛，我们要“求同存异”！笔者听后颇为感慨。54年前，中国总理周恩来在万隆会议上曾充分运用了中国“和为贵”传统的“软实力”，大声疾呼：我们不是来吵架的，我们是来“求同存异”

的！周总理还把“求同存异”与“和平共处五项原则”紧密联系起来，赢得了全世界的赞扬。现在美国也来谈“求同存异”了，这很好。但他们似乎不懂得“求同存异”是同“和平共处五项原则”不可分割的，而且还有“和而不同”的含义。他们似乎还不清楚，中国关于“礼尚往来”的文化和礼仪。如果美国只要求中国在美国需要的领域合作，而不顾中国对核心利益的关切，甚至侵犯中国的核心利益，那我们“求什么同，存什么异”？还有什么“礼尚往来”？当今世界，合作岂能是仅仅“服务于一方”的单行道！

四、中美关系好比电视剧“金婚”吗？

会上，美国另一位知名人士拿中国电视剧“金婚”来比喻中美关系，说剧中两夫妻吵吵闹闹，甚至一度要离婚，但最终还是和好了，白头到“金婚”。这个比喻引起了与会人士的热烈反应。应该说，比喻很是形象、生动，不无道理。但美国朋友似乎忽略了一点，那就是这一对夫妇虽然有着诸多观点与性格和爱好方面的差异，然而他们是“和而不同”，彼此都真正关心对方，都在追求共同目标：一个美满而和谐的家庭。这个问题同金瑞德先生所说的“求同存异”是大体相同的。如果中美双方都能本着真正意义上的“求同存异”，认真对待和尊重对方的利益，尤其是核心利益，并顾全大局，妥善处理，共同追求“合作共赢”，那么，“金婚”比喻可能真的“好梦成真”。

五、奥巴马的“难处”和中国的期待

面对美国对华政策消极的一面，中国并没有打“退堂鼓”。中美在意识形态、社会制度和一些核心利益方面的矛盾是客观存在的，没有必要回避或否认。但在世界多极化的和平与发展新时期，中美在众多领域都存在“你中有我，我中有你”的局面，相互依存度日益加深，也是不争的事实。目前，中国固然需要美国，美国同样也离不开中国。奥巴马主政后，中美关系的主流是积极发展和相对稳定的。中国并非不理解奥巴马的处境。奥巴马并不是一个孤立的个人，他是超级大国美国的总统。美国的国策和战略是要实现“美国统治下的世界和平”，这是一条难以切割的“线”，有着一定的继承性，奥巴马不能不受制约甚至某种支配。但奥巴马的政治理念和外交新政带有某些时代的特点，符合大多数美国民众的诉求，他的亲笔自传《无畏的希望》也颇有一些时代感。他羡慕林肯和罗斯福，希图成为美国历史上一个新的伟人；他也希望同胡锦涛主席共同努力，开创中美关系新局面。希望他以“无畏的勇气”实现他“无畏的希望”，经过这次访华，把中美关系从战略上推向更新的高度，特别是在应对金融危机、经贸关系、气候变化、高科技合作，以及“反恐”和防扩散等主要方面，力争有一个新的突破。

2009年11月5日《解放日报》等

中日“应为良马勿为虎”

——排除干扰，努力推进战略互惠合作

2007年9月，中日两国领导人共同提出建立“战略互惠关系”，这是两国关系正常化以来，正反两方面经验的总结，也是两国关系在新的历史时期一个重要的里程碑，具有现实意义和比较牢靠的客观基础，来之不易。

一、经济上，随着经济全球化的迅速发展，中日关系现在虽然还远远谈不上“一损俱损，一荣俱荣”，但在诸多领域，确实存在“你中有我，我中有你”的局面，共同利益在拓宽，相互依存度在加深，在某种程度上，可以说“难舍难分”。从以下几个数字可见一斑。

2006年，两国贸易已超过2000亿美元；2001—2004年，日本对华出口贸易增加142%；在这4年中，日本对中国投资平均每年增加9%。这一切不仅对中国有利，也帮助拉动了日本的经济复苏，而且，中国的贸易顺差（包括对日本和美国的）有一部分实际上日本企业也分享了。

二、政治上，安倍当政后，两国首先就消除政治障碍取得了共识。安倍首访中国，实现了“破冰之旅”；接受了两国“战略”关系之说。

温家宝总理访日，进行了“融冰之旅”；开始了高层领导访问的互动；直接向日本民众发出和谐相处、共同发展的呼唤。

这一切都符合和平、发展与合作的时代精神，顺应两国人民（包括企业界和社会精英）的愿望。而且，势将对亚太地区、特别是东北亚的和平、稳定和繁荣发挥积极作用。

但我们不能不同时看到，任重道远，前途艰辛。要努力推进两国“战略互惠合作”，实现“和谐相处”、共同发展和繁荣，还必须努力排除以下一些干扰。

一、必须坚决消除“冷战思维”。

中日建交后，共同度过了将近20年的亲密友好时期。为什么冷战结束后反而出现了十多年的政治上冷淡、甚至要结冰的时期呢？！归根到底是冷战思维在作怪。

日本新右翼同美国新保守主义理想家们一样，认为他们的主要敌人前苏联已土崩瓦解了，现在的主要敌人（或者说“主要战略对手”）是中国；中国是与他们价值观不同的“另类”（现在仍处于“战略十字路口”）国家；“中国速度”的发展将挑战和影响他们在国际和地区的利益。所以他们要联合起来，共同和分别对中国进行“遏制”。他们对中国和平发展战略（从政策到实践）视而不见，仍然死抱着陈旧的历史观不放，对中国始终以“意识形态”和“社会制度”划线。

二、必须摒弃“占山为王”的如意算盘。

日本经济发展曾经是亚洲的“领头雁”，在一定意义和程度上，对中国的经济发展也起过积极作用。现在中国也发展起来了，这是人类发展的一部分，是亚洲繁荣发展的好兆头。照说，日本应该感到高兴。遗憾的是，日本右翼媒体大肆宣传“一山不容二虎”的观点，好像中日注定就要势不两立，非要斗个你死我活不可。这是非常不健康和有害的，也不切实际。中国的发展岂能阻挡?!（日本一家不行，靠上美国也不行，而且也靠不住）。

美国一位专家说得好，如果你现在就设定中国是敌人，你最终势必要制造一个敌人。这话是对美国政府说的，是美国智者的忠告，似乎也适用于日本。我一向认为，中日两国应该如实地把对方看成“战略合作伙伴”、至少是“长期合作伙伴”，才能真正避免制造敌对情绪，而交一个真正的朋友；两国“应为良马勿为虎”，可以并驾齐驱，奔向共同繁荣的前方。中国无意于同日本争夺什么“领导权”或什么“第一把交椅”。所谓“领导权”，是不能自封的，也无法强求。它是在实践中自然形成的。这不仅要看综合国力；还要看它的政策是否符合时代潮流。日本右翼大可不必在这方面挖空心思炒作和渲染，还是在对国际和平与发展方面多下点工夫为好。我以上的观点，几年前曾在冲绳岛一次国际会议上说过，也在中日外交家研讨会上说过，曾受到很多日本朋友的欢迎和鼓励。希望日本媒体和专家学者和我们共同努力，为中日友好略尽绵薄。

三、台湾问题。

日本右翼媒体常说，如果中国统一了台湾，就扼住了日本的“生命线”，所以日本要伙同美国把台湾海峡定为它们的“共同战略目标”。这里，日本方面首先要搞清楚：第一，台湾是中国的领土，不是日本的领土（日本极少数人似乎“帝国情结未了”）；第二，如果并不是日本领土的台湾竟然是日本的“生命线”，那么，是中国领土的台湾对中国是什么呢？这是不言自明的；第三，台湾问题涉及中国的核心利益，谁也休想挑战。美国和日本都需要有自知之明。

由于历史原因，日本尤须自律。其实，中日关系搞好了，日本右翼所谓的“生命线”根本就不存在问题。一个友好的中国，对日本来说，难道不比所谓的台湾这个“生命线”更重要千百倍吗？

四、关于抗日、“反日”和有关政策问题。

日本有不少人、包括一些朋友，对中国抗日纪念馆和有关抗日题材的电影和电视剧颇有异议，感到“不舒服”。日本右翼媒体在这方面起了不光彩的作用。

其实，这是很大的误解。“抗日”，指的是抗日战争，反抗日本侵略，说的是一个特定历史时期的事，目的是“以史为鉴”，面向未来。这与所谓“反日”根本不是一回事。中国一向把广大日本人民同发动侵略战争的少数日本军国主义分子区分开来，甚至也从不把现在的右翼分子同他们相提并论。日本《读卖新闻》主编渡边先生最近回忆说，他当年曾问邓小平，日本人民是否有罪。邓小平明确回答说，日本当时的政府和少数军国主义分子有罪，日本人民是没有罪的。渡边说，听了这席话后，他开始成了“亲华派”。其实，这是中国的国策。中国政府一向都是这么说、也是这么做的。日本方面却不是这样。

诚然，中日双方国内在不同程度上都存在狭隘的民族主义情绪，这是有害的。但我们应该公平地、实事求是地看待这一问题。第一，诱因不同；第二，两国的政策不同。中国政府一向反对狭隘的民族主义，并不断进行正面引导。这有大量事实为证。可是日本右翼却采取鼓励、甚至利用的方针。日本某些右翼媒体常常有意混淆事实，歪曲真相，误导日本民众，实际上是制造和煽动反华情绪。

试想，如果中国政府也采取与日本右翼一样的态度，中国媒体也像日本右翼媒体一样，两国关系将是一种什么样的局面？如果日本政府和媒体也采取与中国政府大体相同的态度，两国关系又是一种什么样的局面？

我的结论是：一个不懂得宽容的民族，是一个不自由的民族；一个不正视和不承认历史的民族，是一个让人不放心的民族。两个和睦相处的民族，既要相互宽容和相互尊重，又要以史为鉴。一个国家如果否认它侵略了另一个国家的历史事实而又不断要求那个国家宽容它，于情于理都是说不过去的。

五、关于安倍首相对中国“两面下注”问题。

既然是“两面下注”，就不可避免地存在变数，而且有主有次，有轻有重。对此，中国是从积极意义上看待安倍“两面下注”的，既分清主次，又不失时机；在对日外交中，不断增加两国之间新的共识，拓宽两国利益的汇合点，逐步化解矛盾。中国关于“和谐世界”的理念，并非否认国与国之间的差异、矛盾和某些利益的冲突，而是要勇于面对它们，正视它们，妥善处理，以求得相互合理的关照和协调，从而达到“合作共赢”与“和谐共处”的目的。希望安倍政府在促进中日“战略互惠合作”方面“大大地下注”。这方面下的“注”多了，负面的“注”自然会随之减少和逐步消除。这是有利于中日两国的大好事，也是亚洲、特别是东北亚国家所期盼的，机不可失，时不再来。

2007年9月12日《中国日报网》等

中美经贸惠及美国千家万户

胡锦涛主席正在对美国为期4天的国事访问，美国媒体对此十分重视，近日来营造了一些积极和良好的气氛，连一向以反华闻名的《华盛顿时报》也发表文章，反对在对华贸易逆差方面“蓄意说中国的坏话”，认为中国庞大的外汇储备和购买美国债券，既帮了美国企业的忙，也帮了美国消费者的忙。这是值得欢迎的。

值得一提的是，美国智库的一些“重量级思想家”，最近撰写出版了一本审视中美关系的书，用简单而无可争辩的事实，使那些有偏见的政客大跌眼镜：

首先，中国并没有严格限制外国商品进口，实际上已经有效地废除了进口配额，中国目前的关税平均税率完全低于印度、巴西和墨西哥等其它新兴的经济体。

第二，中国现在的进口规模是日本的三倍，是美国企业目前出口增长速度最快的市场。2001年至2005年，美对华出口年均增长21．5%。2005年，美对华出口比2001年增长了118%，是美对全球出口增长幅度的4.9倍，远高于美对其他所有主要出口市场的增长率。

第三，由于中美经贸合作的发展，估计平均美国每个家庭每年从中受益约625美元（5000元人民币左右）。结论是，中美经贸惠及美国千家万户，美国“获得的好处远远超过其损失”，指责和担心中国是“没有道理的”。

2006年4月20日华声在线博客

中印关系大局与时代的呼唤

2006年是“中印友好年”，也是21世纪中印关系向纵深发展的一个新的里程碑。只要双方继续以大局为重，排除干扰，（第二次世界大战后）中印友好关系的第二个高潮即将到来。

一、中印伟大民族复兴的“共性”和“新时代现象”

“中国速度”和“印度速度”的经济发展和成就，已引起全世界的关注。现在已经没有多少人怀疑，中印两国都在按照自己的方式实现伟大的民族复兴。国际上舆论赞之者众，毁之者寡；在不同程度上感到不安、担心乃至恐慌的也客观存在。敌对势力的牵制、利诱和拉拢（印度），以及挑拨离间从未停止。

这些敌对势力由于戴着有色眼镜，他们看不清楚，更不理解，中国和印度是世界上最大的发展中国家，它们的“民族复兴”，“异军突起”，本质上完全不同于历史上帝国的兴衰。

在帝国主义时代，一个“兴起的帝国”，势必要向衰败的帝国挑战，要求重新瓜分势力范围，而“衰败的帝国”必然要“守成”，矛盾难以调和，对抗和战争也难以避免。那是“旧历史现象”。

现在时代不同了。在这以和平、发展与合作为主题的时代，发展中国家的兴起，虽然也挑战一些不合理的旧秩序，不利于霸权主义，但它们要求的主要是“国际关系民主化”，以及“平等的伙伴关系”。这同过去帝国的兴起性质完全不同。中国和印度走的都是和平发展道路，只会给国际社会带来巨大的机遇，而不是威胁，更不是灾难。这是一种“新时代现象”，同“旧历史现象”不可同日而语。

对这两种“现象”的不同认知，反映了两种不同的思维。一种是陈旧的冷战思维，一种是新世纪和平、发展与合作的新思维。中印在深化“战略合作伙伴关系”的过程，完全可以携手合作，以一种崭新的思维，以及走“和平发展道路”的实践，共同面对世界，应对消极舆论，否定和拒绝国际上敌对势力的图谋（如美国把中印分别设定为它未来“新的潜在对手”，以及所谓“中国威胁论”和“印度扩展论”等）。

二、中印外交的“主旋律”比较协调，且有“异曲同工”之妙

中国和印度是和平共处五项原则的共同缔造者(当然，还有当时的缅甸)，也是万隆会议十项原则的主要参与和制定者。这是两国外交大方向“一致”的方面。

中国和印度，一个奉行独立自主的和平外交，一个奉行不结盟政策。这是两国外交上的某种“异曲同工”之处。目的都是维护主权和独立；寻求和平，反对战争；主张平等互利，发展合作；不与霸道同流合污。过去五六十年来，虽然有关政策受到过某些质疑，出现过这样那样的问题，毕竟都经受了考验，坚持下来了。

印度非常看重与美国的合作，在争取“入常”问题上，在发展核能方面和军事现代化方面，都很需要美国的支持；在经济贸易方面，也很需要日本。但印度外交的基本方向并没有因此而动摇。冷战结束以来，美国和日本企图拼凑“亚洲小北约”，拉印度入伙，以牵制和包围中国；不断散布中印矛盾是“龙象对立”，“不可调和”，挑拨中印关系。美国一些主流媒体的评论甚至认为，布什总统这次访问印度的“重要性”，不亚于当年尼克松访华；说当年是为了“拉拢中国，抗衡苏联”；“今天美国拉拢印度，则是为了抗衡中国”。说得很露骨，但连它们自己也信心不足。

印度一些有影响的人士说的好，印度的DNA不允许它变成像日本或英国那样的处于从属地位的盟友；也不会为了实现某国的战略利益而损害与中国的友好关系，更不会牺牲自己独立自主的外交政策。印度2006年1月进行的民调显示，印度有72%的民众认为，美国是“欺凌弱小的霸权国家”。他们承认印度的确需要美国人的钱，需要美国的支持，但强调必须保持自己的尊严。这种民意，在一定程度上也影响着印度目前处理印美关系的基本态度。

我国独立自主和平外交政策的内涵也在不断丰富。我国不仅需要一个和平的国际环境，还希望营造一个和谐的国际社会。现在需要认真把握中印关系“主旋律”的大局，更加积极主动地深入发展两国新建立的战略合作伙伴关系。

三、两国“战略合作伙伴关系”呼唤互利互谅和优势互补

中印两国社会制度不同，发展模式不一样，文化历史背景差异也不小，加

之边界问题还没有解决，矛盾是客观存在的。但两国都是发展中大国，都面临民族复兴的历史使命。双方的共同利益远远大于分歧，合作大大多于竞争。历史使命呼唤两国排除障碍，消除分歧，共同奋斗，像两匹骏马一样，在21纪广阔的原野上并驾齐驱。

两国之间，除了边界问题需要本着公平合理精神、按照双方已达成的“政治指导原则”耐心探讨和寻求出路外，从中国方面来说，不仅要着力开展两国经贸合作，促进文化教育和学术交流，还要在思想认识和媒体报道方面注意一些带有负面影响的问题。

目前，国际上对印度有褒有贬。有的根本瞧不起印度，发表长篇文章论证印度“不是世界大国”。我们有的主流媒体十分欣赏，连续登载。这是不利于两国战略合作伙伴关系的，既有伤印度人民的感情，也不完全符合事实。按照同样的标准，难道我们中国就够“世界大国”资格吗？

国际媒体还有一种动向值得警惕。它们着力渲染印美战略合作关系是“抗衡中国的最佳筹码”，说布什总统近日访问印度的目的之一，就是“试图说服印度与美国联手牵制中国”。不仅如此，它们还别有用心地“解读”印度同中国邻国发展关系的意图，“引导”读者相信，这一切都是为了牵制和对付中国。我国媒体对此本可以在报道中“淡化”，客观一些，甚至嗤之以鼻，但前些时候，我国有些媒体突出转报，实际上帮了人家的忙。人家“请君入瓮”，我们有的人“对号入座”。这同样不利于两国战略合作伙伴关系。试想：如果印度方面也这样看待中国发展同美国和东盟的关系，我们会高兴吗？

还有，我们有些人沉醉于中国“一支独秀”，有点小视印度。其实，如果说“中国速度”的“和平发展”是一片山花浪漫，那也只是世界大花园的一部分。我们不能孤芳自赏。我们身边的印度就是一片颇有吸引力的山花，有不少可取之处，值得中国借鉴和学习。印度在国际金融和市场经济方面的经验就比中国丰富；在信息技术方面，印度软件产业也领先于中国。印度的外语人才也远比中国普及。十几年来，印度的经济发展，年增长率一直保持在6%—7%左右。实际上，中国和印度各有优势和问题，完全可以取长补短，互利合作，共同发展和繁荣。

2006年3月3日《解放日报》

中国金融闪现喜人的亮点

2008年过去了，美国金融风暴的阴影几乎笼罩着全世界的平安夜和除夕。国内外金融系统的行家里手大都带着某种悲观情绪和忧愁，观望2009年的经济形势。在经济全球化的大潮中，作为发展中的社会主义大国，中国当然也难以完全幸免灾难。但全世界都公认，中国由于体制不同和正确的方针政策，受害相对较小，立足较稳，临近岁末还闪现着两大新的亮点。

其一，平安夜(24日)国务院决定，对广东和长江三角洲地区与港澳地区、广西和云南与东盟的货物贸易进行人民币结算试点。国际上普遍反应良好，认为这是中国经济实力和稳定的体现；从现实情况看，这有利于规避汇率风险；从战略上看，是推进人民币走向国际化的重要步骤，是中国同东亚有关国家（实际上在一定程度上也包括韩国以及中朝、中蒙和中俄边境贸易）互利和“合作共赢”的大好事，具有“里程碑”意义。

其二，美国一家著名的调查公司26日公布，全球金融机构市值排名大洗牌，在前十名中，中国占有4名，中国工商银行名列榜首，中国建设银行第二，中国银行第六（原来第五），中国人寿保险公司第十。“市值排名”固然不能完全代表有关国家的综合国力，但在全球金融风暴肆虐的情况下，当发达国家一些大银行市值普遍大缩水之际，中国的金融机构能站稳脚跟，而且地位上升，确实是喜人的“亮点”，是中国人民在寒冬季节收到的最好新年礼物。

在剧烈的金融风暴冲击下，2009年尽管还会遇到诸多困难，有些可能还十分严重，但只要我们能冷静观察，沉着应付，及时采取有效措施，还是大有希望的，我们仍然可以争取一个比较好的国际和国内环境，化“危”为“机”，让机遇多起来，大起来，大于困难。

2008年12月29日《中国日报》

这不是“傲慢与悲情”的碰撞

对西藏3·14暴力犯罪事件，近来有些国内外“明星专家学者”把它简单地、笼统地归结为“傲慢与悲情”的碰撞，以及“中国和西方人民情绪的对立”。这是不符合事实的，也是十分有害的。

首先，中国人民的强烈反应并不是出自这些人所谓的“悲情”，或者是受“悲情”的影响和左右，而是出自“正义”，出自维护国家的统一和民族的尊严。真理掌握在中国人民手里，而且正在闪现越来越多的彩霞，但他们十分理性，没有得理不饶人；他们广泛的爱国热情正在化为实际行动，成为中国伟大民族复兴新一轮的、更深层次的动力。

第二，法国、英国和美国少数反华敌对分子代表不了法兰西，也代表不了不列颠和华盛顿。这一点连他们自己国家的某些领导人（包括萨科齐总统本人）现在也不得不承认。这些国家不乏对华友好人士，很多人是喜欢中国的。有些民众可能一时被蒙蔽，一旦事实弄清楚了，CNN为代表的那一套恶意宣传也就变成“欺骗”的代名词了。

第三，经过一个多月的实践，现在美欧越来越多的民众开始看清，中国举办的是受全世界委托的国际体育盛会。如果硬要说奥运会有什么“政治”的话，那么按照奥运精神办好这次盛会，体现团结、合作、友爱与和平，就是最大的政治。当今世界，几乎所有国内外的重大政治问题，都有双边和多边的特定途径和组织进行对话，寻求解决。把在政治上的不同意见和分歧，把自以为“普世”的片面价值观，不分青红皂白，生拉硬套，强加于东道主中国和奥运会，岂不可笑！？这全然是一种“单边主义政治化”，不得人心。这才是所谓“碰撞”的要害所在。如此而已，岂有它哉！

2008年4月25日《中国日报网》

中美关系何以解忧?

有人说，中美现在是“相互依存关系”，但是“不舒服的相互依存关系”。此话颇有些道理。

不过，怎样才能使这种“不舒服的相互依存关系”变得“比较舒服一点”呢？或者，至少“不那么不舒服”？

随着时代变迁量变进程加速发展，以及国际力量对比的变化，中美之间在诸多领域确实已出现“你中有我，我中有你”的局面。美国在经济和地缘政治方面，特别是在重大国际安全问题上，离不开中国的合作，不能不考虑中国因素，对中国的“依存度”无可否认。同样，在中国外交和国际政治方面，特别是经济方面，美国的因素和影响，几乎是无处不在，中国对美国一定程度上的“依存”，也不言而喻。

在一般情况下，两国之间如果“相互依存”达到一定程度，关系都是比较好的，向上的，但中美关系却“不那么舒服。”原因是明摆着的，但说一说也许有利于美国新保守主义理想家们思考与研究。

在全球治理和战略方面，美国要建立“美国领导下的世界和平”，喜欢“主从关系”；中国主张“构建和谐世界”，遵循“平等的伙伴关系”。这两者之间的矛盾是显而易见的，但不一定是“零和游戏”，更不一定非“对抗”不可。美国宣示，它“决不做老二”，中国也并没有说，“我一定要做老大”。说实话，中国并不喜欢美国那一套，但并无意于进行挑战，更无意于什么“争霸”。如何塑造21世纪（全球治理），美国一家说了不算数，中国说了也不算数，中美两家说了也同样不能算数。美国喜欢谈论它的“巧实力”价值观，中国珍爱自己的“亲和力”价值观，何不让世界各国自己去参照和选择，以“和为贵”精神合作，共同探讨“全球治理”的道路。果如此，中美关系一大隐忧不难排除。

社会制度和执政理念是各国核心价值观的体现。美国不喜欢中国社会制度，尽人皆知。中国也并不认同美国的社会制度，人们也很明白。近几年来，中美两国领导人多次会谈，在中美三个联合公报基础上实际上已前进了一大步，取得了一些新的重要共识。去年，胡锦涛访美同奥巴马就两国关系新的定位取得了一致，即“相互尊重、互利共赢的合作伙伴关系”。奥巴马本人还声称，“美国和中国的关系将塑造21世纪”。美国一些部长们甚至说得更动听，如美国和中国要“求同存异”，“有福同享，有难同当”；“逢山开路，遇水搭桥”。如果这些话不是言不由衷，中美双方都认真执行两国之间的三个联合公报和两国关系新的定位，特别是“相互尊重”这四个大字，中美之间结构性矛盾这一大隐忧，也不难排除。

美国战略中心东移在国际上已引起广泛议论和巨大冲击波。太平洋这边的亚洲国家好像有点“几家欢乐几家愁”。最为兴奋的当数日本，菲律宾等个别国家次之，以为“联美制华”大好时机来了。不过，大多数国家并不认同，印尼、新加坡和印度都先后明确表示，“遏制中国”的政策不可能成功，在这个地区得不到支持，反对被逼“选边站”。

值得注意的是，奥巴马总统近日明确告诉日本首相：“我们所有的行动都不旨在以任何方式牵制中国”。国务卿希拉里·克林顿4月20日在美国海军学院就美国亚太战略发表演讲，也否认美国企图“遏制中国”，强调“中美没有在亚洲站在一场‘新冷战’的边缘”；说“只有成功地建立卓有成效的中美关系，我们才能成功地建设和平繁荣的亚太地区”；现在美中两国已经“全面、不可避免地相互依存”，两国的繁荣不仅对彼此有利，也将造福于亚太和全球。

有人认为，这些话都不可信，千万不要被忽悠了。但我们的时代在变，力量对比在变，国家和人有时也无可奈何，不能一点不变。美国现在对中国是“两面下注”，奥巴马和希拉里的讲话表明，美国对中国的“正面下注”在增加。中美关于亚太事务磋商今年连续举行，在一定意义上也反映了这种状况。

对美国战略中心东移，中国政府并没有说三道四。中国既没有意图、也没有能力要与美国在这一地区一争高下。中国并没有做过什么侵犯美国核心利益的事。但美国却在中国周边不断投棋布子，“负面下注”。这正是中国老百姓对美国不放心的根本原因。中国希望美国在“正面下注”方面多下功夫，逐步减少“负面下注”。只有这样，亚太地区才能实现希拉里所说的中美合作，“成功地建设和平繁荣的亚太地区”；也只有这样，中美“全面、不可避免地相互依存”才能真正兑现。

当然，中美经贸关系的摩擦也是两国关系的“大忧之一”。中国并不是一个自私的国家，也是通情达理的。在这方面，只要中美两国紧紧抓住“互利共赢”四个大字，此“大忧”也可逐步排除。此文就不赘述了。

目前，在钓鱼岛问题上，日本不仅侵犯了中国领土主权，也公然否定了开罗宣言和波茨坦公报有关规定，实际上是企图为日本军国主义翻案。美国如果继续表面中立，暗中支持日本胡闹，那将是对美国反法西斯战争胜利的大不敬，也是对二战胜利果实的大不敬。美国应以大局为重，也为自己着想，与中国一起，让中美目前“不舒服的相互依存关系”变得“比较舒服一点”，共同塑造一个新时代的新型大国关系。

2012年5月11日《北京日报》

中国外交新政更上一层楼

十八届三中全会以后，中国外交将有什么“新气象”？笔者以为，中共中央于9月下旬召开的周边外交座谈会已经做了很好的回答。新成立的国家安全委员会在外交领域预计也将发挥更强有力的引领作用。

这次周边外交座谈会，由于是建国以来层次最高、范围最广、寓意最深、信号极强，国际上十分关注，广泛议论。我们说的是“周边外交”，实际上是中国外交新政的大方向和大战略。

有人说，中国综合国力的迅速提高，已在周边国家引起“群体性的恐慌”；有人甚至说，“中国周边形势严峻，频频起火”，现在“越来越孤立”，所以开始伸出“橄榄枝”，试图“杀出重围”。这是不符合事实的，也是对中国外交很大的误解和误判。

“睦邻友好”与“和平共处五项原则”，一直以来都是中国的国策。中国外交既有继承性，也有很强的创造性。现在，时代变迁量变进程正在加速发展，中国新一届领导人高瞻远瞩，从战略上规划远景和路线图，努力开创外交工作新局面，或曰奉行“外交新政”，拓展更宽广的周边和全球的阳关道。其中，有两大特点值得注意。

一、比起过去，周边外交是“更上一层楼”了。习近平提出携手共建“中国——东盟命运共同体”，大力支持和推动地区“互联互通”，开辟海上新丝绸之路和陆上丝绸之路经济带，顺应了时代的诉求，呼应了上海合作组织和亚太经合组织的主张，符合周边国家、特别是东盟和中亚国家的需要。中国的发展将惠及周边国家，周边国家也将有力地支撑中国，帮助中国“好梦成真”。

二、更加“立体化”和“有血有肉”了。今年以来，中国领导人先后多次向周边国家，特别是中亚、印度和东盟提出，可以用不同方式与它们在基础设施建设方面合作（如在泰国，“高铁换大米”的可行性），支持它们的迫切需要。为此，中国还倡议筹建“亚洲基础设施投资银行”。中国先后与文莱达成协议进行海上共同开发；与越南宣布成立海上工作组；与印度达成边境防务合作协议。印度、越南和文莱是中国周边三个大、中、小不同的国家，与中国都有一定的陆地边界和领海争议。上述协议，有助于共同掌控分歧，缓解乃至化解矛盾，维持双方关系的和平稳定和合作发展的大局，带有方向性和示范性。这些都是中国“亲诚惠容”理念的生动体现，让人有明显的立体感。

当然，中国周边外交战略也考虑到一些不断出现的“负面因素”。

当前，最突出的，一是日本在钓鱼岛问题上与中国闹腾，企图拉美国下水，拼凑“亚洲小北约”，挑拨中国与周边国家关系。这一切虽然是一厢情愿，但中国在努力拓展更加宽广的阳关道时，不能不认真对待，不能不看到阳关道上可能出现的障碍、风雨甚至风暴。中国坚持走和平发展道路，坚持睦邻友好与“亲和”。日本如果硬要走“独木桥”，那就“请便”吧！但日本如果误判形势，以为中国为了周边安全与和平发展，不敢与之对抗，软弱可欺，那就大错特错了，到头来可能自食恶果。中国领导人要它“悬崖勒马”，并不是随便说说的。

二是美国“再平衡战略”。亚太地区力量对比从来就没有平衡过，一直是美国占主导地位。它现在所谓的“再平衡”，实际上是要继续占绝对优势。但中国为了维护国家的主权、独立和安全，随着综合国力的提高，势必要提高军力，力量对比难免要有一些变化。但中国并没有蓄意挑战美国，要美国撤离这一地区。相反，中国不断向美国释放善意，希望共同致力于建立新型大国关系，希望美国多发挥一些“正能量”作用，谨言慎行，对中国核心利益多一点尊重。美国如能客观看待中国和两国关系新的定位，以及“合作共赢”的各自和相互需要，问题似乎并不难解决。这不仅有利于中美两国自身，对亚太乃至世界的和平与稳定也大有裨益。球在美国一边，需要好好踢，千万不要瞎踢。

2013年11月19日《解放日报》、环球网等

“命运共同体”PK“价值观外交”

近日，美国国务卿克里公开宣称：“门罗主义”的时代已终结，美国与美洲国家间关系建立在平等的伙伴关系和共同责任基础之上。此话是否当真，尚待观察。不过有一点可以肯定，现在美国的指挥棒已不那么灵了，“美洲”是美洲国家的“美洲”，不是美国一家的什么“后院”或“前庭”，也不再是美国的“奶酪”。

美国一向以“老大”之心，度他国之腹。它恨不得把全世界各个地区都变成它的庭院，但却不断制造“中国也不例外”的论调，好像中国迅速提高综合国力，势必也要搞中国的“门罗主义”。这实在可笑。大量的事实已经给了美国一个强有力的回答：“NO”！

“睦邻友好”与“和平共处五项原则”，一直以来都是中国的国策。今年中国新一届领导人顺应时代潮流，创造性地发展了这一国策。习近平和李克强先后出访俄罗斯、非洲、拉美，以及美国和欧洲，举行“顶层对话”，提出了建立新型大国关系和新型国际组织等一系列政策主张，有血有肉，进一步展现了中国的“亲和力”，受到广泛关注与欢迎。尤其值得一提的是，中国首次举行了层次最高、规模最大的周边外交座谈会，会后中国领导人提出了很多顺应友邦诉求、有利于共同发展与繁荣的建议和主张。除新的丝绸之路、筹建基础设施投资银行等外，战略上最引人注目的是携手共建“中国——东盟命运共同体”。

有人说，这是中国方面的一厢情愿，东盟经济上要靠中国，安全上要靠美国。这是在变相宣传“中国威胁论”，根本不符合事实。中国与东盟，除与个别国家有些矛盾外，在经济、人文和安全等诸多方面，都有着比较好的合作与友好交往。中国综合国力提高了，军力也相应提高了，比过去更有底气，更自信，说话也更有分量了。这是事实，但中国从不把东盟或周边任何地区视为自己的“庭院”（或曰“势力范围”），也从不反对友好邻邦与其他大国发展关系。巴基斯坦同美国的关系就不错。中国只希望它的发展可以惠及周边；周边国家的发展也支撑和帮助中国自己“好梦成真”。“中国——东盟命运共同体”与“门罗主义”有本质的不同，前者是中国释放的善意，也是合作和共同繁荣的需要，任重道远；后者是霸权的产儿，连美国自己现在也不得不否定。

有人说，这是中国伸出来的“橄榄枝”，是日本“自由与繁荣之弧”逼出来的。这显然是在歪曲事实，颠倒是非。“中国——东盟命运共同体”是中国睦邻友好国策在新时代的延伸和发展，并非权宜之计。日本的所谓“自由与繁荣之弧”是冷战的产物，是日本“不甘心做老三”、一心要拉拢美国牵制中国的需要，逆潮流而动，两者之间根本没有可比性。不愿在中美之间“选边站”的东盟，岂愿充当日本的“同伙”，“联日制华”？这简直是天大的笑话。

说实话，安倍也够“辛苦”的，他上任不到一年，跑遍了东盟十国。最近，又在日本与东盟领导人峰会期间宣称，日本将在今后5年向东盟提供190亿美元“援助”和贷款，企图换来一个对付中国的联合声明。他以为“有钱能使鬼推磨”，结果，“竹篮子打水一场空”。东盟是一个有原则的重要地区组织，日本如无条件给予援助和投资，它们当然欢迎。但要它们参与反华，门都没有。不过这也好，正好表明：日本昔日的“领头雁”已风光不再；今日的狂妄只能走向“独木桥”；“中国——东盟命运共同体”PK了日本虚无缥缈的“自由与繁荣之弧”。

2013年11月26日《解放日报》

跨越太平洋的第二次握手

——“中国梦”与“拉美梦”血肉相连

金砖国家领导人第六次会晤已胜利结束。这是金砖国家第二轮第一次峰会，负有承前启后、继往开来的使命。会议显然有着三大亮点：一是发表了“福塔莱萨宣言”，进一步巩固和发展了第一次叶卡捷琳娜会议16点联合宣言的政治和经济基础；二是决定成立金砖国家开发银行和建立应急储备基金；三是与“拉共体”国家领导人就行了富有成果的对话。

与此同时，中国还有着自己独特的亮点。会后，习近平即开始了对巴西、阿根廷、委内瑞拉和古巴四国的访问，在巴西还会见和宴请了秘鲁、智利和哥伦比亚等很多拉美国家的领导人。这是新形势下中拉关系的新局面和新里程。

中拉关系源远流长。但由于历史原因，特别是美国“门罗主义”的影响，拉美国一直被美国视为它的“后院”，任何外来势力也休想“染指”。拉美国家对美国依赖也很深，它们的外交官经常调侃说，我们对美国是“又恨又爱”或“又爱又恨”。正是在这种情况下，尽管中拉政治上相互支持，但外交关系全面起步较晚，70年代才算真正“第一次握手”。由于双方没有什么结构性矛盾，契合点较多，关系一直稳步发展，一步一个脚印向前行进。

拉美是亚非拉发展中国家比较富裕的地区。联合国名单中近50个最不发达国家中，拉美只有海地一个，15个左右半发达国家中，拉美至少占了7个。进入新世纪以来，拉美国家联合自强、探寻自主决定本地区事务的意识不断增强，越来越不愿听从美国的指挥了。2011年，拉美和加勒比33个国家成立了不包括美国和加拿大的共同体（简称“拉共体”）。在一些重大国际问题上，也敢于对美国说“不”。不久前，美国国务卿克里公开表示，“门罗主义的时代已终结，美国与美洲国家间关系建立在平等的伙伴关系和共同责任基础之上”。这是否是真心话，只有天知道。

上世纪八十年代，拉美经济不景气。美国以“帮助拉美”挽回“失去的十年”为由，搞了个“华盛顿共识”，企图在拉美全面推行“新自由主义”，让拉美国家在经济和金融方面都成为“不设防的地区”，结果害苦了拉美。墨西哥一位大使私下对我说：美国为我们制定的衣服“没有一件合身”！智利也制定了应对热钱的独特法规，避免了一些金融风险。那时候，美国还同时炮制了一个所谓“北京共识”，把中国作为“反面教财”，以衬托“华盛顿共识”的优越性。拉美国家很聪明，很快就发现，所谓“华盛顿共识”，不过是为了美国的资本与货物“绝对自由与无障碍”地进入拉美；而所谓“北京共识”，中国自己虽并未宣传，但中国“依国情，懂世情”的自主发展道路确有可取之处。

正是在这一大背景下，新世纪以来，中拉关系突飞猛进。现在中国已成为拉美第二大贸易伙伴，拉美则成为全球对华出口增速最快的地区。过去10年，中国对拉美融资超过世界银行等多边机构的贷款总和。中国与拉美地区的贸易额去年达到创纪录的2610亿美元，几乎是2000年的21倍。2013年，中国对拉美非金融类直接投资达151亿美元。习近平在这次金砖国家领导人会晤发言时强调，大国互赢，要做到“惠本国，顾天下”。这一精神，在他访问四国时一定会充分体现。这次访问，堪称中国与拉美“跨越太平洋的第二次握手”。估计中国将与四国签订一系列协定，涵盖面可能是全方位的，不仅重“量”，也将重“质”。近日，中国、巴西和秘鲁三国已就开展连接大西洋和太平洋的两洋铁路合作发表了共同声明。这是一个历史性的创举和影响整个拉美乃至世界的战略合作项目。一旦完成，堪与海洋上的巴拿马运河、苏伊士运河媲美。

特别值得一提的是，“拉共体”已通过了关于推动建立“中国——拉共体论坛”文件。习近平这次在巴西与“拉共体”“四驾马车”国家领导人的会晤，实际上启动了这个论坛的成立。预计明年初可能要召开首次部长级会议。这个论坛将是双方合作的重要平台，有利于实现中拉优势互补和共同发展，维护双方共同利益，推动南南合作大发展，使“中国梦”和“拉美梦”血肉相连，彼此惠及，共同发展。

2014年7月30日《北京日报》

捍卫钓鱼岛：中国的双重权利和义务

近来，围绕钓鱼岛问题，有关各方都在表态，国际评论雪片似地飞来。除日本现任右翼领导人大言不惭，肆意扭曲历史外，人们几乎看不到有什么同情和支持日本立场的，严厉指责野田之流“狂妄外交”的则比比皆是，连日本极力要抱住大腿的美国，对它的支持也是不痛不痒的“战略暧昧”态度，甚至提醒它要“谨慎”行事。这些都是人们耳熟能详的客观事实，是日本右翼领导人在“自取其辱”。

为什么会这样？野田佳彦和石原之流，心知肚明。中国有双重权利和义务捍卫钓鱼岛。

首先，钓鱼岛是中国的固有领土有大量历史依据，是无可争辩的事实。中国有决心、有意志、也有能力捍卫自己的领土和主权。当年，中日建交时，两国老一代领导人同意，这个（指钓鱼岛）问题以后再说，双方先解决大的基本问题。1978年双方谈《中日和平友好条约》时，也没有涉及这一问题，实际上是为了两国关系大局，暂时搁置起来了。后来邓小平同志还指出，两国政府把这个问题避开是比较明智的，并提出“搁置争议，共同开发”的新思路。他认为，我们的下一代也许更有智慧，能找到一个更聪明的方式解决这个问题。但遗憾的是，日本现在的这些“下一代”领导人，并非更有智慧，而是愚蠢和狂妄，可以说不知天高地厚。这也不奇怪，这是日本军国主义幽灵在新形势下、特别是美国战略重心东移背景下的回光返照。

第二，同样很重要的，中国也是在捍卫《开罗宣言》和《波茨坦公告》的权威和原则。这两个历史文件是数千万被杀害人民鲜血换来的，是反法西斯战争的胜利果实，是战后维护世界和平与安全的法宝，也是防止军国主义复活的“紧箍咒”。美国已故总统罗斯福为此做出了杰出贡献。杜鲁门总统早期也做出了积极和正面的贡献。如果罗斯福总统地下有知，他一定会感到十分伤心，质问美国现在的“不肖子孙”：你们为何“好了疮疤忘了痛”？你们忘记“珍珠港事件”了吗？他甚至可能要求联合国讨论和通过决议，重申必须坚持这两个历史文件对法西斯战败国的有关约束，不准翻案。杜鲁门总统曾在联合国成立大会上告诫美国，今后不论美国多么强大，也要永远记住，不能为所欲为，我行我素。如果他还活着，对现在形势可能也不会怎么高兴。

可能正因为上述这些原因，在钓鱼岛问题上，美国有点“犹抱琵琶半遮面”，实际上是在支持日本同中国闹腾，一再说什么钓鱼岛适用《美日安保条约》第5条，但又不能、也不敢高调表态，甚至还装模作样，“劝”日本要谨慎行事。在主权归属问题上，美国不能、也不敢说要“选边站”——它说“不选边站”就已经违背《开罗宣言》和《波茨坦公告》了。否则，美国人民会赞同吗！？反法西斯盟国、特别是受害很深的亚洲国家会赞同吗！？

钓鱼岛问题，说复杂很复杂，说简单也很简单。事实是明摆着的。现在的关键是，日本军国主义幽灵在作怪，而且多方面“误判”；美国在不断向日本发出错误的信号，实际上是在一定程度上为日本“打气”。习近平副主席最近在会见美国国防部长盖特勒时有8个字至关重要：奉劝日本“悬崖勒马”；奉劝美国“谨言慎行”。这不是说着玩的。中国厌恶战争，反对战争，希望和平、发展与合作。但如果因此认为中国软弱可欺，任意侵犯中国核心利益，到时候它们自己是要倒霉的。野田佳彦和石原先生们应该懂得二战后亚洲的历史，勿谓言之不预。

2012年10月9日中国网络电视台·国际漫笔

关于中美关系一些战略性问题的探讨

弹指一挥间，尼克松访华转眼已40年了。40年，中美关系既有和煦春风与阳光照耀，也有烈日炎炎和风雪冰霜。有人说，中美关系好也好不到哪里去，坏也坏不到哪里去。这似乎道出了一些基本事实和一定的客观规律。但历史在前进，时代在变迁。中美关系总不能继续停留在这个轨迹上。现在该是两国分别和共同总结经验、展望和开辟美好未来的时候了：不是要让两国关系“好也好不到哪里去”，而是要让它逐渐“可持续地好起来”；不是要让它“坏也坏不到哪里去”，而是要让它“不至于坏下去”。这是一个很难回答、更难做到的诉求。但为了两国各自和共同的利益，也为了适应世界和平与发展的需要，这是必须回答和应该解决的大问题。

美国有不少有识之士，他们虽然难免受美国“唯一超级大国”地位的影响，有时情不自禁地流露出一些“傲慢与偏见”。但一般来说，比较明智而务实，发表过不少有利于中美合作关系的言论。笔者印象比较深刻的相当多，试举几例。

一、1999年，美国知名外交家乔治·凯南在接受普林斯敦大学教授理查·厄尔曼采访时，谈到“美国应如何对待中国”。他说，他“希望美国政府逐步从公开倡导民主和人权的立场撤退”，“对别国的内部事务采取更加超脱的态度”。他特别强调说，“我们尤其不应该让这类事情影响我们同中国的关系。中国人是亚洲的法国人……他们都是自豪的人民，都意识到他们有着伟大的文化传统”，“他们不会变成像我们一样”。因此，美国“要以极其高雅的礼貌和尊重对待他们”，而不应“带着优越感对他们说：‘应该学会像我们一样治理你们的国家’。这简直太不体面了。老天爷，我们能不能不要那样胡闹？”。

当时凯南已95岁，他是从冷战的漫长道路上撤退下来的，是用一生的感悟在对美国领导人说话。笔者十分欣赏他的清醒和直言不讳的勇气，但在评论他的文章中也指出，他说的是怎样对待中国，实际上牵涉到美国正确对待世界各个国家和人民的问题。在这个星球上，难道只有中国人像法国人或法国人像中国人吗？难道只有中国和法国才“意识到有伟大的文化传统”吗？显然不是。

二、美国政治分析家、哈佛大学肯尼迪学院院长约瑟夫·奈曾再三强调，相信冲突不可避免的想法本身就是冲突的根源，“我们现在若是把中国当成敌人，我们可能就为自己树立了一个敌人”。我很赏识他这一观点，但我觉得这还不够。2000年12月，也即小布什上台前夕，在华盛顿举行的中美日第二轨道对话期间，在一次私下交谈中我对他说，你的观点很好，如果再加一句话也许更好：美国只有把中国“如实地当作伙伴”，至少是潜在的合作伙伴，美国才能真正避免制造一个敌人而交一个朋友。奈说，他可以同意我的观点。我没有期待他会重复我的观点，但兴许可以加深他对自己观点的“再认识”，了解中国方面的善意。

三、2009年1月12日，在北京纪念中美建交三十周年活动的一次会议上，美国大选期间曾担任奥巴马外交事务顾问的战略家布热津斯基强调说，中美之间建设性的相互依存是全球政治和经济稳定的重要根源，我们现在需要全力推进一种非正式的“两国集团”。“美中之间的关系必须真正是一种与美欧、美日关系类似的全面的全球伙伴关系”；“美中高层领导人应进行例行的非正式会见，不仅就美中双边关系，还应就整个世界问题进行一种真正个人之间的深入讨论。他还说，中国所强调的“和谐”可以成为美中峰会一个有益的起始点。

几乎与此同时，基辛格也发表了类似的观点，主张美中两国应该建立一种“命运共同体”(a common destiny)结构，将两国关系提升到类似二战之后大西洋两岸关系的高度。笔者虽然不赞成“两国集团”和“命运共同体”的主张，但认为他们的意见在很多方面都是正面的，具有战略意义，无论是对中国还是美国，以及对世界的和平与发展，都是积极而有益的。

事实上，美国领导人也说过一些对中美合作关系具有积极意义的话。克林顿当政期间就曾主张要同中国“共同致力于建立面向二十一世纪的建设性战略伙伴关系”。近两年来，奥巴马总统多次声称，中美关系是世界上“最重要的双边关系”，“美国和中国的关系将塑造21世纪”。美国一些部长们说得更多，如说我们（美国和中国）要“有福同享，有难同当”；“逢山开路，遇水搭桥”；要“求同存异”，“同舟共济”，等等。这些话本身是积极的，但多少有点言过其实，而且行动往往与之相悖，中国老百姓对此存在很多疑问，也很自然。

对以上这些积极和正面的言论与意见，美国新保守主义理想家们是听不进去的。美国那些主张“霸权永续”、以“霸眼”看世界的领导人也是听不进去的。这方面的表现很多，从宏观角度观察，主要有以下几大问题值得探讨。

一、关于时代性质、各自身份和战略诉求的认识问题

2003年6月，时任美国国务卿的赖斯在英国伦敦“国际战略研究所”发表重要演说。她强调多极世界是一种“竞争理论”，“不能促进和平”；说“多极世界”“导致了第一次世界大战”，“把这个世界折磨得痛苦不堪”；奉劝人们、特别是欧洲国家“放弃对众多新‘极’的追求”，团结在美国自由、和平与正义的“一极”周围。赖斯这席话是在美国发动伊拉克战争并宣布“胜利”后针对欧洲反对派国家说的，也是说给中国等正在迅速兴起的发展中国家听的。她十分担心欧盟、中国或任何一个大国成为新的一极，挑战美国的霸主地位。

此前此后，美国知名学者约翰·米尔斯海默一再强调，所有大国都是无情的权力追逐者，中国也不例外。如果中国日益强大，也将仿效美国，使用理想主义的辞令来描绘中国的外交政策；也会像美国一样，最大限度地占有世界权力。

更有甚者，美国新保守主义智囊人物罗伯特·卡根等人经常发表文章，散布“中国威胁论”。他们把中国与当年的德意志帝国相提并论，认为历史上“几乎没有那个国家的崛起没有引发战争”，美中之间“一场战略冲突在所难免”，美国应该早做准备，先发制人，及时琢磨“如何同中国打仗”。

赖斯和米尔斯海默的看法并非没有一点道理。历史上，由于资本主义政治经济发展不平衡规律的影响，当一个占统治地位的帝国衰落而另一个帝国勃然兴起的时候，在一般情况下，后者必然要向前者挑战，要求重新划分势力范围，重新瓜分世界，争夺盟主或霸主地位，从而引起对抗和战争。中国春秋战国时期，这种现象几乎是层出不穷。古罗马帝国以来，这种现象也屡见不鲜。第一次和第二次世界大战，这种现象表现得更加突出。更何况，在那帝国主义和殖民主义时代，有那个帝国或宗主国不是靠掠夺和战争起家的呢？！

“不识庐山真面目，只缘身在此山中”。赖斯和米尔斯海默长期生活和工作在还没有“脱胎”于这个历史环境的国家，而且是“唯一超级大国”精英的身份，他们的上述看法是可以理解的。但这毕竟是陈旧的历史观念，以及“霸权永续”思想的影响。他们并没有看到，现在时代真的变了，大不一样了。

首先，现在早已不是帝国和殖民主义时代。发展中国家的兴起，是不可逆转的时代现象。发展中大国的兴起，性质也不同于历史上帝国的兴起。它们并非是“脱胎”于近代帝国的国家身份，而是原来的殖民地和半殖民地国家身份。

它们普遍要求的不是重新划分势力范围和重新瓜分世界，而是“和平共处”乃至“和谐相处”，是公平和公正的国际政治经济新秩序，是国际关系民主化和发展模式多样化，是“尊重多样文明，谋求共同发展”。这一点已经为大量事实所证明。印度、南非和巴西等大国如此，中国更是如此。亚欧会议的成立和实践也充分证明，很多欧洲发达国家，包括原来是帝国主义和殖民主义的国家，也开始认识到这一点。

第二，从政治关系来看，发展中大国的迅速兴起，对发达国家、特别是对唯一超级大国美国来说，无可否认，确实是一种挑战，但它们并不寻求对抗。它们要求的无非是平等地位，拒绝“主从关系”；是对它们国家独立和主权的尊重，是和平环境。环顾全球，当今世界有那个国家有意同美国过不去呢？有那个国家在寻求同美国对抗呢？没有。如果有，那也是被“逼上梁山”的。

纵观中美关系史，可谓是一部爱恨交加的历史。新中国没有作过什么对不起美国的事。中国对美国每次强烈的抗争，都是当问题硬逼到了自己的头上，或战火烧到了家门口，不得已而为之。新中国历届政府都十分重视中美关系，也并不希望和期盼美国衰落。除了维护自身核心利益的必要斗争外，总是设法努力“增进了解，减少麻烦，发展合作，不搞对抗”；希望从战略上看待和发展双边关系，相互尊重，合作共赢。这充分反映和代表了中国人民善良的愿望。这种愿望上述很多美国朋友也是有的。问题主要出在美国新保守主义理想家们的理念和战略选择上。他们对中国的看法，可谓“霸眼”不识真相。这对中美关系只能起负面作用。

第三，在经济全球化发展的现今时代，中美关系虽然远没有达到“同枯荣，共兴衰”的程度，但不可否认，两国关系显然更加紧密了，相互依存更多了，在诸多领域都出现了“你中有我，我中有你”的局面。在这样的大环境中，两国的专家学者更需要采取务实的态度，更多看到大好机遇和共同繁荣。如其不然，只顾争夺，不顾合作；只搞对抗，不言协调，到头来很可能是两败俱伤，中国固然要吃亏，美国也不可能幸免。

事情就是这样明摆着的。时代不同了，我们不能总是老黄历看问题，更不应长期受冷战思维的影响和约束。近来美国媒体关于中国的客观报道有所增加，认为“迅速兴起的中国”将是国际舞台上“一支积极的力量”；中美关系积极方面多于消极方面；中国应成为美国新的重要合作伙伴等等，是值得欢迎的。

二、关于中国是处于“战略十字路口的国家”问题

美国官方文件（包括小布什总统的两次“国情咨文”）和媒体在评估中国形势时，经常强调中国发展前景和道路“不明朗”，具有“不确定性”，目前正处在“战略十字路口”。美国上次的一个《四年防务评估报告》，甚至把中国列为“未来对美国最具军事威胁的国家”。

其实，中国和平发展道路和方向是十分明确的，不仅有大量庄严的政策宣示，而且已为国际实践所证明。可是美国就是不相信，不放心，喜欢说三道四，指点中国江山。为什么？原因很简单，说穿了就是美国手里有一把自制的尺子，上面刻着美国字典里“自由”与“民主”的“价值观”。只要中国政治制度和社会思想一天不“美国化”，中国仍然坚持“社会主义市场经济”等原则，不沿着美国指引的方向走，就是“异类”。把一个“异类”国家说成是“处于战略十字路口”的国家，在美国的字典里，表明它还“看得起你”，对你有所期待，期待你“改弦易辙”，朝着它指引的方向走去。美国对中国的所谓“两面下注”（接触加遏制，或遏制加接触），盖源于此。但这也太“唯我独尊”了。不同的社会制度是不同国家的核心利益，都是要极力维护的。试想，如果中国也说美国是处于“战略十字路口的国家”，一定要指引美国走中国的道路，实行中国的社会制度，美国会怎么想？难道不觉得受到羞辱吗？

中国独享“战略十字路口国家”的荣誉已经好多年了。现在美国在同一个《四年防务评估报告》里，也将俄罗斯和印度同中国一并列为处于“战略十字路口的国家”行列。中国身边忽然多了两个“伙伴”，也不再“光荣孤立”了。这种现象难道不值得美国反思吗！？

三、关于“平衡论”和“抗衡说”问题

这实际上是一个“要平衡”还是“怕平衡”的问题。

2011年年初，时任美国国防部长的罗伯特·盖茨在西点军校发表演说，再次提及中国军事现代化对美国的“威胁”，要求美国陆军准备好从传统大规模地面作战向“更轻更灵敏”转型，以适应今后“更加复杂的安全环境”。美国头头脑脑关于中国军事现代化是对美国的“挑战”和“威胁”，几乎是剪不断的N次了。

美国一些主流媒体和政客也不断炒作“中国扩张野心”和“中国威胁论”，

而且利用人们渴望和平与安定的心理，混淆“平衡”与“不平衡”的实际情况和概念，掩盖美国的真实意图。他们硬说，中国以“积极防御”为名，“大规模扩充军备”;“中国海军力量的增强、网络战能力的提高、反舰反卫星导弹的研制，以及着手建造航母等动向，都将对亚太地区的安全构成巨大威胁”;“中国正在以超越美国设想的速度和规模迅速扩充军备”，“亚太地区的军事平衡正在向危险的方向倾斜”。

什么是“危险的方向”？什么是“平衡”和“倾斜”？在美国的字典里，他们所谓的“平衡”，实际上就是美国军事力量必须保持“绝对优势”的现状，就是他们有权可以随时威胁制裁、甚至威胁和打击有关国家；谁要发展必要的“积极防卫”力量，就是“打破平衡”，“向危险的方向倾斜”。美国所谓的“平衡”，本质上就是维护美国军事上的“绝对优势”。美国口口声声说“要平衡”，其实是“怕平衡”，怕失去“绝对优势”而不能为所欲为，怕因为出现“平衡”，其它国家有能力挑战它的主导地位。

其实，中国发展有限和必要的国防力量，努力实现军事现代化，目的就是要保卫国家的主权、独立和安全，没有什么不透明的。这一点美国也并非心中无数。但由于霸权思维的习惯性影响，美国一些人和媒体手里总是握着两把尺子，“另一只眼睛”看中国。美国自己可以不断进行“超军事现代化”，不断发展最先进武器，包括微型核武器，它的军费可以超过全世界各国军费的总和，那都是“为了和平”与“稳定”；美国的飞机、军舰和和航母可以不断在中国大门口转悠，美国可以在中国近海区域不断耀武扬威，那都是“正常的”和“合法的”。中国军事现代化一点小小的进展，航母还只是在建造阶段，他们就大肆炒作，好像中国在做什么“大逆不道”的事。美国有那么多航空母舰，中国造一两艘，“何罪之有”？难道真的要“只许州官放火，不许百姓点灯”吗？

君子坦荡荡，小人常戚戚。中国没什么不可告人的秘密。倒是美国的某些人需要反思：现在是什么时代了，美国应该如何摆正自己的位子。否则，这个世界对美国“不高兴”的人只会越来越多。国际力量某种“合理的平衡”迟早是要出现的，美国最好直面时代变迁加速发展的现实，认清自身的实际地位，做一个头脑清醒的超级大国。

至于中国周边某些国家担心中国“扩张”，需要美国来发挥某种“制衡”或“平衡”作用，那倒并非是子虚乌有，也并非是不可理解的。但事情正像美国一些媒体所说的，回顾中国周边国家，没有一个愿意“联美制华”。中国同周边某些国家存在一些历史遗留问题，也有一些实际利益上的矛盾，完全可以通过双边平等与和平协商来解决，无需美国过虑，“深度介入”。中国“和谐周边”的政策不会改变，周边国家也会进一步理解。美国一些主流媒体近来又在谈论什么“GAPEC”（环中国国家联盟），说什么“亚洲减一”，即在美国的撮合下，联合起来对付中国。这实际上不过是“亚洲北约”的翻版。在中国处于弱势地位时行不通，现在更是明日黄花了。中国同周边国家关系只会越来越好，特别是中国与东盟国家、上海合作组织国家的关系正在蒸蒸日上。上海合作组织“十年磨一剑”，已形成极具亲和力的“上海精神”：“互信、互利、平等、协商，尊重多样文明，谋求共同发展”。这是“GAPEC”（环中国国家联盟）吹鼓手们的重要“克星”，也是中国和谐周边乃至和谐世界的希望所在。

四、关于“同盟国”和“伙伴国”两个同心圆问题

美国领导人近两年来一再表示，美国现在已不能单独解决当今世界的重大问题；美国不仅需要“同盟国”，也需要新的“伙伴国”（中国、印度、印度尼西亚等）。这是一大进步，表明美国多多少少已开始认识到时代变迁量变进程的加速发展，以及国际力量对比的变化。但从美国在东亚地区的政策取向和行为看来，它真正或主要关心的是中国迅速兴起可能对它的挑战，以及它老“同盟国”的离心倾向。西方一些媒体评论说，“美国真正害怕的大概是从绝对优势地位上跌落”；是担心“被边缘化”，不无道理。2010年以来，美国在东亚地区的所作所为，特别是多方散布“中国扩张野心”“咄咄逼人”，在中国周边挑起事端，趁机加强美日、美韩军事同盟，以及美国领导人无数次强调美国在这一地区的领导地位和主导权，就是很好的佐证。

由此人们不难看出，美国心目中的“同盟国”和“伙伴国”是有明显区别的，实际上是两个不同性质的“同心圆”，前者是它全球战略的依托和必须控制的盟友；后者是它不得不与之打交道和争取的对象，是有条件的，而且还区别对待。只有一点是相同的，那就是都要围着它转，顺着它走。但残酷的现实已经表明，这是很不现实的，太一厢情愿了。

其实，中国并无意要排斥美国，也无意要拆散美日同盟，事实上也没有这个能耐。相反，中国欢迎美国继续在这一地区发挥积极的建设性作用，以期实现“合作共赢”。美国一些主流媒体说，中国“误以为美国正在衰落”，民族主义膨胀，妄自尊大，违背了邓小平所说的外交上韬光养晦的智慧之言，对奥巴

马总统2009年访华的“和解之举”反应冷淡，没有给予必要的“回报”，是完全不符合事实的。中国同美国合作的愿望和政策取向，举世公认。难道非要中国在核心利益问题上妥协让步、顺着美国走，才算是“回报”和“合作”吗？这不仅中国做不到，任何一个正常的国家都不可能做到。

中美合作关系存在问题的关键，说穿了，主要是以下两个方面：

（一）美国担心中国迅速兴起会影响和挑战它的“唯一超级大国地位”。另一方面，中国也担心美国遏制中国的兴起，不断侵犯中国的核心利益。这个问题牵涉到如何正确看待自己，以及如何看待对方和相互关系的清醒认识和正确判断问题。经过四十年的反反复复和周折，双方关系在2011年初胡锦涛访美时已经有了新的定位，即相互尊重，互利共赢的伙伴合作关系。只要双方认真坚持执行两国之间的三个联合公报和这一新的相互关系定位，这个问题会逐步得到解决的。

（二）中美国际战略诉求不同：美国要建立“美国统治下的世界和平”；中国要“建设和谐世界”，主张“和而不同”，实行“国际关系民主化”和“发展模式多样化”。中美两国高级外交官曾有过一次发人深思的对话。时任中国驻美大使的李肇星问美国国务卿奥尔布赖特：“你如果用一个字来形容美国的外交，那该是什么？”她毫不犹豫地回答说：“leadership”（领导）。她反过来问李肇星，那中国呢？李肇星也毫不犹豫地回答说：“partnership”（伙伴关系）。一字之差，生动地表明，两国的外交战略和理念是多么不同。这实际上是结构性、或者说根本性的矛盾，应该承认，在一个相当长的历史时期，是不容易解决的。但是不是因此两国就一定要拼个你死我活呢？笔者以为，中美两国乃至全世界人民，都不愿意看到这种情况出现，那只会使两国关系“越来越坏下去”；不仅中美可能两败俱伤，也有害于世界和平与发展大局。

中美两国是影响世界形势发展和国际关系走向的大国。“中美共治”（G2）我们不赞成，也行不通。但“中美共商”（G 2—C）国际和地区大事，协调立场，寻求更多和更广阔的“利益汇合点”，还是可以的，也是必要的。美国朋友现在很喜欢说中国的成语，中国文化传承最有名的两个成语就是：“和而不同”与“和为贵”。如果对这两句话真正领会，而且融会贯通了，付诸实践，中美两国合作关系一定会逐步“可持续地好起来”。反之，就可能仍然是这样的局面：“好也好不到哪里去，坏也坏不到哪里去”，甚至不断坏下去。40年了，我们应该吸取经验教训，谨慎乐观地共同开创两国关系的新局面。

美国前驻华大使洪博培离任前对记者说，我们（美中）两国的关系是建立在“共享利益的基础上，而不是共享价值观的基础上”。在这种情况下，我们的关系就很容易会达到一个“自然的上限”，“不可能超越这个上限”。他认为，未来美中关系的发展，取决于能否“更多地包括共享价值观”。他承认“这是不容易的”，但他寄希望于通过“互联网”等“自由沟通”传播美国价值观的“优越”，影响中国，从而取得突破。通篇讲话可谓冠冕堂皇，但就是少了一点“和而不同”的哲学思想，以及“分享价值观”和相互借鉴、学习的风范。

历史的发展是不以人们意志为转移的，时代变迁量变进程加速发展也是不可逆转的。人们会在实践中去检验和体认，我们生活的这个世界究竟应该是一个什么样的世界。我们这一代也许不够聪明，我们的下一代、再下一代也许更加聪明，会找出答案，共同顺应时代的潮流。

2012年2月28日《解放日报》、凤凰博客

以柔克刚　釜底抽薪　先礼后兵
——关于应对美国战略重心东移一些问题的思考

美国战略重心逐步东移已是客观事实，防范和遏制中国的意图也十分明显。这是美国“决不做老二”和建立“美国统治下的世界和平”国策在新时期的体现，也是它霸权思想和“力不从心脆弱心灵”碰撞的“火花”。它要在亚太地区制造一种态势：“老美不能走”，亚太地区现在更需要美国“保护伞”。图谋是多方面的，主要是：防止日本等盟国的离心倾向，加强对它们的控制；挑动和鼓励越南和菲律宾等国不断与中国闹腾，干扰中国构建和谐周边战略；刺激和主导亚洲军备竞赛，为美国军火商开拓大市场创造条件；利用TPP“金字招牌”，干扰和破坏亚洲地区各种形式自由贸易区的建立，力图主导，防止被边缘化。

中国如何应对上述情况，议论很多。最值得注意的主要是：有人认为一些中小国家现在“纷纷向中国示强”，“中国周边频频起火”了，很被动；中国已处于“C”型甚至“O”型包围圈，应该“杀出重围”；中国应未雨绸缪，准备建立“准同盟”或“半同盟”，与美国抗争。当然，也有人认为，可以考虑与美国共管太平洋。这些看法并不符合事实，有的主张也不切合实际。

随着时代变迁量变进程加速发展和国际力量对比的变化，现在，在全球，美国是“无可奈何要收缩，情不自禁要伸手”；对中美关系，美国是“两面下注”，“无可奈何要合作，情不自禁要遏制”；对日本和其它有关周边国家，美国正在打两张“中国牌”，一张是“中国威胁论”，一张是“美中合作论”，让它们既害怕中国威胁，又担心美国可能再次搞“越顶外交”，改善和发展美中关系，把它们“卖了”。

明乎此，中国外交需要稳坐钓鱼台(坚持构建和谐周边的大政方针)，纵横捭阖，采取以柔克刚、釜底抽薪和先礼后兵的战略和策略。

一、以柔克刚。在国际关系层面，战略上，中美现在最主要的矛盾和博弈是：美国要建立由它统治下的世界和平，中国主张构建平等与包容性的和谐世界。美国现在仍然霸气难改，咄咄逼人。在东亚峰会上，它甚至想喧宾夺主，但底气不足。我们不妨采取“哀兵政策”，“反制适度”，甚至“退避三舍”，避免不必要的对抗，充分利用它看似牛气和主动、实际上脆弱和被动的尴尬处境，逐步挫其锐气。亚太地区国家一般都不愿在中美之间“选边站”。印尼总统苏西洛在东亚峰会期间强调，“现在由单一国家管理世界是不合适的”。新加坡外长尚穆根近来也说，美国想围堵中国是不可能的，美国围堵中国的动作将不会受区域国家的支持。印度总理辛格也强调，印度要同时发展与中国和美国的关系，无意也不会参与任何遏制中国的战略。连《华尔街日报》都承认，环顾中国周边，没有一个国家愿意联美反华。日本现在虽然亲美色彩很浓，但对美国要趁机加强对它的控制也心中有数，也在对美国打“中国牌”。韩国大选临近，形势可能向好。

二、釜底抽薪。在政策和策略方面，需要“两个釜底抽薪”。一是利用中美亚太事务磋商机制，争取多一点互谅互让，让中美“不舒服的相互依存关系”多少舒服一点，至少不那么不舒服。即使谈不拢，也可以“拖住”，并通过各种途径，释放适度的乐观气氛和信号，让有关国家越来越担心美国可能搞“越顶外交”，不敢贸然伙同美国“放火”。二是加大“构建和谐周边”力度，当前重点是要搞好中国和东盟的自由贸易区，东盟和中日韩合作，支持东盟在“10+3”和东亚峰会的主渠道作用，推进中日韩三边关系发展，同时，做好东盟今后轮值主席国的工作，把今年中印“友好年”办得有声有色。让美国感到，拉拢这些国家遏制中国越来越不靠谱，即使“放火”，也很难烧起来，更难烧大。

三、先礼后兵。我国历史上有个“退避三舍，先礼后兵”的故事。春秋时期，晋公子重耳落难时，楚国国王对其有恩。重耳许诺，如他回国当政，愿与楚国友好；万一两国发生战争，他一定命令军队先“退避三舍”，如果还是不能得到原谅，再兵戎相见。后来，重耳回国登基，治国有方，成了中国历史上有名的晋文公。公元前633年，楚晋两军相遇，楚军进攻晋国。晋文公为了实现他许下的诺言，下令军队“退避三舍”（九十里）。楚军见晋军后退，以为对方害怕了，马上追击。晋国军队利用楚军骄傲轻敌的弱点，集中兵力，击败楚军，取得了城濮之战的胜利。

1962年，中印边界自卫反击战，我国也采取了这一政策和策略。当时，印度总理尼赫鲁头脑发热，不仅占据了东段麦克马洪线那边属于中国的领土寸步不让，而且声称中国在西段占领了印度阿克赛钦大片领土，不断向中国领土推进，进行蚕食。当时中央指示主要是八个字：退避三舍，先礼后兵。后来，在东段发生“择绕桥事件”，印军打死打伤我国众多官兵。我们忍无可忍，决定自卫反击。在取得决定性胜利后，即宣布中国军队一个月内主动撤回到原先的实际控制线，赢得了两国边境数十年的安定。连英国作家都在书中说，中印边界战争主要是印度挑起的。

我们现在说“先礼后兵”，并非是中国要报什么“恩”。这里所说的“礼”，是表明中国顺应时代和平与发展的诉求，遵循构建和谐世界的理念，珍视“和谐周边”以及与有关国家友好关系的大局。如果有人认为这是中国的软弱，怕他们“联美反华”，不断蚕食中国的领土，侵犯中国的核心利益，中国就必须“后兵”以对，选择有理有利的切入点（时机和对象），迅速“小试牛刀”，宣示维权决心。军事和政治上要做最坏的准备，表明坚决“反介入”（美国等外部干涉）的决心；中国始终希望和平谈判解决问题，但如果被迫，也不怕兵戎相见。为此，宣传上我们要充分运用中国的“亲和力”，扩大影响，强调“和谐周边”、“顾全大局”和“合作共赢”，同时也释放一些“先礼后兵”的信号以示警。这一点，官方暂时可以不说，或者说得含糊一点，但专家学者、媒体和离退休老大使可以说。要让菲律宾和越南这样一些国家明白，“玩火”是很危险的；美国也靠不住。

2011年8月1日环球网

对世纪之交国际形势的一些看法

可歌可泣的世纪

二十世纪剩下的日子不多了，已进入倒计时。我的同龄人或者是从上一世纪走过来的百岁以上的老人，都感慨万千，觉得这真是一个可歌可泣的伟大时代，人类社会取得了突飞猛进的发展，特别是高科技领域不断取得突破性的进步，给人类带来了福音。但这也是一个充满着残酷斗争和血与火的时代。这个世纪打了两次世界大战，扔了两颗原子弹，地区性大小战争不计其数，两霸争夺遍及全球，殃及了千百万无辜的老百姓，一个偌大的美好世界被搞得乱糟糟的，很多地方惨不忍睹。

现在，本世纪即将结束，世界人民正在翘首以望，新世纪将是个什么样子？世纪之交的各国领导人要把一个什么样的世界带到二十一世纪？

发迹、衰落、振兴和“天助”

美国在两次世界大战中发了起来，取代了“日不落”的大英帝国在世界上的地位。但它很快便面临民族独立和解放运动的蓬勃发展，以及社会主义的兴起，面临另一个超级大国的抗争，以及德国和日本在经济上的挑战。它还在错误的地方(朝鲜和越南)、错误的时间，打了两场错误的战争。它到处“救火”，到处碰壁，结果元气大伤，一度明显衰落。但美国毕竟家底比较厚，“运气”也比较好。美国统治集团从八十年代开始，坚决重整旗鼓，着力振兴经济，加强综合国力。也正是在这个时候，苏联霸权主义发展到了顶峰。它入侵阿富汗，也打了一场不义的战争，深陷泥潭。真是天赐良机于美国。不久，“上帝”便给克里姆林宫送去了一个苏联的掘墓人——戈尔巴乔夫。接着，中东又发生了伊拉克入侵科威特事件，日本出现了严重的泡沫经济……我的一些美国朋友几乎是弹冠相庆，仰天长叹：“天助我也！”

美国三大战略性胜利和新霸权主义产生的背景

九十年代，也就是本世纪最后十年左右，美国连续取得了三大战略性胜利。

第一，政治上，用美国人自己的话来说，它“击败了共产主义’，实际上是，它打败了它的主要敌手——与美国争夺霸权的苏联，并使苏联和华沙条约组织解体了。

第二次世界大战后近五十年，美国花了数十万亿美元，费尽心机，对苏联多方围攻堵截，都未能取胜。但这个堡垒终于从内部被攻破了。戈尔巴乔夫等苏联后期领导人，在社会制度和内政方面，向往“美国模式”，企图一步登“天”，大搞“休克疗法”式的改革开放和美式自由、民主；在外交上，大搞什么“新思维”，从一个错误的极端(争夺霸权)，跳到另一个错误的极端（充当美国的小伙伴）。结果把苏联搞得乱糟糟的，衰败不堪，终致解体。他们在配合美国支解苏联方面，真可谓“功不可没”。如果美国白宫或国会要为他们颁发大十字勋章的话，我想很多人都会举双手赞成。从此，美国的主要敌手消失了，两霸变成了一霸，一个世纪性的冷战时代也结束了。

第二，军事上，它在中东打了一个大胜仗，充分显示了美国在全球独一无二的军事优势。

伊拉克侵略科威特及其强硬态度，正中美国下怀。美国及时利用这一机会，在正确的地方和正确的时间，打了一场至少在名义上是正确的战争。我之所以这样说，是因为美国开始时是“师出有名”，打了联合国的旗号。但后来实践证明，这场表面上“正确的战争”实际上为美国所用。一旦联合国为它开了绿灯，它便肆无忌惮，必欲置伊拉克于死地而后快。再开红灯，它可以置若罔闻，甚至公然践踏联合国宪章，不顾安理会其它成员的反对，对伊拉克设“禁飞区”和任意狂轰滥炸。

第三，在经济上，它击败了日本，再一次把日本远远抛在后边。

六、七十年代，日本经济迅速发展，追赶美国。当时真可以说，“且看今日之天下，数风流人物，还看日本”。美国一些智囊人物奋笔疾书，警告说，美国衰退的命运已迫在眉睫，如再不振兴，日本必然会超越美国，跟美国调换一下“世界第一”的宝座。

正在这时，日本陶醉了，热衷于投资房地产，高价收购世界名画、洛克菲勒中心和电影制片厂，甚至以喝金箔酒而骄人。结果发生了严重的泡沫经济。

与此相反，美国在努力振兴经济过程中，从八十年代中期开始，大抓高科技发展，特别是信息技术，用了仅仅十几年的时间，又一次大大拉开了美日之间的距离。

美国长期以来，在经济方面有两大恶梦，一是害怕东亚经济兴起，像欧盟一样与其分庭抗礼；二是担心日元与欧元同时兴起，与美元形成三足鼎立之势。1997年东亚金融危机的暴发，至少在客观上符合美国的利益，美国正好乘机修理一下日本。所以，在起始阶段，美国不仅隔岸观火，而且反对日本“救火”(日本关于“亚洲货币基金”的建议因美国强烈反对而夭折)。后来，美国积极介入和插手，也是为了掌握主导权，削弱日本经济势力，夺取日本在韩国和东盟国家经济上的势力范围。据不完全统计，危机发生后不到一年，约有七千亿美元从亚洲流入美国。美国乘机廉价收购了有关国家(包括日本)一大批银行、证券公司、企业和房地产，大大加强了美国对这些国家的影响和控制。

由于这三大战略性胜利，美国统治集团很多人陶醉了，美国媒体很大一部分也陶醉了。

我的一些外国朋友常讽刺说，美国人“忘性大”。其实不然。今年一月我有幸到波斯顿，在哈佛大学出席了一次中美日三国第二轨道对话。我看，与会的大多数专家和学者，包括一些以私人身份参加会议的美国官方人士，头脑还是比较清醒的，也很务实。但遗憾的是，美国统治集团和媒体的一部分人忘性确实很大。他们奢谈二十世纪是“美国的世纪”，预言二十一世纪“非美国莫属”。他们忘记了本世纪的真实历史。第一次世界大战后，世界上出现了一个社会主义的苏联(它后来的错误和问题是另一回事)，那并不是美国的时代。第二次世界大战后，新中国诞生，民族独立和解放运动如火如荼，那也不是美国的时代。其间经历的朝鲜战争和越南战争，美国的狼狈处境和最后结局充分表明，美国虽盛极一时，它并不能在全世界任意指点江山。美国世纪末的三大战略性胜利无疑证明，美国是当今世界唯一的超级大国。从这个意义上说，二十世纪九十年代美国确实达到了鼎盛时期，而且看来这一时期暂时还要持续下去。然而可惜，这既不能改变过去，也不能说明未来。

美国统治集团和媒体一部分人对历史的忘性大，但对冷战思维的记性却很好，指点他人江山的霸主欲望也水涨船高。美国新霸权主义正是在这一背景下发展起来的。

新霸权主义的特点

新霸权主义与老霸权主义——两霸争夺时期的霸权主义有着很大的区别。

老霸权主义的特点是“争霸”，它始终要受其对立面、另一个超级大国的制约和制衡。因此，相对说来，它要温和一些，或者说，“胡萝卜”的成分要更多一些；在挥舞“大棒”时，不可能毫无顾忌和克制，一棒致人于死地。

新霸权主义不同，它的主要特点是“行霸”，推行和维护其霸主地位。它虽然也受诸强和各种势力的一定制约，但同当年苏联与其争霸情况比起来，已不可同日而语。不管人们叫它是什么，“孤独的霸权主义”也好，“丑恶的霸权主义”也好，反正它是——起码它自己认为是“天下无敌”的。因此，比起老霸权主义来，新霸权主义具有更大的侵略性、冒险性和伤害性，它更加肆无忌惮。

新霸权主义的核心内容

美国领导人从不否认，实际上是直言不讳，美国要领导世界，要实行美国统治下的世界和平，二十一世纪是“美国的世纪”。

今年二月，克林顿总统在旧金山向政界和商界发表讲话，阐述美国二十一世纪的外交政策。他强调，要使“世界免遭过去的灾难，必须有一个领导，而且只能有一个领导”，美国“最具有领导这个世界的能力”。

1998年12月，美国发表的“新世纪国家安全战略”公开宣布，美国的目标就是要“领导整个世界”，绝不允许出现向它的“领导地位”提出挑战的国家或国家集团。

美国《时代》周刊说得更动听：“国际秩序和安全最好的保证是，由一个善良的强国居支配地位。就目前和将来而言，这个强国就是美国”。“美国居支配地位是一件幸事，因为它带来了美国强权之下的世界和平，带来了一个本世纪前所未有、在人类历史上也是罕见的国际和平与安宁的时期”。

根据美国官方和媒体的大量言论和近几年来的实际观察，人们不难看出美国新霸权主义的核心内容是什么。

第一，美国的价值观(人权、民主和自由)和社会制度是世界上最好的，至高无尚的，因而也是高于各国主权的。美国不仅要充当“世界警官”(北约等伙伴不过是它领导下的警察)，而且要当“世界法官”。要由美国来判断世界一切问题的是非，要由美国来执法，顺之则昌，逆之则亡。

第二，不允许世界上再出现任何一个可能向其霸主地位提出挑战的超级大国，也不允许世界上任何地区出现地区霸权。世界上的事要它说了算，地区的事也要它说了算。

第三，联合国安理会当然要用，因为打了联合国旗号解决问题和维和，既可美化它的形象，又可为其“分忧”。但如果有人不听话，要坚持正义立场，那对不起，就请你靠边站。伊拉克和科索沃问题已充分证明了这一点。北约和日本它更要用，因为，价值观基本相同的国家搞在一起，既可为王者壮威，又可为王者分担责任，而且美国还可乘机遏制世界多极化的发展，稳固和加强它在西方的盟主地位。

第四，经济上一定要维持美元的霸主地位，绝不允许欧元和日元的兴起形成同美元的三足鼎立。东亚金融危机从侧面向更深层次看，是美国对付日元的一招。科索沃危机从另一侧面看，也是美国对付刚启动的欧元的另一招，使之从一开始就一蹶不振——至少主观意图是这样。

美国三大错误战略部署

霸权主义和错误的战略思想，必然导致错误的战略部署和安排，从而引发新的矛盾和斗争，成为世界新的动乱根源。

冷战结束以来，美国至少犯了三个重大战略性错误。

一、利用"经济全球化"大力推行"全球经济一体化"

这两者并不是同一个概念。前者是一种社会发展趋势，但后者不同。它并非是社会发展不可避免的趋势，而且也应该避免。所谓全球经济"一体化"，在当今条件下，实际上说的是"美国化"，即按照美国模式实现绝对的自由市场经济；淡化和压低国家主权，向主权平等和不可侵犯等公认的国际关系准则提出严重挑战。

苏联解体后，美国强调"全球经济一体化"是不可避免的历史必然，迫不急待地在全球推行以它为主导的贸易和投资自由化，鼓吹金融自由化，以谋求美国资本在国际上的优势地位。为了达到这一目的，《美国国家安全战略》把它的安全责任规范界定为：在全球范围内确保解决涉及跨国资本利益的最重要的问题，其中包括自由使用他国资源，自由进入他国市场，消除阻止美国资本流动和再生产的一切障碍。这一安全责任范围界定把美国的图谋说得再清楚不过了：在世界贸易组织，在亚太经合组织，在各种国际经贸会议上，以及在处理双边关系中，美国代表都坚决贯彻这一方针，并且自以为得计，津津乐道，公开宣称美国是"全球经济一体化"的最大受益者。1997年东亚金融危机的暴发，在一定意义上，正是美国这一安全战略造成的恶果。

如前所述，在东亚金融危机中，美国确实是个"赢家"，但在战略上和政治上却是个"输家"。人们从此对美国模式的新自由资本主义普遍有了质疑，并开始了大反思。发达国家内部也出现明显分歧。一些国际组织和有识之士，包括金融界和某些政府领导人，开始承认资本流动绝对自由化的弊端与危害。

加拿大约克大学政治学教授斯蒂芬在他写的《亚洲危机与美国的世界战略》

一文中指出，亚洲经济危机的真正“犯人”是美国式的自由主义和美国的世界战略。亚洲一家报纸最近也在一篇社论中指出，这场危机表明，全球经济一体化的主流价值需要重新检讨与反思；资本主义并不完美，自由化与全球化也绝非无条件的真理。

这一切都是对冷战后两大课题之一的“发展问题”的深刻反思，也是美国在这方面战略性错误的一个明证。

二、强行北约双扩

苏联解体和华沙条约组织解散后，北约本已失去存在的依据。更何况，解体后的俄罗斯政治上向往美国社会制度，经济上崇尚美国模式，军事上也步步收敛，同美国签订了大量削减和销毁战略核武器等条约，丝毫没有要与美国抗争的意图。相反，俄罗斯宁愿作一个伙伴，即使次一等也不在乎。然而，美国仍是不放心，仍是不依不饶，继续步步进逼，挤占俄罗斯的战略空间。虽然也不断给俄罗斯灌一些迷魂汤，给一些甜头，但执意要推行北约双扩。

北约性质的转变和职能的扩大

北约1949年成立时，采取的是“地区性遏制战略”。1954年改为“大规模报复战略”。1967年又改为“灵活反应战略”。这些基本上都属于“防御性质”。冷战结束后，1991年11月，北约罗马首脑会议决定，把战略重点由“集体防御”转为“维护共同利益”，即由被动防御转为主动干预，转向预防冲突和处理危机。今年4月北约成立五十周年时炮制的“北约战略新概念”，进一步发展了罗马会议的决定，并使之系统化，把北约的管辖范围扩大到成员国以外的地区(据说是从波罗的海、乌克兰一直到北非、中东和印度洋)，职能界定为“主动干预和防御性进攻”，而且不一定要经过联合国。这实际上就是把一个防御性组织变成了进攻性和侵略性组织。北约成了大半个世界的警察，美国则是这个警察部队的警官。

北约组织成员方面的东扩

在这方面美国有一个大三部曲和一个小三部曲。

大三部曲的第一乐章是消化前苏联东欧华沙条约国家，把边界向俄罗斯推进700—1000公里。这是俄罗斯的正面。这一乐章现已完成。波兰、捷克和匈牙利已于今年四月成为北约成员，其它国家，如罗马尼亚等正在创造条件加入，其最终加入只是个时间问题。

第二乐章是解决东扩的南翼——南斯拉夫这个障碍。美国十分清楚，这个当年敢于对斯大林说“不”的国家，现在也敢于对美国和北约说“不”。这是一块硬骨头，不好啃。因此，美国还有一个专门对付南斯拉夫的“小三部曲”。

这个“小三部曲”的第一部分已经完成。前南联邦六个共和国的克罗地亚和斯洛文尼亚早已在美国和北约的支持下独立。通过波黑战争，美国和北约又完成了第二部分，帮助马其顿和波黑脱离了南联邦。尽管在这两部曲中塞尔维亚民族十多万人遭到有关国家的种族清洗，海牙战争罪行法庭的调查断定这场战争“残酷野蛮，肆意杀人”，有关国家犯有战争罪行。美国《时代》周刊也认为，“这是整个巴尔干战争中最大的一次种族清洗”；但美国“没有遣责，没有抗议，没有制裁，也没有轰炸”，相反却“悄悄地鼓励它”。可见，美国出于战略大局的需要，是不管它人道不人道的。

现在美国利用科索沃问题，绕开联合国，对南斯拉夫大开杀戒，狂轰滥炸，是这个小三部曲的最后一部分，目的就是要进一步肢解南斯拉夫并使之臣服，以便完成它“壮丽的第三乐章”。

美国大三部曲的最后一个乐章是消化和纳入前苏联各加盟共和国，从波罗的海经乌克兰等古阿姆联盟国家，直至中亚五国。这一乐章的序篇实际上已经开始。这些国家有的已要求加入北约，有的已同北约签订了和平伙伴计划，有的正在要求脱离独联体。美国正在对这些国家加紧渗透，并同一些国家签订了双边防御合作计划，举行了联合军事演习。可以预见，这将是一部更加激烈和不动听的悲惨交响乐。

从表面上看，美国的北约双扩战略已经或正在得手。但如果我们看得深一些，远一些，便不难发现，美国“辉煌战果”之下已埋下了动乱和失败的种子，它正在招来的是“祸”，不是“福”。

科索沃问题充分暴露了美国的虚弱性——以美国为首的北约，以比当年八国联军侵华还要厉害千百倍的军事优势，对一个小小的南斯拉夫狂轰滥炸了两、三个月，也未能使之真正臣服，最后还是要回到联合国安理会。照此下去，美国如何能实现它独霸世界的野心？一个科索沃已把它搞得如此狼狈，中东还有个伊拉克，再加上美国眼中盯着的伊朗、古巴、朝鲜……它“十个指头按十个跳蚤”，能按得过来吗？

科索沃问题也充分暴露了美国所谓的“人道主义”的虚伪性。

欧洲和美国自己的媒体有不少评论一针见血地指出，美国宣称，文明世界不能容忍种族清洗和滥杀无辜，但对海地政府大肆屠杀反政府人士，对土耳其政府大规模镇压库尔德人，对五十万无辜者在卢旺达那场冲突中被杀害，美国都“无动于衷”，“根本不加制止”，事实上“似乎更倾向于掩盖正在发生的恐怖行为”。为什么会这样？因为从事这一肮脏和罪恶行为的是美国扶植的政权或符合美国口味的领导人。正像美国已故总统罗斯福对加勒比某位独裁者的评论：也许他是个狗娘养的，但他是我们（美国）的狗娘养的。罗斯福说得十分露骨，美国为了一己私利，就是要实行双重标准，什么人道不人道全是个幌子。

实际上，在科索沃问题上，美国既输了理，也丢了人。

更为严重的是，由于北约双扩和科索沃问题，美国把俄罗斯这个本来可以成为合作伙伴、甚至朋友的大国，正在推向对立面，正在变成可能的敌手。如果说，1998年俄罗斯发生的严重金融危机使俄罗斯在发展经济问题上对“美国模式”的幻想开始破灭的话，北约双扩，特别是科索沃问题则使俄罗斯在政治上对美国的幻想开始破灭，并且大大警觉起来。据报道，不久前叶利钦总统亲自主持了国家安全会议，并签署了发展“非战略核武器”命令。俄罗斯国防预算将从原来的占国内生产总值的2．8%，增加到3．5%。为了与北约抗衡，俄罗斯计划生产一万枚微型和超微型原子弹。

这一切，对美国来说难道是“福音”吗？显然不是。

三、在亚太地区推行“西进”政策，炮制了“日美防卫合作新指针”和“战区导弹防御体系”(TMD)。

这个“新指针”同原来的人不一样。

第一，它“防卫合作”的范围已扩大到“周边地区”。美日两国政府对“周边地区”的界定讳莫如深，采取“模糊政策”。既不说包括台湾，也不说不包括台湾，只是说指的是“周边事态”，不是地理概念，等等。其实，司马昭之心，路人皆知，那是冲着朝鲜半岛和俄罗斯等周边国家来的，也是冲着中国来的。

第二，“新指针”相关法案中关于“周边事态”也有一个解释。日本高村外相今年二月在日本众院外委会上明确表示，“周边事态”范围不仅包括日本周边的海域，也包括其它国家发生的内战和政变等引起的“事态”。这实际上改变了日美防卫的性质，使之“北约化”，它像北约一样，也可以先发制人，具有主动干预性和进攻性。

关于TMD，与其说它是为了“防卫”，不如说是为了“进攻”，是一种对周边国家的“威慑”。它的挑衅性和危害性是很大的。

现在不仅美日要搞TMD，它们还想把韩国和中国台湾也纳入进去。果其如此，日美防卫将扩大化，美台关系将超越当年美蒋条约(中美建交时废除美蒋条约是中国三大条件之一)，由双边联防变成多边联防，台独势力将更加猖狂，亚太地区将无宁日。中国对此决不会坐视，中美关系就可能大倒退。

美国为什么要这样做？这是中国人很不理解的。在这样情况下，中国如何能有安全感？中国能不高度警惕并有所准备吗？如果设身处地想一想，在同样情况下，美国能有安全感吗？

究竟要把一个什么样的世界带到二十一世纪？

早在1989年，邓小平同志就说过，"我希望冷战结束，但现在我感到失望。可能是一个冷战结束了，另外两个冷战又开始了。一个是针对整个南方、第三世界的，另一个是针对社会主义的"。

十年来国际形势的发展和演变充分证明了邓小平的英明预见。现在不仅有两个冷战，还有诸多热战。美国新霸权主义及其三大战略部署，同世界人民对和平与发展的强烈愿望正在形成世纪之交的主要矛盾。这一矛盾如不妥善处理，势必引起新一轮全球性军备竞赛和冷战，当进入二十一世纪时，我们生活的这个世界，仍将是一个乱糟糟的世界，和平与发展问题将更难解决。

1993年，江泽民主席在亚太经合组织西雅图会议上对与会领导人说（实际上也是向全世界宣布），把一个什么样的世界带向21世纪，这是我们这一代领导人必须认真探索和解决的问题。如果经过我们的共同努力，为人类迎来真正的和平与繁荣，那么，世界人民将会感到我们做了一件有意义的大好事。如果在进入21世纪的时候，世界还是一个乱糟糟的、没有安全感、经济艰难的世界，我们就向世界人民交不了帐。作为新旧世纪之交的领导人，历史注定我们要承担这样的责任。江主席这席话是邓小平理论在外交上的体现和带有战略性的表述，是邓小平生前的殷切希望。

十年来，如上所说，美国新霸权主义确实有所得手，但也不断碰壁。美国要想独霸天下，阻止世界多极化发展的趋势，一切由它说了算，实际上是行不通的，是违反历史潮流的。

从西雅图会议到科索沃事件，人们应该可以得出必要的结论，并共同努力，反对霸权主义，为21世纪实现真正的和平与发展而奋斗。从科索沃问题的前前后后，美国难道不应该也总结一下经验，进行全面反思吗？

2008年2月22日腾讯博客

不是G2，胜似G2

随着习近平与奥巴马“庄园会晤”的临近，国际上专家学者们又开始议论中美G2关系了。美国方面热度似乎高一些，中国某些学者也不甘落后，认为“此其时也”。

这一概念起初是美国经济学家伯格斯腾2008年提出来的。他建议，美中战略经济对话机制应该进一步升级为“领导世界经济秩序的两国集团格局”。后来，美国经济史学家尼尔·弗格森又提出了一个“新概念”：“中美国（共同体）”（Chimerica）。再后来，一些人就把它发展为G2（中美共管世界）了。当时我们很多人都不同意。理由很简单：

首先，这不符合中国作为一个社会主义发展中大国的地位和基本外交政策，中国没有这种意向和图谋。这个世界不应由一个国家管理，也不能有两个或几个大国管理，它应该由联合国主导管理。

第二，中国远没有这么大的实力。即使今后有这种实力，也绝不会像美国某位学者说的那样，将“步美国的后尘”，无情地去追逐世界霸权。这是中国社会性质所决定的。

第三，美国绝对不会让中国同它一起唱平等的“二人转”，中国只能步苏联解体初期叶利钦的后尘，成为与美国合作的一个“第二小提琴手”，甚至“小伙伴”。

第四，如果真要搞什么“G2”，发展中国家几乎全都要反对，认为中国过去支持它们，现在要与美国一起来“管它们了”。欧盟要反对、俄罗斯要反对，加拿大、日本、澳大利亚等也都要反对，几乎可以肯定，全世界找不到哪一个国家会支持中国这么做，中国将陷于十分孤立的境地。俄罗斯一些媒体就曾误以为，“北京可能成为华盛顿瓜分世界的最佳搭档”。

G2我们不赞成，但C2（共商双边和世界大事）还是可以的。现在中国提出共同致力于构建“新型大国关系”则更好，可以说，不是G2，胜似G2。

事情正像美国战略家布热津斯基说的，“美中高层领导人应进行例行的非正式会见，不仅就美中双边关系，还应就整个世界问题进行一种真正个人之间的深入讨论”。他还说，中国所强调的“和谐”，可以成为美中峰会一个有益的起始点。基辛格也发表了类似的观点，主张美中两国应该建立一种“命运共同体”(a common destiny)结构。

构建“新型大国关系”，不像G2，没有任何强权政治的印记，也没有什么“老大”与“老二”的区分。它顺应时代的诉求，符合国际关系民主化和发展模式多样化，以及平等伙伴关系与合作共赢的共同愿望，是和平共处原则和精神在新时期的体现和延伸。表面看来，它“低于”G2，但实际上胜于G2，影响深远。中国已经准备好了。美国呢？从奥巴马和他的安全事务助理多尼伦最近的谈话看来，美国多少也已有一点准备。果真如此，诚乃这次习奥会历史性收获。

2013年6月8日环球网

“上海精神”是新时代的“照妖镜”

上海合作组织第13次峰会即将在比什凯克举行。12年来，它排除别有用心势力的干扰和挑拨，稳步发展，由安全合作开始，一直发展到政治、经济和人文等各个领域，展现了新时代的合作魅力，越来越具有吸引力，难能可贵。现已有伊朗、巴基斯坦、印度、蒙古和阿富汗5个观察员国。今年土耳其也获得了对话伙伴国地位。

上海合作组织成立12年来，成就可圈可点。

首先是“上海精神”的诞生。“上海精神”概括起来就是很简单的20个字：“互信、互利、平等、协商，尊重多样文明，谋求共同发展”。这是时代变迁新的诉求催生的，也是上海合作组织共同培育的，它“成功地开创了国家间合作新模式”。在上海合作组织里，既没有冷战思维的阴影，也不存在什么“主从关系”，成员国都是平等的。而且，它还明确宣布，这是个“不结盟、不对抗、不针对第三方的”开放性国际组织。这与冷战思维影响下拉帮结派、不断制造假想敌的老牌同盟国政策是水火不容的。有人说，“上海精神”就像一面新时代的“照妖镜”，“冷战思维”在其光环下原形毕露，让人生厌，很有些道理。

第二，在打击三股恶势力方面，上海合作组织标本兼治，卓有成效，已成为维护地区安全稳定、促进成员国共同发展的有效机制和建设性力量。这同美国在阿富汗、伊拉克等国“越反越恐”的政策形成鲜明对照。

第三，在应对美国新保守主义理想家们一厢情愿的“颜色革命”方面，上海合作组织高度警惕，互通信息，进行了有效的合作和相互支持，及时排除了隐患，维护了国家和地区的稳定，并保证了各自选择的发展方向。

第四，上海合作组织现在已进入了全面推进务实合作的发展快车道。本次峰会将主要研究部署进一步深化成员国睦邻友好合作关系的举措，并就重大国际和地区问题交换意见，协调立场。中国领导人将与各方一道全面落实《上海合作组织成员国长期睦邻友好合作条约》和《上海合作组织中期发展战略规划》，进一步巩固团结互信，弘扬“上海精神”。

第五，上海合作组织的实践和呈现的“亮点”，有力地回击了挑拨离间者的中伤，更打了安倍—麻生之流一记耳光。什么包围中国的“价值观外交”、“自由与繁荣之弧”，在上海合作组织的光环下，黯然失色。

我国个别所谓“明星专家”一再发表评论，说什么“现在中国为什么越来越孤立”？“现在如何减少周边国家对中国的疏离感”？他们只看到日本和菲律宾等个别国家同中国闹腾的负面影响，却不睁大眼睛看看上海合作组织，看看中国同东盟关系的迅速提升，看看中国同南亚地区国家的良好关系，看看中国同韩国关系战略性的发展。严肃的专家学者理应尊重客观事实。跟着美日新保守主义理想家们瞎嚷嚷，有失自己的身份。

2013年9月11日《解放日报》

“3+1”一定大于“2”吗?
——日本心态与举措无异于玩火

按照数学和普通常识,“3+1”大于“2”是天经地义、不言而喻的。但在国际关系和政治博弈方面,在国家安全领域,“3+1”就未必大于“2”了。

目前,本来比较平静的太平洋有点不那么太平,根本原因:一是美国“决不做老二”思想作祟,二是日本“不甘心做老三”思想作祟。自从前年中国GDP总量超越日本跃居世界第二,日本新右翼就一直耿耿于怀,不甘心做“老三”,千方百计散布“中国威胁论”,好像中国综合国力的迅速提高,意味着“山雨欲来风满楼”了。

在时代变迁量变加速进程中,国家实力此消彼长本是正常现象,也是难以避免的。中国GDP上升至世界第二,感到自豪是很自然的。中国从不妄自菲薄,但也从不盛气凌人,更谈不上什么“侵略扩张”。

尽管如此,美国战略重心东移的步伐还是加快了,不断在中国周边投棋布子,特别是在东北亚地区加强海军和空军力量,而且无视历史事实,背离开罗宣言和波茨坦公报有关条款,声称钓鱼岛实用美日安保条约。近日,美国海军陆战队与日本自卫队又开始进行长达一个多月的夺岛作战演习。日本新右翼喉舌《产经新闻》引述日本防卫省官员的话说,这次演习“就是假设中国军队入侵钓鱼岛,美日如何联合夺回”。日本新右翼好像打了吗啡针,兴高采烈,以为搞个“3+1”总是要大于“2”的。换句话说,也就是“美日联手足可以威慑和遏制中国”。

诚然,防范和遏制中国是美国战略重心东移的重要诉求之一,它实力不足,需要“借力”日本,但也怕被日本“拖下水”。美国在全球战略和亚太战略方面,要“借力”中国的地方也不在少数。要真的伙同日本与中国开战,它不能不考虑是否会自食恶果。中国对此高度警惕,但谅它也不敢轻举妄动。这正是为什么美国时不时地放出G2(中美共治)试探气球的意图所在,也是今年美国与中国建立亚太事务磋商机制的某种体现。

实际上，美国对中国一直在“两面下注”，也在不断打“中国牌”，只是现在“负面下注”显得比较突出。但无论如何，美国那个“1”（老大）是不会被日本随便加上去的；日本那个小“3”，也不可能被美国简单地加在一起的。双方都在互相糊弄，相互利用，一厢情愿。更何况中国这个“2”具有很大魅力，后面还有不少“X”和“Y”可以加上去呢！因此，“3”+“1”未必大于“2”，日本的心态要不得，无异于玩火。

2012年8月23日中国网络电视台·国际漫笔

和平共处五项原则是“持续发光的金子”

60年前，在中印缅领导人共同努力和合作下，催生了“和平共处五项原则”。那是一个民族独立和解放运动、反帝反殖风起云涌的时代，也是冷战已拉开序幕、美苏争夺世界行将开始的时代。

“和平共处五项原则”的诞生具有很强的针对性，是那个时代的需要，对维护国家主权和民族独立、反对干涉内政；对维护世界和平、反对战争；对推动不结盟运动、促进平等互利合作等很多方面，都发挥了历史性作用，至今仍具有不可忽视的现实意义，具有强大的生命力和凝聚力。

历史在发展，社会在演变。上世纪90年代初，苏联解体，东欧剧变。但冷战并未真正结束，冷战思维仍像幽灵一样在世界、特别是美国和一些北约国家徘徊，世界仍不太平，甚至很不太平。和平共处五项原则仍然是人们应对冷战政策行为的重要“武器”，而且随着时代变迁量变进程加速和发展中国家大面积兴起，国际力量对比发生了历史性变化，和平共处五项原则的内涵也更丰富了。

邓小平继提出“和平与发展是当今时代的两大主题”之后，1993年APEC领导人非正式会议之前，又进一步明确提出“把一个什么样的世界带到二十一世纪”的问题。他说，本世纪打了两次世界大战，扔了两颗原子弹，其它冲突和局部战争不计其数，把这个大好世界搞得乱糟糟的。两极格局和冷战结束后，国际关系发生了一些积极变化，同时也爆发了许多地区冲突和错综复杂的矛盾。现在离本世纪结束还有好几年，如果经过我们的努力，克服困难，排除障碍，为人类带来真正的和平与繁荣，那么世界人民将会感到我们做了一件有意义的好事；如果进入21世纪后，世界还是呈现出一个乱糟糟的、没有安全感、经济艰难的局面，我们就无法向世界人民交代。这是我们这一代领导人必须认真探索和解决的重大问题，历史注定我们要承担这样的责任。

当时中国领导人在西雅图APEC会议上的主旨发言就是根据这一指示做的，引起国际社会广泛关注。

近两三年来，中国新领导人习近平站在历史唯物主义高度，继承和发展了

“和平共处五项原则”精神，提出构建不冲突、不对抗、相互尊重和互利共赢的“新型大国关系”。这是中国坚持走和平发展道路在新形势下的适时反映，具有鲜明的时代性和针对性；也是中国“外交新政”和大战略的重要组成部分。它向全世界表明，中国决不会走“国强必霸”的老路，也向包括美国在内的所有大国释放了中国的善意和诚意，牵动着全世界人民对和平、发展与合作的殷切期盼。

现在中俄已经建立了牢固的“新型大国关系”，而且颇具时代特征。中印两个最大的发展中国家正在逐步向着“新型大国关系”迈进，也颇具代表性。中国还正在同“金砖国家”一起，朝着新型大国组合方向发展，这也是史无前例的。中美两国领导人也就建立新型大国关系的大方向取得了共识，尽管美国方面目前仍在对中国“两面下注”，但主张“正面下注”的有识之士日益增多，还是令人可以谨慎乐观的。

构建“和谐世界”和“新型大国关系”，与“和平共处五项原则”是一脉相承的。它们基于“和平共处五项原则”，又顺应时代潮流，更上一层楼，深入发展了“和平共处五项原则”，是新时期冷战思维和冷战宣传的照妖镜，也是对形形色色“中国威胁论”旗帜鲜明的否定。

2014年6月28日《北京日报》

中国外交的传承、发展与创新

新中国成立65周年了。65年，弹指一挥间。国际上对新中国外交，历来众说纷纭，莫衷一是；敌对势力更是“棒杀”与“捧杀”齐飞，千方百计进行遏制、挑衅、打击和孤立。当然，也有各种形式的拉拢和挑拨离间。

但新中国始终坚持独立自主的和平外交，一直是“和”字当头，“友”字为柱，“卫”字为基。我们一贯强调“和为贵”，“和而不同”，劝和促谈，反对仗势欺人；主张广交友，平等相待，互助共赢；坚决捍卫国家的主权、独立和安全，即使被迫无奈，不得不打一仗，也总是“先礼后兵”。

上世纪五、六十年代，那是反帝反殖、民族独立解放运动风起云涌的年代。新中国刚站住脚跟，仍“四两拨千斤”，在外交上打出了影响世界的三张“牌”：同印度和缅甸共同倡导了和平共处五项原则，促成了万隆会议十条原则和“求同存异”精神；积极支持和推动了不结盟运动，反对干涉内政和争夺势力范围；大力开展民间外交，特别是做日本和美国的工作。这三张“牌”，不仅具有历史意义，至今仍有着强大的生命力。

七、八十年代，美国被迫调整对华政策，开始改善和发展中美关系。中国被发展中国家、特别是非洲兄弟“抬进了联合国”。中国从战略上提出了划分“三个世界”的理论，有力地支持了广大发展中国家，团结了第二世界，打击了美苏两霸，影响深远。

八十年代后期和九十年代，苏联解体，东欧剧变，美国和西方很多国家弹冠相庆，以为这已是“历史的终结”，从此，美国就一统天下了。

但中国冷静观察和分析国际形势，认为时代在变迁，国际力量对比正在发生有利于发展中国家与和平的变化，世界大战一时打不起来，世界各国都在为和平与发展而奋斗和博弈。

1993年，APEC西雅图领导人会议前，邓小平明确指出：本世纪是人类文明大有进步、科技和生产力大放异彩的世纪，也是战乱频仍、很不安宁的世纪。本世纪打了两次世界大战，扔了两颗原子弹，其它冲突和局部战争不计其数，把这个世界搞得乱糟糟的。现在冷战和两极格局已经结束，国际关系发生了一些积极变化，同时也爆发了许多地区冲突和错综复杂的矛盾，天下还很不太平，世界的和平与发展面临新的严峻挑战。把一个什么样的世界带到二十一世纪，这是我们这一代领导人必须认真探索和解决的重大问题。他还说，到本世纪结束还有好几年，我们还来得及做些事情，应该有所作为。如果经过我们的努力，克服困难，排除障碍，为人类迎来真正的和平与繁荣，那么世界人民将会感到我们做了一件有意义的大好事；如果进入二十一世纪的时候，世界还是一个乱糟糟的、没有安全感、经济艰难的世界，我们就向世界人民"交不了账"。作为新旧世纪之交的领导人，历史注定我们要承担这样的责任。

这是中国外交在国际上一面鲜艳的旗帜，引领世界进入了21世纪，推动着时代变迁量变进程加速发展，以及国际力量对比历史性的变化。

进入21世纪以来，中国领导人又先后提出构建"和谐世界"和"新型大国关系"两大战略，强调和平、发展和"合作共赢"。这是中国和平发展的需要，也顺应了时代的诉求，承担了历史的责任。

65年来，中国从"一穷二白"到世界第二大经济体，综合国力大大加强了。地位变了，环境变了，看中国"下一个多米诺骨牌"的眼睛也开始在变了。当然，挑战也随之增多了，遏制中国的力度也明显加强了，冷战的幽灵仍在中国周边徘徊。

但中国有制度自信，有外交战略自信，有外交政策和策略的智慧。习近平执政以来，继往开来，在外交上不断创新，"更上一层楼"。最具标志性的，一是努力构建新型大国关系（包括"金砖国家"之类的国际组织）。中俄已经带头示范，中印正在向这个方向迈进，中美至少在口头上已相互认可——美国政策行为虽有悖于此，但比过去还是有进步。二是提出"一带一路"主张，加速互联互通和基础设施建设。三是推动建立"两行"——金砖国家开发银行和基础设施投资银行。四是强调经济合作的"义利观"。

这一切，人们称之为中国"外交新政"，它顺应时代潮流，国际影响可圈可点。65年的实践表明，中国既不会屈服于强权，也不会在一片颂歌中迷茫。中国将继续走自己特色的外交路，为世界的和平、发展与合作，尽心尽力。

2014年10月4日中国网

2014年——中国外交创新发展的开局之年

中国成功举办了第22届APEC领导人非正式会议，尽显中国特色和风范。会议通过了领导人北京宣言和声明，开启了亚太自贸区进程，并承诺共建面向未来的亚太伙伴关系。习近平顺应时代潮流，在会上强调："一花不是春，孤雁难成行"，生动而形象地表达了中国战略诉求，以及和平发展与合作共赢的外交理念；表明中国需要的是，春色满园和百花齐放，而不是"一枝独秀"，反对冷战思维。实际上，这是中国外交创新发展开局之年。中国成功举办了亚信会议，提出了新安全观；释放善意，努力推动构建新型大国关系和新型国际组织；全面启动"一带一路"战略设计，推动互联互通；强调树立正确义利观，发展了平等互利准则；以及倡议建立金砖国家开发银行、亚洲基础设施投资银行，宣布成立丝路基金等。这一切，展现了中国外交的"亲和力"，将有力推动时代变迁量变进程进一步加速发展，有利于发展中国家进一步兴起，也有利于世界和平与稳定。

2014年12月20日《解放日报》

第三部分

俄罗斯“牛”了吗?

俄罗斯“牛”了吗？

——俄罗斯总统和“外交政策构想”做了回答

近来，美国一些媒体广泛报道和议论发展中国家大面积兴起和美国的困境，同时十分关注俄罗斯新总统梅德韦杰夫“进取性外交”的动向。它们几乎普遍承认，“美国病了”，美国唯一超级大国地位的余威虽然“一息尚存”，但已经相对衰落，“单边主义”已是明日黄花；它们几乎也比较一致地认为，如今的俄罗斯开始“牛”了，不再是苏联解体时那样的“熊”了。对梅德韦杰夫总统要求俄罗斯外交应该更具“进取性”，它们尤其神经过敏，感到不安。

去年，普京总统在慕尼黑全面批判美国单边主义外交及其危害后，美国曾给他戴了一顶帽子，叫做“俄罗斯的帝国冲动”。最近，俄海军舰艇恢复在北冰洋水域的巡逻活动，它们又联系到俄罗斯去年8月和12月先后向地中海派遣航空母舰，恢复远程轰炸机巡逻，给俄罗斯扣上一顶新的帽子，叫做“俄罗斯新的沙文主义”，“更具进攻性”。

那么，事实到底是怎样呢？近日，俄罗斯最新的“外交政策构想”和梅德韦杰夫总统做了很好的回答。

这一“构想”除了国际公认的、一般大国都会追求的“确保国家安全，捍卫和加强主权及领土完整”以及“提高国际威望”外，主要有以下一些带有战略性的政策取向和特点：

一、“构想”在深入批判“单边行动战略”破坏国际局势稳定、挑起紧张局势和军备竞赛、加深国家间矛盾、对其他国家的安全构成威胁等一系列危害的同时，倡导多边外交，希望联合国在调解国际关系和协调国际政策方面起核心作用，强调要努力“维护联合国的最高权威”，在尊重国际法的基础上协调国际关系与外交政策。

二、“构想”认为，俄罗斯同美国“具有巨大的互利合作潜力”，对全球战略稳定及国际局势具有关键性影响，俄罗斯愿与美国开展协作，并希望有效利用现有协作机制；俄美关系必须步入战略伙伴关系状态，本着相互尊重的精神解决分歧。俄罗斯还主张与美国达成裁军和军控方面的新协议，加强在航天、反导、核不扩散等领域的相互信任。

三、“构想”明确反对北约东扩和美国在东欧建立反导系统计划，宣示俄罗斯将竭尽所能阻止北约东扩进程和美国的反导计划；对美方破坏战略安全基础的行为感到不满，强调美国在东欧部署反导系统“只会令事态复杂化”，俄将不得不采取应对措施。

四、“构想”强调要努力构建睦邻关系，特别是加强和巩固俄罗斯传统利益和影响所在的独联体，以及发展俄中印三国和“金砖四国”关系的重要性。

五、“构想”还主张促进建立公正和民主的全球进程，在国际法的基础上“集体解决国际问题”，共同应对“真正的威胁”。

从“构想”的这些战略取向和政策主张，人们似乎看不出什么俄罗斯的“帝国冲动”。相反，看到的倒是几分“顺应时代潮流”的愿望，以及“时代的变迁”和影响。至于梅德韦杰夫总统所谓的“进取性外交”，除了俄罗斯因为综合国力的恢复和提高、现在“底气十足”外，似乎有很明显的针对性。梅德韦杰夫显然继承和发展了“普京外交”，用他最近对俄罗斯外交人员的讲话来说，那就是俄罗斯外交应该摆脱被动，争取主动，不能让美国一类的“玩家”继续挤压俄罗斯的战略空间。如果设身处地替俄罗斯想一想，美国继图谋在波兰和捷克部署反导系统后，近日又同乌克兰和格鲁吉亚举行联合军事演习，已经逼到了俄罗斯的西大门口，俄罗斯岂可“熊”在那里无动于衷？岂可不“牛”一点，示以颜色？俄罗斯不禁要问：你美国资助的这类军事演习难道也是针对伊朗和朝鲜这些所谓“邪恶轴心”国家的吗？谁会相信！？

那么，为什么会出现对俄罗斯上述那些不恰当和不公正的评估呢？说穿了，一是霸权思维作怪；二是冷战思维作祟。

俄罗斯一位著名学者私下对我说，美国总是以老大自居，瞧不起苏联解体后的俄罗斯，希望俄罗斯永远“熊”下去，做它的“小伙伴”。岂不知死了的骆驼也有千斤重，何况，俄罗斯并不是什么“死骆驼”，而是有巨大潜力的“牛”。它现在充满了活力，它并不想“乱闯瓷器店”，而希望和平、发展和合作；希望有一个更加公正和公平的世界秩序。俄罗斯的要求并不高，是很务实的，但美国如不放弃霸权和冷战思维，永远也不会“施舍”，我们自己必须去努力争取。

笔者以为，这是对“俄罗斯牛了”以及“俄罗斯帝国冲动”很好的回答。

2008年7月22日中国日报网

俄罗斯新总统的“第一把火”

5月9日，俄罗斯在莫斯科红场举行盛大阅兵式，纪念卫国战争胜利63周年。阔别红场多年的重型军事装备，特别是先进的坦克和核导弹引人注目地展现在人们的视野中。

尽管普京早已说过，此次阅兵式不是“炫耀武力”，而是展示俄罗斯“日益增强的国防实力”，但一些西方国家、特别是美国新保守主义理想家们仍然有点神经紧张，心情复杂，用他们自己的话来说，就是相当“酸溜溜的”。

它们尽力贬低俄罗斯军事力量的先进性，说什么“克里姆林宫试图展现的军队骄傲的形象与现实之间存在很大差距，阅兵仪式上展示的武器很多都是在上世纪七八十年代设计的”。但又不能不承认，此次庆典“凸显了”俄罗斯在普京和新总统梅德韦杰夫领导下的“坚定与自信”；表明“俄罗斯已取得经济和政治复兴”，俄罗斯军事实力不容小视；俄罗斯现在似乎“越来越无所畏惧了”。它们甚至不顾美俄深层次矛盾发生和发展的缘由，本末倒置，攻击普京对外政策“使得俄罗斯不断与西方国家发生摩擦”。但它们忽视了，或者有意淡化了俄罗斯新总统梅德韦杰夫的重要政策宣示。

梅德韦杰夫作为俄罗斯新任总统和武装部队总司令，在呼吁国民勿忘二战爆发教训的同时，强调俄罗斯面临三个“需要严肃对待”的问题：

一是“需要严肃对待任何煽动种族和宗教仇恨、激起恐怖主义和极端主义仇恨的企图”；

二是“需要严肃对待干涉别国内政的企图”；

三是“更需要严肃对待重划国界的企图”。

梅德韦杰夫上任第三天发出如此明确的信号，实际上是一种带有战略性和方向性的政策宣示。这三点“政策宣示”既符合联合国宪章精神，也符合上海合作组织的宗旨，针对性十分明显。说白了，就是要“捍卫俄罗斯的主权和独立”，保护俄罗斯的核心利益；反对任何国家把自己“不负责任的野心”“凌驾于国际法之上”。他还警告说，这种“不负责任的野心”可能会引发席卷各大陆的战争。梅氏的这番讲话，实际上也是说给美国和一些西方国家听的。

美国和一些西方国家如果真的希望改善同俄罗斯的关系，希望取得俄罗斯的合作，并顾及国际和平大局，就不能不认真看待梅德韦杰夫这次红场讲话的含义，认真反思在反对恐怖主义和民族与宗教问题上双重标准的恶果；认真反思"凌驾于国际法之上"不断挤压别国的国际战略空间、图谋重划国界、干涉别国内政将把国际关系引向何方。世界人民并不希望美俄对抗，更不愿看到任何形式的新冷战再起，但愿有关方面好自为之，顺应时代潮流，为造福人类做一些好事，而不要相反。

2008年7月22日《解放日报》等

布什普京“情未了，怨难消”

布什总统4月6日将赴俄罗斯休假胜地索契会晤普京总统，可能还有候任总统梅德韦杰夫。国际上对此十分关注，并寄予希望。近几年来，美俄两国尽管吵吵闹闹，有时几乎到了要翻脸的地步，但双方仍然是“情未了，怨难消”。世界的局势，特别是反对恐怖主义和民族分裂主义，以及能源等非传统安全问题，牵动着美俄关系；美俄关系的好坏和走势，也牵动着国际形势的变化和发展。

想当年，布什上台不久，2001年6月在斯洛文尼亚第一次会见普京时，意味深长地说，从“普京的眼神”便可以看出，“他是一个可信赖的朋友”。还说，“望着这个人（普京）的眼睛，我就能够感觉到他的灵魂，他是一个将自己的全部贡献给国家的人”；“普京让我敬仰，我喜欢他”。普京也礼尚往来，说过不少称赞布什的话。即使去年2月在慕尼黑会议上痛批美国穷兵黩武时，也没有忘记对布什本人的赞扬，说“（布什）总统是个正派人，他也是一个朋友。他在所有方面遭到批评，但他是个好人，是个可以打交道的人。”

美俄两国领导人相互示好，并非偶然，也绝不是个人之间的私事，而是在当前国际形势下互有需要的某种反映；双方在摩擦和斗争的同时，都留有余地，试图寻求必要的合作，避免破裂，避免导致双方都难以承受的“新冷战”。事实上，在这和平与发展为主题的时代，面对恐怖主义的国际化趋势，以及因不同利益而爆发的诸多热点，美俄两国也有不少利益汇合处，需要“有选择的合作”。正是在这种情况下，布什和普京去年亲自促成了“俄美面向未来”工作组的建立，美方牵头人是基辛格，俄方牵头人是俄前总理普里马科夫，都是两国著名政治家和社会活动家，负责讨论两国未来协作问题。后来，两国还启动了由国防和外交部长组成的2+2会议安排。最近一个时期，两国领导人都在进一步释放和解愿望。据说，布什给普京写了一封内容“非常重要”的信，“为美俄在总统更替前达成一系列协议提出了建议”；普京也认可这封信“是一份正规的文件，我们仔细分析了信的内容”，表示相信俄美关系中的各种问题能够得到最终解决。俄候任总统梅德韦杰夫在会见美国国务卿赖斯和国防部长盖茨时也表示，有必要为将来俄美关系的继续发展建立良好基础。

可见，布什和普京的“情未了”，两国“有选择合作”的空间仍然客观存在。“索契会晤”可能会营造某种和解气氛，甚至产生新的战略合作框架。但由于两国在价值观和核心利益方面分歧根深蒂固，积怨难消。

从战略角度看，双方“崛起和反崛起”、“包围和反包围”的矛盾和斗争正在向纵深发展，很难真正调和。从地缘政治和重大国际安全问题看，当前一是美国坚持要在波兰和捷克部署反导系统问题；二是美国坚持主张要吸收乌克兰和格鲁吉亚加入北约问题；三是科索沃独立问题。俄罗斯很难在原则上妥协。此外，在中东和平与战争以及伊朗核问题上，俄罗斯也有自己的利益考虑和盘算，很难无条件地“顺着美国走”。因此“索契会晤”可能笼罩在“情未了，怨难消”的氛围之中，结果也许是“雷声大，雨点小”。

2008年4月7日《解放日报》、《世界新闻报》等

普京总统的妙棋与“甜酒”

俄罗斯宣布邀请巴勒斯坦哈马斯领导人访问后，国际上议论纷纷，强烈反对者有之（如以色列），不满与责问者有之（如美国），附和者也有之（如法国）。国际媒体评论基本上是正面的，认为这是俄罗斯大国外交的“新举措”，有利于巴以和平进程“第二次呼吸”，也给了有关各方一个“下台阶”的机会，可谓是“高手下棋，妙哉！”

俄罗斯此举既是一步“妙棋”，也是一坛“甜酒”。

首先，它向全世界宣示了俄罗斯同美国政策上的“不同”。普京总统强调，俄罗斯对哈马斯的立场不同于美国和西欧，俄罗斯“从来没有认为哈马斯是恐怖组织”。普京还指出，这次哈马斯选举获胜是对美国中东外交的沉重打击。从而表明，俄罗斯在反恐问题上是有分寸的，同美国拉开了距离。既争取了穆斯林世界舆论，又将了美国一军。

第二，它同时明确表示，俄罗斯与美国和英法德在巴以和平进程和哈马斯问题上“目标是一致的”。普京总统在这次选举后即已呼吁哈马斯放弃极端声明，承认以色列的生存权；主张有关方面坐下来认真听取对方意见，并做出各方都能接受的决定；希望哈马斯有所举措，让巴勒斯坦人民感觉到其执政所带来的积极成果。邀请哈马斯领导人访问后，俄罗斯又声明，这同最近“四方会议”的决定并不矛盾，它在会谈中将本着决定的要求做哈马斯工作。这实际上是与美国和西欧“求同”，表明俄罗斯仍以四方合作为重，给美国吃定心丸，拉了美国一把。

第三，哈马斯大获全胜后，巴以和平进程能否继续下去，如何进行下去，所谓“危机”能否成为“转机”，关键在于如何正确看待和处理同哈马斯的关系。美国前总统卡特就主张，国际社会应该尊重巴勒斯坦民意，认可哈马斯，“给哈马斯一个放下武器的机会”。国际舆论也有不少类似观点。哈马斯本身这几天也做了一些松动姿态。但美国由于霸权心态的作怪，以及它一贯偏袒以色列的作风，始终坚持认为哈马斯是“恐怖组织”，不愿承认它“干净的”选举胜利，咽不下自己酿制的“民主苦酒”。在这种情况下，俄罗斯此举显然有利于各方下台阶，有利于把“危机”变成“转机”。实际上是在试图酿制一坛“甜酒”。

但俄罗斯心里也明白，单方面要求哈马斯放下武器，承认以色列，而不要求以色列方面做相应的让步，打破“以暴制暴”的恶性循环，那是既不现实、也不公平的，只能是“一厢情愿”，酿出来的酒，可能并不是甜的，而是涩的，甚至依然是苦的。

2004年2月《解放日报》、《世界新闻报》

普京总统的话意味深长

俄罗斯媒体最近的民调显示，全国11%的人还在庆祝十月革命，人数不算多。但40%的俄罗斯人认为，那场革命对俄罗斯的正面影响多过负面。29%的人持相反观点。55%的受访者称，十月革命“开辟了俄罗斯民族史的新纪元”，“推动了社会和经济发展”。只有26%的人认为，十月革命“阻碍了民族发展”，“是俄罗斯的灾难”。多数人对于那场革命的发起人和组织者的态度是：58%的俄罗斯人相信，列宁在国家历史中发挥了积极作用。持相反立场的人只占这个数字的1/3。52%的受调查者对生活在当代俄罗斯感到满意。而前几年只有39%的人这么认为。

这一调查似乎可供参考。重要的是，普京总统针对俄罗斯社会思想动态有过一句名言：“谁不对苏联解体感到惋惜，谁就没有良心；谁想回到过去的苏联，谁就没有头脑。”这句话意味深长，发人深思。

2007年11月《世界新闻报》、腾讯博客等

普京总统话里有话

最近，俄罗斯在吉尔吉斯斯坦的坎特启动了它冷战后在国外设立的第一个空军基地，同美国9·11事件后在该国建立的马纳斯空军基地相距仅数十公里，引起国际上广泛注意和猜测。

普京总统解释说，这两个基地相邻“并不矛盾”，它们“互为补充”，“都在为共同目标努力”。这显然是普京在反恐方面与美国“求同”之见。但他同时强调，“美军的基地是暂时的，而俄罗斯的基地却是永久性基地”。这显然是“话里有话”。美国发动阿富汗战争时一再公开表示，美军不会在中亚久留。可现在又说，“没有时间限制”。这怎么能让俄罗斯放心？无怪乎有评论说，美俄这两个“大玩家”，在该地区反恐战术吻合，战略目标实异，争夺似乎方兴未艾。

2003年11月10日《世界新闻报》

普京总统言之有理

俄罗斯别斯兰恐怖绑架事件发生后，美国对恐怖分子残暴行为进行了谴责，布什总统还破例亲自到俄罗斯驻美国使馆致哀，声称美国将同俄罗斯“肩并肩”打击恐怖主义。但与此同时，美国却敦促俄罗斯同车臣恐怖势力非法武装头子对话，以寻求“政治解决”。鲍威尔还以“寻求政治解决”为由，表示要会见“主张车臣独立的人”。美国国务院发言人宣称，美国可能同“车臣温和派”进行会晤。不仅如此，所谓“车臣温和派”头目马斯哈多夫（俄罗斯通缉的车臣恐怖活动匪首之一）的代表、车臣前“外长”阿赫马多夫目前仍在美国“政治避难”，美国以“证据不足”为由拒不引渡；对俄罗斯出于反恐需要调整安全机构和体制的一些做法，也说三道四,一再表示担心俄罗斯“民主（进程）倒退”。

普京总统是很讲究实际的，在反恐问题上，也是很有原则和坚定的。他不相信眼泪，也不轻信甜言蜜语，更不能容忍任何国家挑战和损害俄罗斯的国家安全和领土完整等基本利益。俄罗斯反恐需要国际合作，认为布什总统亲往俄罗斯使馆致哀，表达了美国对俄罗斯最高级别的同情。但十次这样的“致哀”，不如一次真实可靠的行动：引渡俄罗斯的通缉犯。否则，所有的高级别致哀，岂不有“作秀”之嫌？

面对美国上述行为，俄罗斯十分恼火，一再予以抨击。普京总统不久前亲自出马，向全世界宣称，在国际反恐斗争中，“不能允许推行双重标准”。他质问美国：你们为什么不与拉登会见，把他请到白宫，问问他想要什么，并满足他们的要求，这样他就会让你们得到安宁。他还反问美国：为什么你们可以对“基地”组织穷追猛打，甚至把萨达姆的骨干成员编成扑克牌进行通缉，但却对车臣恐怖分子“网开一面”，要我们去“对话”，（这是什么逻辑）？

普京言之有理，有力，尖锐而深刻。这实际上是对美国反恐推行“双重标准”的一次很生动的批判。这种批判，在最近召开的联合国第59届大会的一般性辩论上，也得到强烈的响应。

美国在外交上推行“双重标准”是世界闻名的，简直是“可持续的冠军”。

如果细说起来，恐怕正像中国俗话所说的，“罄竹难书”。这一点连美国自己的主流媒体也并不否认。《纽约时报》就曾讽刺说，在这个世界上，“政变”什么时候可以不称为“政变”呢？当美国说“不是”，那就不是，那就是“政权更迭”。在拉丁美洲，一个国家是不是民主，与总统穿不穿军装，对美国来说，并不重要。只要是符合美国利益，穿军装、独裁的，也是“民主的”；反之，即使是不穿军装的、民选的，也是“独裁的”。9·11事件以来，美国在反恐问题上的双重标准，表演得更是淋漓尽致。拿“东突问题”来说，美国2002年以来已两次承认“东突运动”为恐怖组织之一。但最近又默认他们在美国成立“流亡政府”。鲍威尔不久前还说，关押在关塔那摩的中国籍恐怖嫌犯将不会被送回中国去，继续向东突恐怖分子发送错误信号。在防止大规模杀伤性武器扩散，以及巴以暴力冲突恶性循环等一系列问题上，也都是这样。美国至今仍没有批准全面禁止核试验条约，也没有参加核不扩散条约的附加议定书，而且不断提升自身核武器的杀伤水平，甚至容忍它喜欢的国家发展核武器，但却频频要求它所谓的“邪恶轴心”国家和它认为“不可靠的”国家遵守，威胁要对它们进行制裁和动武；它不断谴责巴勒斯坦方面的恐怖暴力行为，但对以色列国家恐怖主义行为却视若罔闻。这一切，如何能服众？如何能赢得人心？

美国发动反恐战争已经3年多了，费了九牛二虎之力，推翻了萨达姆政权，却陷入了看来“没有尽头的战争”，弄得十分被动和孤立。现在，美国发动伊拉克战争的所谓“自愿者联盟”日渐缩小，美国在全世界“从被爱变成了被恨”，政治声誉几乎是一落千丈，士兵伤亡已过一万大关。可是，本土的“绝对安全”，至今仍是个“问号”，恐怖主义仍十分猖獗，且有蔓延之势。之所以出现这种情况，并不是因为美国军力不够强大，而是因为它私心太重和“反恐谋霸”，以及由此而推出的一系列错误政策，其中最有代表性的，一是“单边主义”，一是“双重标准”。其实，恐怖主义绝非不可战胜，关键是要有多边的共识和在共识基础上的正确政策，是要进行真正意义上的反恐。美国当权者如果有点自知之明，识时务，就应该认真听一听普京总统的呼声，听一听联合国大会很多国家领导人的呼声，放弃“单边主义”和“双重标准”，走《联合国宪章》指引的道路。

2004年10月18日《中国经济时报》

民主、土豆和速溶咖啡

“民主”和“人权”是非常诱人的口号，一直是美国在国际上推行和使用“软实力”的先行词。欧洲一些国家也不甘落后，有时也很卖力气。在这方面，国际上有不少精彩的评论，有些可谓是“经典”。

一、2006年5月，在美国副总统切尼大肆攻击俄罗斯“民主大倒退”并为美国支持的所谓“玫瑰革命”凋零而感叹之后，俄罗斯外交部长拉夫罗夫反唇相讥，说“民主并不是一袋土豆”，撒在哪里就可以在哪里生根、发芽。

二、法国前外交部长韦德里纳在他的一本新书中谈到美国在全球贩卖“民主”的成败时说，民主并不是“速溶咖啡”，可以即冲即饮。

三、美国领导人历来喜欢谈论，“文明世界”是不能容忍独裁和滥杀无辜的，更不能容忍种族清洗，把“美式民主”和“美式人权”吹得天花乱坠，娓娓动听。可是富兰克林·罗斯福总统确异乎寻常地坦率。当年，在一次记者招待会上，有记者问，拉丁美洲某国总统杀人如麻，独裁统治，美国为什么不仅不反对，反而支持他呢。罗斯福毫不犹豫地回答说，这个独裁者“也许是个狗娘养的，但他是我们（美国）的狗娘养的”。他一语道破了美国在“民主”和“人权”价值观问题上的双重标准和虚伪性。

四、2005年，委内瑞拉发生未遂政变。美国媒体报道说，美国政府对这个国家民主制度的突然中断“没有表现出丝毫的同情”，更没有“一丝遗憾”。对查韦斯总统下台，美国白宫和国务院“都感到满意”；对政变头目宣布自己是“临时总统”，则保持“令人怀疑的沉默”。不仅如此，当时“美洲国家组织”召开紧急会议，根据《美洲民主宪章》，通过决议谴责委内瑞拉政变，唯独美国一家反对。美国代表力图说服大会相信查韦斯下台对大家都有好处，要求不要谴责政变。查韦斯重新执政后，美国无可奈何，但仍强调“查韦斯很长时间以来在一个错误的方向上航行”。当时美国《纽约时报》尖锐地指出，“政变”什么时候可以不被称为“政变”呢？如果美国认为这不是一场“政变”，那就不是，那就是“政府更迭”。美国一直倾向于让对美国友好的面孔出现在总统府里，不论这些面孔穿不穿军装，只要他们对美国忠实可靠就行。说得多么切中要害。

读了以上这些"经典"，人们就不难理解，对西藏"3·14"暴力事件，美国以及一些西方政客和右翼媒体淋漓尽致的表演。他们硬是把暴力犯罪说成是"民主与自由的诉求"；把中国政府依法处理暴力犯罪事件说成是"镇压"；把达赖集团分裂祖国活动说成是"民族问题"和"宗教问题"；甚至还说什么，奥运火炬传递过程中受到干扰的国家都是"民主国家"，而没有受到干扰的则是"非民主国家"。多么荒谬可笑！

2008年5月6日《世界新闻报》

美式“冲动”遇到俄式“韬光养晦”

国际媒体最近有些评论认为，苏联解体15年后的今天，美国对俄罗斯的负面评价和严厉批评日益增多，而且很露骨，美俄现在似乎又要进行“新冷战”了。

今年1月，美国总统布什在国情咨文中第一次把俄罗斯列入处于“战略十字路口”的国家，实际上已开始对建立美俄“战略伙伴关系”产生怀疑，对俄罗斯发展前景感到忧虑。紧接着，美国新保守主义者又纷纷指责俄罗斯外交带有新的“帝国冲动”，威胁必要时要把俄逐出八国集团。

3月以来，这种负面评估和指责进一步升级。先是美国外交关系委员会的报告指责俄罗斯“正在朝错误的方向前进”，“继续背离民主准则”；说俄罗斯现在内外政策的走向有损美国的全球利益，已“日益成为美国的绊脚石”；认为现在两国的“分歧大于共识”，同俄罗斯建立战略伙伴关系“已不现实”；主张调整对俄政策，不仅要“有选择地合作”，还要“有选择地对抗”。几乎同时，美国国家安全战略报告也指责俄罗斯“正在偏离自由与民主之路”，“阻挠”国内外的民主发展。美国权威的《外交》旬刊发表文章宣称，美已拥有绝对核优势，可以轻松对俄实施首次核打击。

更值得注意的是，美国国务卿赖斯最近也公开对所谓俄罗斯“中央集权”表示不安，希望俄人民“发表自己的意见，要求建立负责的、透明的制度，要求能够把自己组织起来向政府请愿，必要时采取行动更迭政府”，这是再露骨不过的表示。

冰冻三尺，非一日之寒。去年此时，预测美俄可能要打“小冷战”的议论也不少。这说明，美俄之间的基本矛盾是极其深刻的，矛盾的爆发有着深层次的动因，而矛盾的主要方面显然是作为世界惟一超级大国的“美国冲动”。

首先，美国原本对苏联解体后的俄罗斯寄予厚望，对俄罗斯初期的内外政策也比较满意。但普京总统吸取教训，坚决要走俄罗斯自己的路，要探寻俄罗斯大国复兴的独特模式，美国对此则耿耿于怀，忧心忡忡。

第二，俄罗斯在军事上和资源上仍然堪称世界超级大国，而且这几年已摆脱衰落，迅速复兴。美国对此感到不放心，不愿坐视旧日宿敌坐大，成为自己新的挑战对手。

第三，十年来，美国一直利用俄罗斯的弱势地位，不断挤压俄罗斯战略空间。先是北约东扩，接着又在俄罗斯家门口搞“颜色革命”。俄罗斯一度忍着、让着，后来警觉了，还以颜色。去年以来，“颜色革命”一再受阻，美国很不顺心。

第四，俄罗斯在外交上显然拉开了同美国的距离。哈马斯选举获胜后，美国要在国际上孤立它，可是俄罗斯却邀请哈马斯访问，而且强调，俄从来都没有说过哈马斯是恐怖主义组织。在伊朗核问题上，俄罗斯几乎是独树一帜。这叫美国如何能不“伤心”。

国际关系、特别是大国关系并不像表面上看起来那么简单。美俄矛盾和摩擦今后还会有新的发展，有时可能还相当尖锐，但新的冷战打不起来。这首先是因为，美国作为当今大国关系矛盾的主要方面，目前国际战线拉得太长，力不从心，在反恐、防止大规模杀伤性武器扩散乃至能源等方面仍有求于俄罗斯，需要俄罗斯的合作。目前的“美式冲动”很难是“可持续性”的，同时还因为俄罗斯在发展经济和反恐等方面也有求于美国。目前俄罗斯普京总统奉行的是“俄式韬光养晦”和独立自主外交，对美方针基本上是寻求合作，不搞对抗。只要美国不欺人太甚，不逼得太紧，不进一步损害俄罗斯核心利益，双方的合作仍将继续，有时还可能热乎起来。

2006年4月6日《中国经济时报》

戈尔巴乔夫痛批布什总统

据报道，在7月27日的一次新闻发布会上，原苏联领导人戈尔巴乔夫痛批美国犯了“重大战略错误”，导致世界陷入“全球性混乱”。

他说，苏联解体后，美国产生了“新帝国”思想，图谋“单独领导世界”，奉行“单边行动和战争”政策，“忽视安理会、国际法和美国人民自己的意愿”，从而构成了“重大战略错误”。他指出，当今世界，“没有人，也没有任何一个力量中心，能够指挥整个世界”，“即便是8国集团也不能做到这一点”。

这是戈尔巴乔夫这几年反思以后对美国最严厉的一次批评，而且点了布什总统的名。他强调，“世界正在经历一个不断恶化的全球性混乱时期”，这是“很危险的”，要解决这种危险，“建立多极世界是唯一选择”。他说，“但要实现这一目标，必须等到美国总统乔治·W·布什离任”；“只要这位美国总统在任，我认为我们就不可能从根本上改变目前正在变化的局势”。

看来，他真的是被美国的国际行为、特别是美国不断进逼俄罗斯惹火了。

美国曾经十分赞赏戈尔巴乔夫的“外交新思维”，认为他是苏联解体的“功臣”；戈尔巴乔大一度也非常向往美国的“天堂”。但严酷事实不断提醒戈尔巴乔夫：美国这位“先生”为什么老是要欺负俄罗斯这个“学生”呢？！

现在，“学生”在批判“先生”了。不知白宫的“先生”们听到没有？！

不过，戈尔巴乔夫有两点似乎没有完全搞清楚。

其一，布什总统不是一个孤立的人，美国图谋独家领导世界、建立“美国统治下的世界和平”，是冷战结束后美国的国策和战略目标。现阶段，布什总统无疑起着关键作用，但并非他一走就“万事大吉”。美国的变化归根到底还是要看美国的民意。从这几年来的情况看，美国选民对美国现行政策的看法，正在逐步接近国际舆论。这才是希望之所在。

其二，世界多极化是客观存在的事实，可以说是大势所趋，是不依人们主观意志为转移的。新世纪开始以来，它的发展和变化速度十分惊人，比起克林顿任期的8年要快得多。随着多极化的发展，世界力量对比也在发生变化，在国际关系中，人们不能不越来越倚重多边主义。如果说美国民意是美国政策可能变化的内因，世界多极化则是外因。这两个因素加在一起，才能真正迫使美国改弦易辙。

2006年8月11日《世界新闻报》等

戈尔巴乔夫“批判的礼物”

美国总统奥巴马在参加G20金融峰会后，马不停蹄，先后出席了北约“耳顺之年”的庆祝会、美国与欧盟的峰会，并访问了土耳其和伊拉克。他一路风尘仆仆，说了不少让人悦耳的话，如：他不是来“发号施令”的，而是来“倾听的”；承认美国不能独自面对21世纪的挑战，表示美国将会成为欧盟一个“更好的合作伙伴”；宣布“美国将采取让世界走向无核武器方向的具体步骤，结束冷战思维”，承诺将首先致力于推动美国国会批准《全面禁止核试验条约》；强调美国现在不会、今后也绝不会同伊斯兰世界开战；同意北约峰会声明，认为北约与俄罗斯之间的“伙伴关系”是促进欧美地区安全的“战略因素”，表示北约很重视这一点，等等。此外，在东欧部署反导系统和美国同伊朗关系等方面也表现了一定程度的松动与寻求多边合作的某种意向。这一切，应该说表现了同其前任不同的风格和理念，收到了国际上比较好的欢迎和认同；而且也是奥巴马总统本人“外交秀”的一次相当好的展示。如果这一切都是认真的，严肃的，并能逐步兑现，奥巴马总统的这次欧洲之行可谓“初战告捷”，符合世界民众、特别是欧洲的期待，有利于国际形势的缓和。

但国际上一些客观、冷静的政治家以及专家学者对此并不完全认同，他们或多或少都抱有怀疑态度，或者有着很大保留。其中比较有代表性的恐怕要数前苏联总统戈尔巴乔夫了。据德国之声最近报道，戈尔巴乔夫说，1990年德国统一后（正是苏联加速解体时），美国、德国和西方国家对他承诺，“北约一毫米也不会向东推进”。“但美国人没有履行这个承诺”，“让俄罗斯失去了对西方的信任”。戈尔巴乔夫强烈批评美国和北约十几年来言而无信的行为，并指出，（他们现在）“可能正高兴能够把俄罗斯人赶跑呢”（指北约东扩挤压俄罗斯战略空间）。

戈尔巴乔夫只是在奥巴马访问欧洲期间从一个方面对美国和北约提出异议，但以管窥豹，可见一斑。

北约大西洋两岸关系目前比布什执政时期显然要好些，单边主义似乎已开始退出历史舞台。然而，一系列深层次矛盾，诸如阿富汗战争的战略、策略和责任分摊问题，在东欧部署反导系统问题，土耳其入盟问题，特别是北约自身定位和东扩问题（这实际上是“北约向何处去”和“北俄关系”问题），一个也没有真正解决。美国主导的这次《联盟安全声明》强调，“北约的大门朝所有欧洲民主国家敞开”，其含义是再清楚不过了：北约仍然要东扩；美国和北约仍然坚持它们自己所谓的“民主价值观”。冷战思维跃然纸上。在这种情况下，北约同俄罗斯的“伙伴关系”和“战略因素”何在？！欧俄关系怎么能摆平？！

其实，戈尔巴乔夫对美国和北约的严厉批评，并非是反美或者反对奥巴马，而是一种感慨和反思，是对美国和北约的一种告诫。因此，笔者宁愿把它称之为“批判的礼物”。

2009年4月13日《解放日报》等

戈尔巴乔夫的反思与现实意义

戈尔巴乔夫是苏联第一任、也是最后一任总统，是当今世界一位颇有争议的人物。由于世界观和价值观以及国家利益的不同，有的认为他是“历史的罪人”，有的认为他是“历史的功臣”，评价大不相同。不过有一点是比较清楚的，美国对他大加赞赏。冷战期间，美国花了数十万亿美元，费尽心机，对苏联多方围攻堵截，都未能取胜。但这个堡垒终于从内部被攻破了。戈尔巴乔夫在任期间，向往“美国模式”，热衷于“外交新思维”，从苏联一个错误的极端(极权与争霸)，跳到另一个错误的极端（西化与配角）。结果把苏联搞得乱糟糟的，衰败不堪，终致解体。美国认为他“功不可没”，不无道理。

现在戈尔巴乔夫已年过古稀。冷战结束十几年来，他经过新的社会实践和冷静思考，似有所悟。几年前，在一次世界和平大会上，他已开始指责美国的战争政策和霸道行为，强调人类需要和平。去年，他公开指责美国发动的伊拉克战争，批评美国枪炮威胁和支持下的伊拉克议会选举是“冒牌的”，“距离真实的选举非常遥远”。

今年，在其75岁生日之际，他不仅承认和悔恨自己过去领导的失误，还进一步炮轰美国“霸权中心”：一批美国企图充当世界警察和法官，而且津津乐道；二批美国肆意干涉别国内政，指点别国江山；三批美国民主和人权方面的虚伪性；四批美国的双重标准乃至三重标准；五批美国企图“建立新的美利坚帝国”，并警告美国说，“在多极化世界的格局下，这是行不得通的”，也是“真正危险的”。

戈尔巴乔夫以其亲身经历和体味进行反思，承认错误，勇敢地面对现实和展望未来，难能可贵，引起全世界的关注，具有重大现实意义。

首先，对于俄罗斯走自己的路，恢复大国强势地位，有着深远影响。普京总统没有沿着其前任的路线继续往西走，坚持独立自主与“俄式韬光养晦”方针，在国内并非没有阻力。戈尔巴乔夫的反思无异于一贴“清醒济”和“劝告书”，有利于现行政策的推行和发展。在某种意义上，对中国广大知识界也有一定启发。

第二，有利于推动国际关系真正民主化，反对国际交往中的霸道行为和任意干涉别国内政；鼓励独立自主意识和尊重不同的发展模式。同时，也揭露了美国“自由和民主”的虚伪性，以及“双重标准”乃至“三重标准”的游戏规则。

第三，树立了一个很好的“学生”指责“先生”的示范。美国确实有不少好东西值得学习和借鉴，甚至令人向往，但绝并不是“天下最美”，可以一个体制和一个价值观盖天下。遗憾的是，美国这位先生至今也没有醒悟过来，而且喜欢欺负它的“学生”。由于中国、俄罗斯和印度各自坚持走自己的路，不愿“顺着美国走”，就一一被美国扣上“处于战略十字路口”国家的帽子，收到指责和攻击对。戈尔巴乔夫的反思和对美国直言不讳的批评，正是在这种情况下发生的，不愧为美国诸多“学生”中的榜样。

2006年8月15日《解放日报》

避免冷战,“促和”为上

9月8日,欧盟轮值主席国法国总统萨科齐和欧盟其他两位要员将赴莫斯科与俄罗斯领导人会晤,据说主要任务是进一步商讨和落实解决南奥塞梯冲突的六点原则。

格鲁吉亚在奥运开幕期间动用武力,企图以“闪电方式”一举解决历史遗留的南奥赛梯问题,遭致俄罗斯迅速反击。随后,南奥赛梯和阿布哈兹宣布独立,俄罗斯予以承认。俄美、俄欧关系骤然紧张,美英和北约一些新成员强烈谴责,并威胁制裁。但欧盟特别首脑会议并没有顺着这个路子走。

首脑会前,法国总统萨科齐就予以“引导”,说欧盟愿意与俄罗斯建立密切和积极的关系,不希望回到冷战时代。首脑会议虽然也“谴责”俄罗斯,警告俄罗斯“不要将自己从欧洲孤立出去”,并决定在俄军撤回到格俄冲突时的位置之前,推迟与俄双边关系框架协定的谈判。但西方评论普遍认为,这显然有点“底气不足”,实际上“促和”主张在会上占了上风。会议声明指出,“格鲁吉亚危机使欧俄关系走到了十字路口,但由于双方的相互依赖和共同面对的全球性问题,欧俄除继续在合作、信任和对话基础上保持牢固的伙伴关系外别无选择”;呼吁俄罗斯支持欧盟这一“有利于双方利益、理解和合作的根本选择”。

这显然是欧盟比较理智和务实的选择。实际上,俄罗斯总统梅德韦杰夫此前就已经表明:“俄罗斯不希望和任何国家对抗”。9月6日,他再次重申,俄罗斯不希望对立,俄准备在国际法原则基础上与别国发展平等互利、睦邻友好关系。美国总统布什在这次危机爆发后不久也说过:同美国对抗,对俄罗斯没有好处;同俄罗斯对抗,对美国也没有好处。9月初,美国官方公开承认,格鲁吉亚当局8月7日攻打南奥塞梯首府犯了一个错误;批评格领导人缺乏理性。欧俄美三方都表示不希望进行“新冷战”,不主张“对抗”,这是值得肯定的好兆头。但人们还要看实际行动,以及有关方面必要的反思。

首先,俄美欧都各有自己的“核心利益”和不容跨越的“红线”。冷战结束以来,美国和北约不断东扩,一再越过俄罗斯的“黄线”,逼近“红线”。特别是美国要在波兰和捷克部署导弹系统以及支持乌克兰和格鲁吉亚加入北约，俄罗斯反应十分强烈。美国非常不愿意看到俄罗斯在它的后院（拉美，特别是古巴和委内瑞拉）有任何军事存在，经常警告俄不要越过它的"红线"，那么自己为什么要跨越俄罗斯的"红线"呢？俄罗斯这次强烈反弹，正像一家英国媒体说的，实际上是"叫停美国单极时代"，告诫美国不要跨越它的"红线"。有关各方只有相互尊重对方的"红线"，不把自己的安全建立在别人的不安全基础上，更不去损害它国的"核心利益"，和解与合作才有可能。美国副总统切尼近日在格鲁吉亚关于全面支持格加入北约等一系列言论，恐怕无助于"促和"的努力。

其次，需要切实放弃政策行为中的"双重标准"。亚洲一位资深外交官说得好："西方在格鲁吉亚问题上的说教让世界大多数国家感到困惑"。联合国明明有决议，要维护塞尔维亚的主权和领土完整，可是美国和一些北约国家却不顾一切地承认了科索沃的"独立"。它们现在强调要"维护格鲁吉亚的主权和领土完整"，反对俄罗斯承认南奥赛梯和阿布哈兹独立，俄罗斯岂不觉得可笑？！

第三，现在格鲁吉亚和南奥赛梯都需要重建和人道主义援助。有关方面"慷慨解囊"（美国已宣布给格10亿美元），如果从经济和民生角度考虑，无可非议，甚至值得称许。但如果出于"军事渗透"和"重新武装"，不仅无助于"促和"，恐怕将进一步加剧对持。9月6日，梅德韦杰夫总统明确表示，俄罗斯的合法利益不容忽视，新的形势促使俄罗斯不得不制定新的外交战略。这意味着什么，尽人皆知。

以上这些问题都是冷战遗留下来的"结构性矛盾"在新时期的表现，一时很难完全解决。但如确有诚意，少一点"价值观"和"冷战思维"的冲动，多一点"和平与发展"大局的考虑，"促和"为上，"新冷战"还是可以避免的。

2008年9月《世界新闻报》、博联社、腾讯等

普京要归来兮，美倍感失落

9月24日，梅德韦杰夫在其党的代表大会上，正式提名普京明年竞选总统。消息传出后，美国反应可谓“五味杂陈”。这本来是美国意料中的事，但毕竟不是它期盼的。

美国官方貌似“淡定”，一再强调，尽管普京有望重登总统宝座，但美国致力于美俄关系“重启”的努力将会继续下去。此话不假。当年，小布什和普京几乎同时上台执政。6月，小布什第一次会见普京后意味深长地说，从“普京的眼神”可以看出，“他是个可信赖的朋友”；“望着这个人（普京）的眼睛，我就能够感觉到他的灵魂，他是一个将自己的全部贡献给国家的人”；“普京让我敬仰，我喜欢他”。布什显然是在给普京灌“迷魂汤”，普京也礼尚往来，说过一些称赞布什的话，相互示好。此后，两国关系得到了一定的缓和，在“反恐”和阿富汗战争等方面，俄罗斯也给了美国一些必要的支持和方便。但美不断挤压俄国际战略空间，多方指责俄“民主大倒退”，结果仅仅一年，小布什在德国再次看到的“普京眼神”，就不再是他喜欢和敬仰的了，两国关系进入了“有选择的对抗和有选择的合作”时期。

奥巴马“外交新政”强调要“重启”美俄关系。俄罗斯也有相应回报，在核武和利比亚等问题上都同美国有一定程度的合作。但他上台才半年，就在访问俄罗斯期间公开“赞梅批普”，声称他同梅德韦杰夫发展了“非常友好的关系”；指责普京“以旧的冷战思维处理美俄关系”，“一只脚仍走在老路上，另一只则走的是新路”，“有时因循守旧”，需要有人“开导”等等。今年美国副总统拜登访问俄罗斯期间，甚至流露劝说梅德韦杰夫明年应竞选总统的方针。

可见，美国的爱憎和期盼十分明显，似乎比俄罗斯老百姓更关心普梅“谁进谁退”的问题。

无怪乎尽管美国官方反应态度比较“淡定”，美国专家学者和媒体却“慷慨陈词”，做了大量“注解”。他们说，梅德韦杰夫作为“民主改革派”，显然更受美国青睐，他面对外界时更为平和，而不像普京那种对抗性的风格；普京

“王者归来”，意味着俄今后多年将继续走“专制道路”，示意俄罗斯民众不要再“关注美妙的自由了”，普京可能成为下一个勃列日涅夫和斯大林，成为“新沙皇”。

显然，美国的指望是落空了。俄罗斯没有、也不可能按照美国的路子走。但这也是无可奈何的事。在时代变迁量变进程加速发展的年代，美俄有条件的合作仍然是必要的，符合双方利益。明年普京如果顺利当选，奥巴马政府还是要“重启”美俄关系的。但如果奥巴马自己年底败选，共和党人上台，可能还有新的变数。

不过，看看美国的国际关系史，共和党人也不一定把美俄关系更多地引向“对抗”。近些年来，美国在挑拨中俄关系方面没少下功夫。美国陆军大学战略研究所的一份报告不顾事实，硬说俄罗斯近来加强远东军力是“针对中国的”。俄日双方最近一次正常的联合军演，也被说成是着眼于“共同牵制”中国。前不久，美国方面还释放一种意味深长的“信号”：在国际力量对比发生深刻变化的新时期，美国应该调整战略，学习当年尼克松和基辛格拉拢和联合中国反对苏联、并“踩着中国肩膀跑莫斯科”的政策和策略，反其道而行之，拉拢和适度联合俄罗斯，遏制和对付中国。对此，我们不能不高度警惕。美国下次大选，不论谁上台，都可能悄悄使出这一阴招。

2011年10月11日《北京日报》

第四部分
周边与国际组织

日本“醉翁”意欲何为

日本外相麻生太郎最近在台湾问题、东海油气田问题以及所谓中朝贸易等问题上，连续大放厥词，不仅散布“中国威胁论”，而且扬言要采取与中国“对抗措施”。3月18日美澳日三国安全战略对话后，麻生再次挑衅说，“中国的经济及军事费用都在快速增长，由于看不清中国的意图，不能不令人生疑。”语调同澳大利亚外长很不合拍，甚至同美国也不协调。

日本小泉和麻生这几个领导人为什么会不断发表这类“违背外交常识的言论”，他们凭什么这么牛气，靠什么资本？人们议论纷纷。有人说，这是小泉和麻生“特殊的个性”和“大嘴巴”使然；有人说，这是出于日本“国内政治的需要”（指煽动狭隘民族主义与选举）；也有人说，归根结底，这是因为日本某些领导人“帝国情结未了”。还有人批评他们“右倾盲动”，“既不诚实，也不明智”，是“挑衅邻国的愚蠢行为”。无疑，这些看法都有一定道理和依据，有些也比较切中要害。

中国古诗云，“醉翁之意不在酒”。在现实生活中，有时“狂人”之意也“不在酒”。在国际政治和外交上，当我们注意一种主要倾向时，还需要同时注意“可能被掩盖的另一种倾向”。一个强硬的姿态，或一个软弱的表现，有时候是一个有意放出的“试探气球”。日本这几个领导人不可理喻，口出狂言，除了上述因素外，似乎还有一些不便宣示的图谋和阴暗心里作怪。

其一，似乎是在试探中国外交、特别是对日外交的“底线”和“耐力”，刺激中国“外交冲动”，挑动中国“亮剑”，并向国际社会表明，亚洲的“日本虎”敢于挑战日本心目中的“中国龙”，显示它决心要做所谓“正常大国”（包括争取“入常”）的胆量。

其二，日本非常不乐意看到中美关系改善，尤其担心美国在对华关系上重演“越顶外交”。企图一举两得，既呼应美国新保守主义理想家们防范中国战略的一面，捣一点乱，牵制中美关系，特别是胡锦涛主席4月对美国的国事访问，又测试美国在加强美日同盟方面的真正用心，以及实际执行中的“底线”，在日中关系方面美国对日本能支持到什么程度。

其三，配合和鼓动"台独"势力的分裂活动，为陈水扁等人打气和撑腰，让他们感到背后不仅有美国，还有日本做后台，支持他们在"台独"道路上进一步冒险。

小泉和麻生等日本领导人自作聪明，不计后果，自以为得计，恰恰在全世界和日本民众之中暴露了他们的虚弱性、阴险性和冒险性。

我们对此不能心中无数。看清了他们的真面目，我们更可以沉着应付，冷静对待。我们中国人必须排除干扰，坚定地走自己的路。日本人民迟早会收拾他们的。何时以及如何收拾他们，我们不妨拭目以待。最近小泉内阁在国内的支持率下降突破了一位数、右翼喉舌的代表人物渡边反戈一击，批评小泉及其同伙，似乎已开始说明一些问题。

2006年4月4日《解放日报》

日本孤家寡人态度发人深思

日本《朝日新闻》近日报道，美国财长盖特纳在接受该报采访时，明确表示，七国集团（G7）应向二十国集团（G20）转变。日本媒体据此批评日本在国际上的“孤家寡人”立场，说G20峰会已召开两次，而且比较成功，在解决金融危机方面发挥着举足轻重的作用，但日本“似乎仍然没有改变立场”，继续坚持七国集团运作框架；现在“消极对待20国结构的只剩下日本”了；这岂不是置身事外、坐失良机？！

众所周知，美国一直是G7的主导力量，日本一向紧跟美国，经常是亦步亦趋，现在却一反常态，采取不同的立场，何故？

国际上对此议论纷纷，其中有一点值得玩味和深思，说日本是G7之中唯一的亚洲国家，如果转向G20，亚洲国家就多起来了，中国也就进来了，日本“心有不甘”：堂堂的世界第二经济大国日本，岂能同中国和印度“平起平坐”？7+1或者8+5多好，日本是“主人”之一，中国和印度这些国家只是“被加上去的”而已。

这一议论也许并不十分准确，但似乎击中了要害。

2009年4月21日《新民晚报》

日本拉“山头”的天真和轻狂

胡锦涛主席9月3日将开始对澳大利亚进行国事访问并出席APEC领导人非正式会议。8月29日电，胡锦涛在同澳大利亚总理霍华德通电话时表示，中澳在政治上相互尊重，经济上互利互惠，在重大国际和地区问题上保持良好沟通和协调。他期待同澳方一道努力，推动中澳全面合作关系再上一个新台阶。霍华德也表示，他期待同胡锦涛继续推动两国关系在各个领域向前发展，并希望在APEC领导人会议上同中方密切配合。

这是中国国家主席自2003年以来再次对澳大利亚进行国事访问。几年来，中澳关系发展势头良好。两国领导人交往频繁，在21世纪“互利共赢的全面合作关系”方面取得了重要共识，为两国关系的发展指明了方向。在重大国际问题上，两国也“观点相近”，对维护和促进亚太地区乃至世界和平与发展，两国都明确担负着重要责任。

在经贸方面，也出现了多方位、宽领域、深层次良好的发展格局。两国经济互补性强，双方共同利益正在不断扩大，已经形成“你中有我、我中有你”的长期稳定的战略经济关系。去年，中澳双边贸易额已超过300亿美元，今年头5个月同比又增长34以上。中国已经取代日本成为澳大利亚头号贸易伙伴，澳大利亚也是中国的第九大贸易伙伴。

今年是中澳建交35周年。胡锦涛此次访问，对两国在“增进互信、扩大共识、深化合作、共创未来”方面，将是一次更加有力的推动。这是中澳两国人民所期盼的，也符合APEC地区人民的愿望。

可是有人似乎有逆反心理，心里就是不舒服，希望拉一个所谓“价值观相同国家”的山头与之抗衡。

据报道，日本、美国和澳大利亚三国领导人在APEC会议期间将举行工作早餐。这在APEC本来是很正常的事，东盟国家、中日韩三国高官以及美澳新方面经常有这类活动，交换意见，协调立场，探讨解决问题的途径。日美澳三国领导人单独会面，如果是为了这样的目的，为了把今年APEC会议开得更好，在诸如气候变化的“悉尼宣言”等方面做出积极贡献，我看不仅无可非议，而且应该欢迎。

但日本某些右翼人士和媒体却在宣传，日本有意利用APEC会议机会，拉拢澳大利亚和美日一起，并连接印度，另立“山头”，以形成“民主联盟”核心，对付中国。如果是这样，那就同APEC大家庭精神背道而驰了，将是非常不受欢迎的。这样的“山头”，实质上就是日本右翼领导人一个时期以来不断宣传的所谓“自由与繁荣之弧”或“价值观外交”的继续，是图谋在更大的范围内拼凑一个日、美、澳、印为主体的“山头”，应对和遏制中国。

澳大利亚需要同日本保持和发展友好关系，但它已一再表示，无意参与遏制中国；更何况，中澳两国关系正在良好的发展势头上。拉它上这个“山头”，是不是过于天真和轻狂?

美国固然更需要日本这个“铁杆盟友”，但出于其目前的实际需要和战略考量，也不会轻易走上这个“山头”——它还要多看看“风向”。布什总统在访问澳大利亚、出席APE C峰会前夕会见记者时表示，美中关系不是什么“零和游戏”，他把中国的发展看着是一种“积极的机遇”，不仅对美国，对日本等国也是机遇。他还说，“我同日中两国领导人关系都很好”，美国要在亚洲继续积极发挥作用，以“确保”日中关系（宿怨）不致激化。这似乎是对日本某些右翼领导人的一次很好的提醒；也似乎表明，美国领导人比日本某些右翼领导人更识时务、在外交政策和策略上“更加高明”。

2007年9月7日《世界新闻报》

日本媒体恼羞成怒了

日本主要媒体一向竭力为日本领导人参拜靖国神社和否认日本有战争罪犯的事实进行辩解，对中韩等邻国人民感情的伤害全然不顾，置若罔闻，甚至倒打一耙，硬说这是中韩两国“狭隘的民族主义”使然。前几天，日本媒体还特意报道，日本官方同新加坡一家媒体唇枪舌战，指责人家“干涉内政”。总之，在日本的一些媒体看来，亚洲邻国的舆论算不了什么，不值得“大日本”重视；日本只要同美国搞好关系，就万事大吉了。

出乎意料的是，美国一些主流媒体最近也开始说话了。

11月23日，《洛杉矶时报》批评小泉说，日本领导人对该国过去血腥的帝国主义行径，既无悔改之意，也没理解它给世界人民造成的永久痛苦。

接着，《纽约时报》也先后发表社论和长篇报道，历数日本军国主义当年残忍地杀戮亚洲国家不计其数的无辜生命，批评小泉的行为使日本的“悔改之意”“消失殆尽”，具有“危险的军国主义倾向”。

这一来，日本的一些主流媒体有点吃不消了，惊呼美国媒体“严词敲打日本”，态度日益鲜明，不但在靖国神社问题上完全赞同中国的主张，而且还对修改和平宪法等大问题提出了异议；感叹这些评论“竟然出自日本最大的民主同盟国美国的主流媒体之口”，觉得难以置信。它们的“失落感”不禁油然而生，而且有点恼羞成怒。它们已经顾不得情面了，迅速公开进行反击，指责美国媒体“太片面”、“太偏激”、“太露骨”，“简直不像一个最大的同盟国”。

看来，小泉及其领导的日本政府现在又面临一条新的“被批判战线”，日子似乎更不好过了。

2005年12月2日世界新闻报等

日本一些媒体忧从何来

八国集团首脑会议7月7日至9日在日本北海道旅游胜地洞爷湖举行。布什总统赴会之前在白宫接受了日本多家媒体的采访。

《读卖新闻》和共同社报道称，布什总统把日本称作美国战略的“枢纽”，高度评价日本自卫队在印度洋的供油活动和向伊拉克派兵。在谈到两国“蜜月关系”时，布什说，他为同小泉等日本首相建立个人关系做出了努力，在美日之间“构筑了基础坚固的战略性关系”。日本媒体对布什的这些溢美之词感到十分舒服和高兴。但《读卖新闻》和共同社更加注意和担忧布什亚洲政策可能的调整，认为布什在谈到“美中蜜月”和“美印蜜月”时，“更有实际内容”，更加反映了美国的“长期战略”方针。

据它们报道，布什总统在谈及美中关系时，发表了相当“自夸式言论”，说“我和胡锦涛、江泽民两位国家主席建立了个人关系，能够推心置腹地交谈”；“台湾海峡虽是难题，但现在状况相当良好”。布什还认为，朝核问题取得进展，是中国参与六方会谈所取得的成果；美中的战略性经济对话也已成为惯例。布什强调，“美中关系正在变得密切”，“某种意义上是迄今最好的”；他要把“美日同盟”和“美中合作”作为美国将来“亚洲外交的轴心”，以实现包括朝鲜半岛无核化在内的东亚安全保障。他敦促日本“不要进行零和外交，希望日本也同中国构建良好的关系”。

对此，《读卖新闻》感到很不是滋味，醋意油然而生，断言布什总统表现了一种未曾有过的“亲华”姿态。共同社驻华盛顿分社社长也忧心忡忡，担心日本在美国亚洲外交中被“边缘化”，说日本长期奉行“对美一边倒”外交，但美国却在亚洲构筑了多层次的外交关系。日本若不能加深同亚洲各国的关系，可能在“后布什”时代陷入孤立。

其实，《读卖新闻》记者大错特错了，这位社长也有点过虑了。他们只见其一，未见其二。在美中关系和东亚安全方面，布什显然是更现实了，在继续向前走。这是符合亚太地区形势发展和需要的。但布什说得很清楚，他的“亚洲外交轴心”，美日是“同盟”关系，美中是“合作”关系。这是有很大区别的。这些先生们如果不是“冷战思维”作祟，不是“另眼看待中国”，当不必如此酸溜溜，伤感发愁。他们完全可以学习日本一些识时务的智库人士，采取欢迎态度，支持福田首相对美国和亚洲的“共鸣外交”，趁机推动中美日三边关系朝着良性互动和“合作共赢”的方向发展。这对日本也是很有益的。否则，成天价发愁和提心吊胆，怕被人抛弃，多么不值得。

2007年7月《世界新闻报》

日本右翼媒体：念念不忘为哪般？

日本右翼媒体最近在预报小泉即将访问非洲以及策划“建立东亚经济共同体”时，一再强调，意在“牵制”中国“对非洲的渗透”和“对东亚的影响”，同中国“争夺主导权”。

小泉政府和他们的主要喉舌，长期以来，除了不断制造和散布“中国威胁论”、在靖国神社等问题上蓄意误导日本民众外，宣传上最重要的“关键词”便是两个“念念不忘”：一是不忘“牵制中国”；二是不忘与中国“争夺主动权”。

小泉上台以来，从2002年他访问东南亚国家，一直到日本领导人出访中国大小邻邦，包括对海啸灾难的援助和东亚峰会，这些媒体都念念不忘这两个“关键词”，宣传把“目标对准中国”，把日本在亚洲的“领导权”从中国那里“夺回来”；强调要“牵制”和对付中国，同中国“争夺盟主地位”；甚至提出，要沿着当年中国“丝绸之路”，建立新的“围堵中国之路”。日本内阁官房长官4月4日在诬蔑中国“破坏亚洲稳定”同时，强调日本与中国价值观不同，日、美、澳、印4个“价值观相同的国家”“应该紧密合作”。其用意路人皆知。“亚洲小北约”的幽灵仍在徘徊。

小泉及其一伙自以为得计，却恰恰暴露了他们自己严重的冷战思维和一心想当“地区霸主”的邪恶用心，继续逆日本民意而动（现在近80%的民众主张改善中日关系，只有1.5%的人不怕恶化中日关系），丝毫损害不了中国睦邻友好和“永不称霸”的崇高形象，也动摇不了中国走和平发展道路的决心。

2006年4月14日《世界新闻报》

乐闻日本智囊的务实建议

在福田首相访华之前，日本智囊机构"日本对华综合战略研究会"发表了一份关于对华新政策的建议书，题为《日本对华综合战略——对作为战略伙伴登场的中国的期待和日本的方针》。建议书归纳了今后10年日本应该如何与中国相处的意见，虽然仍有不少冷战思维的影响和偏见，如所谓要"遏制中国的军事冲动"等，但也有相当一部分积极和务实因素。

建议书一共16条，其中最引人注目的是第一条和第二条，提出定期举行日美中三国首脑会议，在致力于日美同盟、日美澳对话强化的同时，"推进日中战略合作伙伴关系"。

这不是偶然的，而是国际和地区形势发展的必然结果，也是日本切身利益的需要。

长期以来，日本仰仗日美同盟，既靠着美国又拉着美国，开展它的外交活动。福田康夫的父亲、前首相福田赳夫虽然早就提出要重视亚洲的"福田主义"，但阻碍重重，难以实现。冷战结束以来，日本新右翼仍然死抱着"日美同盟"不放，而且企图"借鸡生蛋"，向全球扩展势力范围和影响。岂不知国际形势早已大变，老一套吃不开了，连美国自己也不得不开始某种反思和调整政策。

由于经济全球化的迅速发展，特别是"中国速度"的伟大民族复兴，无论是中美还是中日之间，经济上在诸多领域都出现了"你中有我，我中有你"的局面，用日本领导人的话来说，相互很难割舍；中国固然很需要它们，它们也更需要中国。在政治和安全方面，没有中国的合作和支持，很多事它们也行不通。正因为如此，在对华关系方面，从尼克松到克林顿，美国对日本已搞过多次所谓"越顶外交"。现在日本非常担心美国在对华和对朝关系方面再次搞新的"越顶外交"，使日本被"边缘化"，从而更加孤立。

目前，中美关系正在比较平稳发展，而且势头不错。日本智囊的上述建议，不论其主观意图如何，客观上也是吻合时代需求的，有利于亚太地区的和平与稳定。事实上，中日关系中，始终都有美国因素。中美和中日之间带有战略性的双边对话，如果经过酝酿和协调，发展成中美日三边对话，不失为一件有意义的大好事，福田康夫继承父志，可能“青出于蓝胜于蓝”。

笔者曾经在北京、华盛顿和东京参加过多次中美日第二轨道（半官方）对话，现在看来是应该顺势提升为第一轨道（官方）对话了。日本一些媒体希望福田访华能与中国产生“共鸣”，促进中美日三国间的高层协调，从而为亚洲的稳定做出贡献。我想，这是很良好的愿望，值得鼓励与欢迎。但愿美国也有类似的考虑和需求。

2007年12月27日《解放日报》

日本右翼媒体说了真话

继7月访问蒙古之后，日本首相小泉将于8月28日访问中亚哈萨克斯坦和乌兹别克斯坦。日本外务省一位高级官员强调说，日本资源匮乏，几乎所有石油进口都依靠中东。中亚这两个国家“不是欧佩克成员国，也不属于中东地区，但却生产石油天然气——这对日本来说意义重大。”这位高官还说，小泉在与哈萨克斯坦总统纳扎尔巴耶夫的会谈中，预计将会谈到日本参与哈铀矿项目的问题。哈萨克斯坦的铀储量居世界第二。这对日本来说，当然也非常重要。

小泉此次访问的目的，日本高级官员以上讲话似乎已说得很清楚，就其本身来说，无可非议。一个资源匮乏的日本，有理由寻求资源来源的多样化。可是日本右翼媒体却强调，此访目的意在牵制中国和俄罗斯。《产经新闻》8月26日报道访问目的时，用的标题就露骨地宣传“首相踏上牵制中俄之旅”。这篇报道还不无遗憾地说，“得欧亚大陆者得天下”，美国、欧洲、中国和俄罗斯“在这一地区的资源争夺早已鸣锣开战”，小泉首相这次访问不免给人以“姗姗来迟”的感觉，流露出急欲鼓动和参与“大国争夺战”的浓厚冷战思维。

日本右翼媒体的这些话，看来同官方很不一致，其实正是小泉外交的两个方面：既要争夺资源，又要牵制和对付中国和俄罗斯，并积极主动地配合美国全球战略。不过底气似乎不足。从一些报道和评论中，人们不难看出，它们十分担心中亚有关国家“不会真心与日本交往”。

2006年8月31日《新民晚报》

福田参观孔子故乡引起的思考

日本首相福田康夫27—30日访华期间，将特地前往孔子故乡、儒学圣地山东曲阜参观。日本媒体强调，这是福田首相的强烈愿望。福田首相也表示："孔子在中国非常受重视，到日、中两国都共同关心的地方去，很好！"显然，这对新形势下中日关系继续融冰、改善和发展颇具积极意义。

中国儒家思想（如《论语》），早在公元3世纪就传到了日本，而且曾经盛极一时，很有一些影响。明治维新后，日本综合国力提高，独尊神道，儒家思想不那么吃香了，儒家思想的"仁义礼智信"也被扭曲了。本来是"仁"字当头的"仁义礼智信"，变成了"礼"字当头。日本人十分注意礼节，而且一般都认为是从中国学来的。但他们很多人不懂得，"礼"是同"仁"密切关联的，而且是以"仁"为基础的；一种没有"仁"的"礼"，让人感到十分不自在，甚至感到非常虚伪。小泉也谈儒家的"忠恕"之道（他当年访华参观时就提过这两个字），但他只要中国宽恕日本，却不承认日本侵略中国的罪行，这同儒家思想是背道而驰的。

中国一直坚持走和平发展道路，主张共同构建和谐世界与和谐亚太；中国也一直在向日本喊话："和为贵"，中日"应为良马勿为虎"，要"互利合作"，"共同繁荣"。日本前首相安倍在任时，尽管对中国"两面下注"，但已开始赞同中日建立"战略互惠关系"。福田上台以来的诸多言行表明，他将继承并进一步充实和发展这一关系。他选择访问儒学圣地参观，不仅有利于加强中日文化和思想交流，如果能正面领会儒家思想，用于实践，对增进两国政治互信和共识，推进中日关系的健康发展将大有裨益。

2007年12月腾讯、博联社博客

安倍最想什么？最怕什么？

日本首相安倍2月22日即将访问美国。他上任不到两个月，几乎是N次强调，要加强日美同盟，以应对亚太地区新的威胁（有时直白中国，有时明说朝鲜，暗指中国）。但他始终没有说明如何加强日美同盟，日美同盟在新时期意味着什么，他现在最想要的是什么。

乍一看来，安倍是为了适应美国战略重心东移“借力”的需要，为了防范和遏制中国的“扩张”，对美“献媚”，为美“卖力”。其实，日本人明白，中国人清楚，美国人也心知肚明：这一切都是虚张声势的烟幕，安倍最想要的，是利用美国，尽早摘掉反法西斯战争同盟国“开罗宣言”和“波茨坦公告”在它头上戴的“金箍咒”，修改美国人替它制定的《和平宪法》，摆脱束缚，加紧推动日本所谓的“国家正常化”，争取日本“集体自卫权”，扩充军备，重新走军国主义道路。

美国出于“借力”的需要，对不断表忠心而且比较得力的帮手日本，几乎可以肯定，可能要把“金箍咒”放松一点，给日本一些甜头。安倍这次访美，不会像某些人说的那样，“竹篮子打水一场空”，多少会与所收获。

但美国有其“主子的底线”：它不可能让日本与其“平起平坐”；不可能让日本走军国主义老路；更不会顺着日本走，被日本拖下水，出现“主子为仆人火中取栗”的局面。如其不然，正像美国一些媒体指出的，美国无异于自己打开“潘多拉盒子”，任由日本恶魔“恢复野性”，不仅伤害中国和亚洲国家，美国最终也难以幸免。这是安倍绕不过的“坎”，越不过的“红线”。

安倍为什么说不清、道不明如何加强日美同盟，首先是因为，现在时代不同了，美日同盟针对性显然也不一样了。想当年，那是美苏争霸的冷战时代，相互之间斗得你死我活。现如今，俄罗斯早已不是前苏联，中国正在实现伟大的民族复兴，走和平发展道路，主张“尊重多样文明，谋求共同发展”，合作共赢。中美相互依存关系，现在虽然还不那么舒服，但毕竟是在摩擦中逐步比较舒服起来。两国正在探索建立“新型大国关系”的可能性和现实性。近来美国的社会调查也表明，现在更多的美国人认为，中国对美国的重要性超过了日本。美国新任国务卿克里上任前后，曾质疑美国不断加强在亚太地区军事力量的必要性，认为“美国必须深思熟虑”，避免让中国感到美国是想要“围堵”它。他还说，美国之所以推进重视亚洲政策，原因之一是要加强与经济大国中国的关系。日本右翼媒体对此十分不满，认为克里重视中国的姿态太“抢眼了”；克里怎么可以认为中国（为美国）带来的“机遇”多于“挑战”呢？！这也正是安倍最担心和最害怕的事情。中美如渐渐淡化矛盾，改善和发展关系，实际上无异于对安倍要加强日美同盟遏制中国的图谋“釜底抽薪”。用日本媒体的话来说，那样一来，日本就可能一步一步被“边缘化”了。

其实，安倍也不必过于忧虑。在可预见的未来，美国还要利用日本，还会在一定程度上支持日本同中国闹腾，但必须在美国的可控范围。美国对中国目前尚处于“无可奈何要合作，情不自禁要遏制”的两难阶段，下一步怎么走，“球”还在美国那边。

2013年2月20日环球网

安倍不知天高地厚

安倍上台伊始，就嚷着要积极展开"价值观外交"，而且宣称，他的这种外交路线，就是要在中国周边构筑一道包围圈，以达牵制中国之目的。

人们如果不太健忘的话，这早已不是什么新鲜玩意儿。2006年11月，时任外务大臣的麻生太郎就曾提出价值观外交理念：包围中国的"自由与繁荣之弧"。日本右翼媒体还大肆鼓噪，要建立什么"亚洲减一"和"隐形同盟"，拉拢澳大利亚、韩国、菲律宾、越南和印度，乃至中亚国家，共同"牵制中国的膨胀"。结果到处碰壁，一事无成。无怪乎美国《国际先驱导报》挖苦安倍内阁这些"老鹰"派，说他们又"翻出了这些陈芝麻烂谷子"，是在"痴人说梦"，连在韩国也"热脸贴上了冷屁股"。

冷战结束以来，美国新保守主义理想家们一直图谋拼凑"亚洲北约"，防范和遏制中国，但迄未得逞，现早已成"明日黄花"。日美是"主从关系"，"主子"做不成的"大业"，"从者"岂能完成？真是不知天高地厚！

2013年2月20日搜狐博客

“中国牌”不好打

——日本图谋“借风使船”

美国战略中心逐步东移，日本喜出望外，好像打了“强心针”，兴奋异常，紧密配合。野田佳彦政府不断打出日本媒体所谓的“王牌”，而且嚷着要“对美国军事外交战略发挥补充性作用”。

这些“王牌”值得一提的，一是去年11月APEC领导人会议前，野田佳彦不顾国内严重分歧，急急忙忙宣布日本要参加美国主导的“跨太平洋合作伙伴关系”（TPP）。二是今年1月，野田佳彦放出准备建立“太平洋宪章”的试探气球，强调这是以“美日为主轴的新外交战略”，实际上是要向美国表“忠心”，同前首相鸠山的“东亚共同体”构想划清界限。三是4月与美国发表共同声明，将日美同盟定位为“确保亚太地区安定与繁荣的基石”，认为“应由日美两国主导亚太地区安全保障及经济领域的秩序建设”。四是宣传亚太地区局势“正带有越来越浓烈的火药味”，强调美军和日本方面都需要适应新形势的变化；着力推动

“日美+1”（韩国/菲律宾/越南/马来西亚/印度等），大力增加对有关国家经济和军事援助，把日本现有的“政府开发援助”升级为“战略性的”，示意要联合美国，由“点”到“网”，促进地区各国整体对付中国的目的。五是全面拉拢印度（包括核能援助和联合军事演习），挑拨中印关系。

日本这些所谓“王牌”和“战略性”的大动作，正好在一定程度上弥补了美国追逐霸权和实力不足之间的差距，美国领导人可能感到“正合孤意”。这是美国战略中心东移的客观需要，也有利于美国加强对日本的控制。但美国并不是傻子，对日本的真实图谋和“小九九”，心中并非无数。

咋一看了，日本真可谓美国的“铁哥们”，配合默契，“忠心耿耿”。骨子里，日本是要“借风使船”，趁机大大发展自己的军事力量，突破二战后在美国占领下制定的和平宪法，特别是其中的“专守范卫”条款，从而成为真正的军事大国；同时，趁机“再渗透”西太平洋国家，经济上重建亚洲“领头雁”

的地位。日本自以为得计，但它的这些图谋最终势必要打破（美国占统治地位的）所谓亚太地区“军力平衡”；而且，在经济上，与美国总统奥巴马要在5年内实现贸易翻番的诉求难以调和，两国明里暗里势必要有一场博弈。对此，美国不可能不妨。实际上，日美是在互相利用，都在拿中国说事，打“中国威胁论”这张牌，但各有自己的“大九九”和“小九九”。

但与此同时，日美也各自在打另一张“中国牌”。

一个时期以来，日本时不时地谈论日中合作的重要性，表示要推进日中战略互惠关系，搞好日中建交40周年活动，对中日韩三国合作也表现出一定的积极性（中日韩三国合作秘书处已成立）。在金融领域，两国也开始了一定的合作。不仅如此，私底下，日本一些政要也以各种形式与中国拉近乎。这是日本打的另一张“日中合作牌”，意图很明显，就是要让美国明白，如果美国不认真对待日本，始终把日本当成“主从关系”的盟国，日本也可能不得不向中国靠近。

美国除了主打“中国威胁论”这张牌造势外，也在打“美中合作论”这张牌。近来，中美之间高层往来频繁，经济、战略安全、以及军事和亚太事务方面，都取得了一些新的共识。这是新时期形势发展的需要，符合中美两国和亚太地区的利益。但日本心里不是滋味，害怕美国可能再次搞“越顶外交”，“把日本卖了”——这也正是美国希望的：如果日本“不听话”，美国也可能转而寻求并发展“美中合作”，你日本难道不担心被“边缘化”吗？！

美日为了一己私利，不断打“中国牌”。它们自鸣得意，问题是“中国牌”那么好打吗？不仅“中国牌”不好打，“东盟牌”也不好打，甚至韩国和澳大利亚牌都不好打。“打牌”，负面下注多了，可能会输得很惨的。日美如果真的以亚太地区和平与稳定为重，顺应时代潮流，还是坐下来共同商量“合作共赢”大计为好。

2012年5月11日《解放日报》

澳新总理新外交，新在何处?

澳大利亚工党在24日举行的联邦大选中已大选全胜，工党领袖陆克文将出任总理。一般都认为，工党这次击败执政党，主要是因为国内经济政策和发展方向问题。但很显然，外交政策也是重要原因之一。

陆克文与现任总理霍华德在外交上最主要差异表现在以下三个方面：一是对伊拉克战争的态度；二是对《京都议定书》态度；三是在意识形态一类问题上的立场。但他们在美澳同盟的基本立场上大体上是一致或接近的。

陆克文当选后，迅即表示他将维护与美国的同盟关系。美国总统布什在工党获胜后也首先向陆克文表示祝贺。白宫发言人说:“美国和澳洲一向是坚定的伙伴和盟友，总统期待同新政府合作，让两国的历史关系持续下去。”这都不是偶然的，反映了澳美关系基本的一面。但陆克文与霍华德毕竟不一样。从陆克文一系列言论看，他出任总理后，可能有以下一些动向：

首先，澳大利亚将签订京都议定书（霍华德政府同美国布什政府一样，一直拒绝签订）。第二，将争取尽快从伊拉克撤军。第三，将如实地看待中国。如果说，霍华德政府在所谓“自由与繁荣之弧”和“民主国家同盟”问题上同美日右翼采取“若即若离”态度的话，陆克文新政府可能要“保持距离”。总之，不会盲目跟着美日右翼走，同中国关系有望进一步改善和发展。这一切对亚太地区的和平与稳定是有积极意义的。

2007年11月27日腾讯博客

陆克文“外交新政”意味深长

澳大利亚总理陆克文9日即将访问中国，并出席博鳌亚洲论坛一年一度的盛会。行前，他强调中国现在“是一个现代国家”和“体育强国”，澳大利亚和全世界“都希望今年北京举行的奥运会全面成功”。他还主张澳大利亚和中国共同努力，进一步扩大在经贸和金融领域的合作。中国是他此次美欧亚之行的最后一站，也是他“外交新政”的一部分。可以预见，中澳友好合作关系将要走上一个新的台阶。

陆克文出任澳大利亚总理后，在外交上采取了不少与过去不同的方针，其中最引人注目的，一是迅速签署澳大利亚抵制了11年的《京都议定书》；二是提出外交三原则。他此次出访前，曾在东亚论坛上强调，“澳大利亚在国际上默默无闻太久了，今后3年，世界将看到一个拥有积极外交政策的澳大利亚”；澳大利亚必须优先考虑同美国、欧洲和中国一道应对全球经济问题和安全问题；他出访的目的就是要扩大澳大利亚在世界政治舞台上的影响力，要充当积极的“中间力量”，要让世界听到澳大利亚的声音。

对陆克文的外交，国际上一般都是肯定和称赞的，但也有一些非议，甚至说他“骨子里仍然是亲美的”，或者说他是“亲华”的，“冷落了日本”，等等。其实，陆克文外交不是什么“亲谁”的问题，而是为了本国的利益，适应时代的变迁、特别是亚太地区形势的变化。

他迅速签署《京都议定书》就是适应时代的需求，顺应人民的愿望，实际上也是同美国拉开了距离（美国布什政府始终拒绝签署）。他的外交政策三原则，一是要保持和稳固同美国的结盟关系；二是要发挥作为联合国会员的作用；三是要特别重视发展同亚太地区的关系，使之更为密切。这三条原则显然不同于过去，体现了他“外交新政”的基本内涵。

诚然，澳大利亚与美国关系根深蒂固，有着广泛而共同的利益，它仍然需要维护和加强美澳同盟，是可以理解的，也是一时改变不了的。但值得注意的是，陆克文已经表明，澳大利亚并不想扮演美国代理人的角色，而是希望在亚洲做一个“真诚的中间人”。他外交三原则的第二和第三条显然表明，澳大利亚要走自己的路，尊重联合国的作用，重视同亚洲的关系。在这方面，他的主张同日本首相福田关于加强日美同盟和重视亚洲的“共鸣外交”，在一定程度上不谋而合。这表明，美国在亚太地区的两个重要盟国开始更加务实了，亚太地区形势出现了一些新的亮点；陆克文和福田都强调联合国的作用，更是意味深长。

遗憾的是，美国新保守主义理想家们和日本右翼仍在着力推动建立这一地区的导弹防御系统，日本和澳大利亚不同程度上也都有积极性。韩国前总统卢武铉是第一个提出要发挥地区“平衡者”作用的美国亚洲盟国的领导人，现在李明博总统似乎要调整政策，而且对导弹防御系统也有一定兴趣。这些显然都是“亮点”周围的阴影，需要“清风”把它吹去。

2008年4月8日《解放日报》

中印关系大局与时代的呼唤

2006年是“中印友好年”，也是21世纪中印关系向纵深发展的一个新的里程碑。只要双方继续以大局为重，排除干扰，（第二次世界大战后）中印友好关系的第二个高潮即将到来。

一、中印伟大民族复兴的“共性”和“新时代现象”

“中国速度”和“印度速度”的经济发展和成就，已引起全世界的关注。现在已经没有多少人怀疑，中印两国都在按照自己的方式实现伟大的民族复兴。国际上舆论赞之者众，毁之者寡；在不同程度上感到不安、担心乃至恐慌的也客观存在。敌对势力的牵制、利诱和拉拢（印度），以及挑拨离间从未停止。

这些敌对势力由于戴着有色眼镜，他们看不清楚，更不理解，中国和印度是世界上最大的发展中国家，它们的“民族复兴”，“异军突起”，本质上完全不同于历史上帝国的兴衰。

在帝国主义时代，一个“兴起的帝国”，势必要向衰败的帝国挑战，要求重新瓜分势力范围，而“衰败的帝国”必然要“守成”，矛盾难以调和，对抗和战争也难以避免。那是“旧历史现象”。

现在时代不同了。在这以和平、发展与合作为主题的时代，发展中国家的兴起，虽然也挑战一些不合理的旧秩序，不利于霸权主义，但它们要求的主要是“国际关系民主化”，以及“平等的伙伴关系”。这同过去帝国的兴起性质完全不同。中国和印度走的都是和平发展道路，只会给国际社会带来巨大的机遇，而不是威胁，更不是灾难。这是一种“新时代现象”，同“旧历史现象”不可同日而语。

对这两种“现象”的不同认知，反映了两种不同的思维。一种是陈旧的冷战思维，一种是新世纪和平、发展与合作的新思维。中印在深化“战略合作伙伴关系”的过程，完全可以携手合作，以一种崭新的思维，以及走“和平发展道路”的实践，共同面对世界，应对消极舆论，否定和拒绝国际上敌对势力的图谋（如美国把中印分别设定为它未来“新的潜在对手”，以及所谓“中国威胁论”和“印度扩展论”等）。

二、中印外交的“主旋律”比较协调，且有“异曲同工”之妙

中国和印度是和平共处五项原则的共同缔造者(当然，还有当时的缅甸)，也是万隆会议十项原则的主要参与和制定者。这是两国外交大方向“一致”的方面。

中国和印度，一个奉行独立自主的和平外交，一个奉行不结盟政策。这是两国外交上的某种“异曲同工”之处。目的都是维护主权和独立；寻求和平，反对战争；主张平等互利，发展合作；不与霸道同流合污。过去五六十年来，虽然有关政策受到过某些质疑，出现过这样那样的问题，毕竟都经受了考验，坚持下来了。

印度非常看重与美国的合作，在争取“入常”问题上，在发展核能方面和军事现代化方面，都很需要美国的支持；在经济贸易方面，也很需要日本。但印度外交的基本方向并没有因此而动摇。冷战结束以来，美国和日本企图拼凑“亚洲小北约”，拉印度入伙，以牵制和包围中国；不断散布中印矛盾是“龙象对立”，“不可调和”，挑拨中印关系。美国一些主流媒体的评论甚至认为，布什总统这次访问印度的“重要性”，不亚于当年尼克松访华；说当年是为了“拉拢中国，抗衡苏联”；“今天美国拉拢印度，则是为了抗衡中国”。说得很露骨，但连它们自己也信心不足。

印度一些有影响的人士说的好，印度的DNA不允许它变成像日本或英国那样的处于从属地位的盟友；也不会为了实现某国的战略利益而损害与中国的友好关系，更不会牺牲自己独立自主的外交政策。印度2006年1月进行的民调显示，印度有72%的民众认为，美国是“欺凌弱小的霸权国家”。他们承认印度的确需要美国人的钱，需要美国的支持，但强调必须保持自己的尊严。这种民意，在一定程度上也影响着印度目前处理印美关系的基本态度。

我国独立自主和平外交政策的内涵也在不断丰富。我国不仅需要一个和平的国际环境，还希望营造一个和谐的国际社会。现在需要认真把握中印关系“主旋律”的大局，更加积极主动地深入发展两国新建立的战略合作伙伴关系。

三、两国“战略合作伙伴关系”呼唤互利互谅和优势互补

中印两国社会制度不同，发展模式不一样，文化历史背景差异也不小，加

之边界问题还没有解决，矛盾是客观存在的。但两国都是发展中大国，都面临民族复兴的历史使命。双方的共同利益远远大于分歧，合作大大多于竞争。历史使命呼唤两国排除障碍，消除分歧，共同奋斗，像两匹骏马一样，在21纪广阔的原野上并驾齐驱。

两国之间，除了边界问题需要本着公平合理精神、按照双方已达成的“政治指导原则”耐心探讨和寻求出路外，从中国方面来说，不仅要着力开展两国经贸合作，促进文化教育和学术交流，还要在思想认识和媒体报道方面注意一些带有负面影响的问题。

目前，国际上对印度有褒有贬。有的根本瞧不起印度，发表长篇文章论证印度“不是世界大国”。我们有的主流媒体十分欣赏，连续登载。这是不利于两国战略合作伙伴关系的，既有伤印度人民的感情，也不完全符合事实。按照同样的标准，难道我们中国就够“世界大国”资格吗?

国际媒体还有一种动向值得警惕。它们着力渲染印美战略合作关系是“抗衡中国的最佳筹码”，说布什总统近日访问印度的目的之一，就是“试图说服印度与美国联手牵制中国”。不仅如此，它们还别有用心地“解读”印度同中国邻国发展关系的意图，“引导”读者相信，这一切都是为了牵制和对付中国。我国媒体对此本可以在报道中“淡化”，客观一些，甚至嗤之以鼻，但前些时候，我国有些媒体突出转报，实际上帮了人家的忙。人家“请君入瓮”，我们有的人“对号入座”。这同样不利于两国战略合作伙伴关系。试想：如果印度方面也这样看待中国发展同美国和东盟的关系，我们会高兴吗?

还有，我们有些人沉醉于中国“一支独秀”，有点小视印度。其实，如果说“中国速度”的“和平发展”是一片山花浪漫，那也只是世界大花园的一部分。我们不能孤芳自赏。我们身边的印度就是一片颇有吸引力的山花，有不少可取之处，值得中国借鉴和学习。印度在国际金融和市场经济方面的经验就比中国丰富；在信息技术方面，印度软件产业也领先于中国。印度的外语人才也远比中国普及。十几年来，印度的经济发展，年增长率一直保持在6%—7%左右。实际上，中国和印度各有优势和问题，完全可以取长补短，互利合作，共同发展和繁荣。

2006年3月3日《解放日报》

中印关系：说句公道话

《印度时报》10月7日发表文章，纪念50年前中印边境冲突，呼吁印度“埋葬战争幽灵”，与中国和平相处。此前不久，印度最大财团之一的塔塔集团董事会主席拉坦·塔塔也说，中国强大的经济实力并不令人担心，但印度应该找到与中国成为盟友的方式。他还说，印中关系“并不是对抗性的”，希望印度“能找到与中国成为盟友的办法。”他解释了在他心目中这两个世界大国之间的关系应该是怎样的，说“我更愿意将中国视为一个非常强大的盟友。我们应该与中国建立一种持久的关系，我想这一点是可以做到的”。这些积极和正面的议论是值得重视与欢迎的。

其实，印度总理曼莫汉·辛格和外交部长等重要人士今年以来多次声称，“像中国这样充满活力的大国不可能被遏制”，印度“无意也不会参与任何遏制中国的战略”，印度“要同时发展同中国和美国的关系”。辛格还说，近年来，印中各领域合作取得重大进展，在国际、地区事务中进行了良好配合。面对深刻变化的世界政治、经济形势，印度高度重视同中国的关系，视其为印度现代化战略的重要组成部分，对世界和平稳定具有重要意义。印度不允许任何人利用印领土从事反华活动，不会参与任何遏制、包围中国的行动；印度承认西藏自治区是中国领土一部分、不允许藏人在印从事反华活动。印方希望同中方一道努力，维护两国边境地区和平安宁，通过友好谈判妥善解决边界问题。印度领导人和官方的这些理性的表态，顺应时代关于和平、发展与合作的诉求，也符合中印两国人民的根本利益，以及两国关系的现实。

笔者曾长期从事对印度和中印关系的研究工作，对印度还是比较了解的。几十年来，印度难能可贵地坚持了不结盟政策，与中国一起倡导了和平共处五项原则，对反帝和反霸与世界和平做出了积极贡献。中印在中俄印三国关系方面，在金砖国家组织方面，在20国集团，都有着很好的沟通与协作，立场也比较接近。

诚然，中印之间存在一些历史遗留问题和某些现实利益的矛盾，印度扩充军备除了它大国外交需要以外，也不排除有一定的中印关系因素，但两国共同语言要远大于分歧。更何况，两国从大局出发，已建立了战略合作伙伴关系，并有着解决边境问题的六点政治指导原则。这些都是中印两国关系的基本面和主流。但对于世界“最自由民主”的美国媒体来说，这些都是不能“入围”的。它们感兴趣的是以冷战思维为“透视镜”，以挑拨离间为“法宝”，把中印关系引向“对抗”。印度只要同美日进行联合军演，那就是“矛头指向中国”；印度发展一点导弹，那就是为了“威慑和覆盖全中国”；今年印度同俄罗斯在贝加尔湖地区举行联合步兵作战演习，那也“某种程度上是针对中国的”。我问美国和日本朋友，如果按照你们的逻辑，那印度同中国多次进行联合军演，又是针对谁的呢？他们无言以对。更可笑的是，它们把中国同南亚国家的互惠合作硬说成是什么中国要建立包围印度的“珍珠链”，挑动印度反华势力。对此，人们必须高度警惕额，千万不要被糊弄了。

2012年12月8日《北京日报》

中印向着新型大国关系迈进

李克强总理这次首访印度，国际舆论广泛注意，认为如果联系习近平主席首访俄罗斯，这是中国外交在新形势下的“大手笔”，具有世界意义和深远影响，有利于和平、发展与合作的时代潮流，对推动建立不同形式的新型大国关系具有积极意义。中印发展合作有着良好的基础，顺应时代潮流。

首先，经济上，中印两国都在按照自己的方式实现伟大的民族复兴。“中国速度”和“印度速度”的经济发展和成就，已引起全世界的关注，它们各自和共同在世界事务中举足轻重的影响，连美国也不敢忽视。两国经贸合作正在迅速发展，互补性很强。

第二，外交上，中印的“主旋律”比较协调，且有“异曲同工”之妙。中国和印度是和平共处五项原则的共同缔造者，这表明，两国外交大方向是一致的。中国和印度，一个奉行独立自主的和平外交，一个奉行不结盟政策。这是两国外交上的某种“异曲同工”之处，目的都是维护主权和独立；寻求和平，反对战争；主张平等互利，发展合作；不与霸道同流合污。近六十年来，和平共处五项原则一直在发生积极作用，至今仍是构建新型大国关系与和谐世界的基础。

第三，在多边领域，中印都是20国集团、金砖国家组织的重要成员，它们对新时期世界发展面临的主要问题有着一致或相似的看法，赞成国际关系民主化，主张推动世界多极化和遵循国际关系准则；强调联合国“应发挥中心作用”。这些都是当今世界最大的“新时代价值观”。

第四，特别值得一提的是，中俄印三国合作机制的建立。15年前，俄罗斯总理普里马科夫公开表示：“全世界有许多问题要取决于印度、中国和俄罗斯的态度”，如果能建立俄中印“战略三角关系”，“那就太好了”。当时，很多人不以为然，认为这是不现实、也是不可能的。但他的设想却在悄悄地起着某种引导作用。15年来，三国的务实战略合作关系，从专家学者到官方，从高级官员到外交部长、再到领导人，从“非正式会晤”到“正式会晤”，一步一步发展起来了。中俄印三国人口和国土面积都占世界的五分之二左右，国内生产总值占五分之一以上。它们的“多边新型大国关系”具有新时代的现实意义，影响深远，可以说，在一定意义上，起着引领世界前进方向的作用。

诚然，中印两国社会制度不同，发展模式不一样，文化历史背景差异也不小，加之边界问题还没有解决，某些矛盾是客观存在的。美日右翼也一直在这方面挑拨中印关系，散布“中国威胁论”和“印度扩张轮”，企图利用中印边境上某些“茶杯里的风波”推波助浪，甚至子虚乌有地捏造中国要建立包围印度的所谓“珍珠链”，等等，不一而足。但令他们失望的是，中印两国领导人都顾全大局，没有被误导，没有被忽悠。印度一些有影响的人士说得好，印度的DNA不允许它变成像日本或英国那样的处于从属地位的盟友；也不会为了实现某国的战略利益而损害与中国的友好关系，更不会牺牲自己独立自主的外交政策。

李克强这次访问，预计将大大推动两国“面向和平与繁荣的战略合作伙伴关系”向纵深发展，中印关系将迈向全面发展的新阶段。

不过，美国对此也不必感到“酸溜溜的”，中印两国都不愿与美国为敌，当然也不会寻求对抗；它们都期盼与美国发展合作，共创21世纪的美好未来。美国总统奥巴马最近向中国新任驻美大使崔天凯表示，美国也希望与中国共同致力于建立“新型大国关系”。如果此话当真，那感情好，这正是中印与俄罗斯所期望的。笔者也许太天真了一点，但这的的确确是“中国梦”的一部分，也是“亚洲梦”乃至“世界梦”的一部分。一句话，是新时代的诉求。

2013年5月20日《北京日报》

印度对美日宣传说“不”

一个时期以来，美国新保守主义理想家们和日本冷战思维严重的右翼，把“民主国家联盟”和“自由与繁荣之弧”（所谓“价值观外交”）炒得沸沸扬扬。印度是他们拉拢的“重中之重”。美国一位竞选总统的候选人不久前就曾建议，将北约扩大到全球，把印度也拉进“北约大家庭”。印美、印日之间任何一点新的合作，特别是印度参加美日等国的联合军事演习（如9月在孟加拉湾），都好像是上他们指引的路了。他们马上就大肆渲染，说这是为了“共同对付中国”，印度也加盟和“入瓮”了，中国不高兴了，似乎他们终于找到了新的“知音”。

其实，他们这样宣传，不是中国不高兴了，而是印度感到十分尴尬和不快。诚然，印度确有某些“精英人士”怀有联合美国和日本以牵制和对付中国的思想和考虑，但这并不是印度的外交战略和需要，也有违印度的不结盟政策。

正是在这一背景下，印度外交部长慕克吉9月中旬先后在泰国和韩国举行的外交与国际安全问题会议上发表演说，纵论印度外交战略和“向东看”政策，其中有关中印关系部分颇为突出，涉及面颇广，概括起来，主要有以下几点：

一、“中国仍然是我国（印度）外交政策的重中之重，也是我国‘向东看’政策的关键组成部分”；印度“确信”它与中国的“战略合作伙伴关系将会成熟并稳步发展”。

二、印中两国之间的“相互信任与理解”正在不断加深，“我们相信在本地区以及更广的范围内，印度和中国都有足够的空间和机遇共同发展”；“印中伙伴关系是地区和平与发展的重要决定因素，也是在国际新秩序下亚洲崛起为政治和经济中心的重要决定因素”。

三、贸易和投资是印度与中国之间“新关系的重要驱动器”。他对印中双边贸易关系的迅速发展感到高兴。

四、印度和中国之间出现“一定程度的良性竞争是不可避免的”；两国之间还“存在尚未解决的分歧，其中包括边界问题”。印度的基本出发点是“寻求与中国全面发展关系，不让这些分歧成为双边关系议程上的重点”；印度将继续致力于“在平等基础上通过和平对话途径积极主动地”解决分歧。

慕克吉的这些话并不是随便说说的，显然是冲着美国新保守主义理想家们和日本冷战思维严重的右翼说的，有着明显的针对性，实际上是印度一贯不结盟政策的某种宣示。

印方特别代表、国家安全顾问纳拉亚南9月24日至26日在北京同中方特别代表、副外长戴秉国举行了两国边界问题第11次会晤，根据两国领导人确定的政治指导原则，进一步探讨和寻求公平合理和双方都能接受的解决办法。本月下旬，印度国大党主席索尼亚·甘地即将访华，外长慕克吉24日将同中俄两国外长在哈尔滨举行三国外交部长会议。接着，印度总理辛格有可能于2008年初访问中国。印度政府人士指出，印度领导人预计访华一事，不仅是为了充实两国战略合作关系，而且旨在传达印度的“平衡外交政策”，也就是印度不会参与任何联盟或“围堵中国”的战略平台。

可以预见，中印战略伙伴关系，通过高层互访和友好协商，正像慕克吉所说，“将会成熟并稳步发展”，进一步得到充实。这是不以美国新保守主义理想家们和日本冷战思维严重的右翼势力主观意志为转移的。中国无意于拉拢印度反对他们；他们最好也不要死抱着冷战思维不放，拉拢印度“围堵中国”，这是不会有好结果的，只会成为历史的笑柄。

2007年10月24日《解放日报》

“印度梦”与“亚洲梦”血肉相连

印度人民党领袖莫迪当选印度新总理后，印度国内几乎是一片欢呼，期盼更好日子的到来，刮起了一阵“莫迪旋风”。国际上也议论纷纷，有的看好和祝愿成功，有的心眼不正，说三道四，指手画脚，甚至挑拨离间。

最让人反感和恶心的当数日本右翼媒体。它们不顾事实，迫不及待地大肆宣传说，莫迪当选主要靠的是“对中国强硬”，“中国是最大的输家”；莫迪酷似日本的安倍。日本内阁官房长官甚至说：莫迪“是一位极其亲日的政治家”。这不仅是挑拨中印关系，也是歪曲莫迪形象，对莫迪的大不敬。

美国领导人似乎比日本聪明一些。由于宗教政治原因，美国曾两次宣布莫迪是不受欢迎的人，并拒绝发给他签证；莫迪也曾说过，这辈子再也不会去美国。莫迪当选后，奥巴马抢先向他祝贺，好像过去的事从未发生过，并邀请他在适当时候访美，期待美印开展密切合作，扩大双边关系。但一些美国媒体认为唱反调，认为莫迪对于西方来说“可能是完全负面的形象”。

巴基斯坦总理谢里夫迅即与莫迪通了电话，欢呼他取得了“令人难忘的胜利”，并邀请他访问巴基斯坦。”谢里夫应邀出席莫迪就职典礼，并与莫迪举行会谈，这是印巴关系史无前例的外交动作和好兆头。

中国也衷心祝贺莫迪履新。李克强在与莫迪通电话时强调，中印是“天然合作伙伴”；中印携手合作、共同发展，不仅造福两国人民，也将为解决整个人类的发展问题做出重大贡献。莫迪也表示，印中友好往来源远流长。印方为中国发展取得的成就感到高兴；强调发展对华关系是印度外交的重要任务之一。印新一届政府从战略高度重视印中关系，愿同中方一道，全面推进双边各领域合作，通过对话解决存在的问题，使两国友好和谐相处，实现共同发展。这也是好兆头。王毅外长即将访问印度，印度领导人也多次要请习近平访问。中印在众多领域各有优势，完全可以相互借鉴，相互支持，取长补短，开创合作共赢的新局面。

印度的“不结盟政策”具有传承性。莫迪也需要改善和发展同美日的关系。

莫迪领导下的印度，既不会同它们搞对抗，也不会与它们联手围堵中国。

美日一些媒体说莫迪像“美国的里根”，或“英国的撒切尔”，还说他像“俄罗斯的普京”。其实，莫迪就是莫迪——印度的莫迪。他是时代变迁印度的代表人物。他承诺要建立一个“强大和具包容性”的印度；誓言要实现巨大变革和社会发展，让草根民众的印度“明天更美好”；他还十分注重在国际上学习先进，发展睦邻友好关系。这是莫迪的“雄心壮志”，也可以说是“印度梦”。

“印度梦”离不开“亚洲梦”；“亚洲梦”也离不开“印度梦”，它们是血肉相连的。印度莫迪时代的“新政”，将是“亚洲梦”的正能量，有助于“开启亚洲新的辉煌时代”。

2014年6月9日《浙江日报》

“印度梦”和“日本梦”相通乎?

印度总理莫迪8月30日至9月3日访问日本。双方都互有所需，各有所图。

印度方面显然有进一步拓展两国关系的意愿。莫迪已明确表示，印度“将会把印日关系发展到更新的高度”。在联合国“入常”问题上，两国也有共同语言，但对日本没资格“入常”，印度也并非心中无数。莫迪此访，最感兴趣的是日本的资金和技术。当然，也有在政治和安全领域加强合作的需要，包括联合军演和武器采购。

日本方面对印度更是寄予厚望，几乎迫不及待，不择手段进行拉拢。日本媒体透露，日本政府正在力促将两国外务和防卫副部长级对话升格为部长级，以强化安保领域的合作，共同“牵制中国”。莫迪上台伊始，日本媒体就大肆宣传，莫迪是“亲日派”，“很像安倍”；日本的安倍和菲律宾的阿基诺，加上现在印度的莫迪，正好形成“三剑客”，“剑指中国”。安倍自己还在其推特上大言不惭地说，他“只关注三个人”，除其妻子和东京都右派知事外，就是莫迪。这则消息，在国际上已成为媒体笑柄，笔者也感到很好笑。

纵观双方不同诉求和宣传重点，人们不难看出，两国看似“同床”，实则体味有异；不同的“梦”，要相通，难!

苏联解体和东欧剧变后，美国一直企图拼凑遏制和包围中国的“亚洲北约”，但始终未能如愿。用一位西方朋友的话来说，美国费尽心思，但仍然“累战累败”，所谓“亚洲北约”，实际上早已是“明日黄花”。

美国战略重心东移以来，日本深知，美国所谓“战略再平衡”的实质，并不是“要平衡”，而是“怕平衡”，怕失去主导权，但它力不从心，要借力日本，拉拢印度（包括挑拨中印关系）。因此，日本右翼领导人趁机跳到了前台，积极配合美国同中国闹腾，并为自己重走军国主义道路创造条件。他们变着手法不断制造日本版的“中国威胁论”，先后提出了诸如“和平与繁荣之弧”、“价值观外交”和新版“小北约”（包括美、日、澳、菲、越、印）等各种遏制中国的设想。莫迪访日，正是日本求之不得的机遇。

但日本右翼政府和媒体忘记了很重要的一点：印度不结盟政策具有传承性。它“向东看”，也要向西、向南和向北看。它既需要日本合作，也需要中国合作。印度一些知名专家学者说得好：印度的DNA决定了它绝不可能像日本那样跟在美国屁股后面转。莫迪也说，“印度的外交政策不能受别的大国指挥”；我们（中印）两个民族是一种精神、两个身体，我们要增进相互理解，发挥两国智慧，在国际上共同弘扬和平、包容的精神，携手应对全球性问题和挑战；印中和睦相处、共同发展，对世界和人类是重大贡献。接近莫迪的印度学者也“旁白”称，“莫迪绝不会利用与日本的密切关系来反华，印度更看重的是日本在经济和贸易方面可能带给印度的好处”。

中印的战略共识远大于分歧。中国从不对印度与它国的双边关系说三道四。印度和日本发展关系，只要是顺应时代潮流的正能量，中国将会乐见其成。如果日本着力挑拨中印关系，以为有钱能买印度遏制中国，势必自讨没趣，可能“竹篮子打水一场空”。

2014年9月3日《北京日报》

巴基斯坦政局和“美国因素”

巴基斯坦目前政局的动乱和紧急状态，不少人早有预感。人们一直担心伊拉克和阿富汗的灾难与乱局向巴蔓延，然而事态却在不依人们意志为转移地在发展着。为什么会这样？原因错综复杂，其中美国因素值得认真看待。

冷战期间，出于反对苏联侵略扩张的需要，美国和巴基斯坦都同情和支持阿富汗塔利班，相互之间有着相当紧密的关系，塔利班堪称“美国之友”。9·11事件后，阿富汗成了美国反恐的首选战场，塔利班转而成为“美国之敌”，巴基斯坦也随之转换立场，成为美国反恐的前线。几年来，美巴之间的合作应该说还是不错的。布什总统曾称赞穆沙拉夫是一位“勇敢而有远见的总统”。美国媒体在形容布什同穆沙拉夫关系时，戏称布什是“布沙拉夫”。

然而，6年过去了，塔利班不仅没有被消灭，反而有死灰复燃之势。美国认为，巴“反恐不力”，不断对巴施压，并要求准许美军入境直接清剿在巴境内的塔利班等恐怖分子。巴在境内加强了反恐力度，但坚决反对美军入境行动。原因很简单，一是要维护国家主权；二是巴国内民众反美情绪十分强烈，担心引火烧身，不能不谨慎从事，适当掌握“反恐”的分寸。这是美巴之间的一大矛盾。

美国要求巴基斯坦合作反恐，给巴大量援助，这是它“战争利益驱动”的范畴。但美国在处理国际关系时，往往还有它的“价值观驱动”。因此，它不断向巴施压，要求穆沙拉夫总统实行美式“民主”。穆沙拉夫也作了不少妥协让步。正是在美国的撮合下，穆沙拉夫同前总理、素有“东方蒙娜丽莎”美名的贝娜姬·布托达成“分权协议”，贝娜姬返回了巴基斯坦。不料，一开始运作就不顺利，障碍重重。除了恐怖暴力袭击频繁发生外，有两个问题不好解决。一是贝娜姬·布托想当握有实权的“德国式总理”，而穆沙拉夫只能让她当“法国式总理”；二是对穆沙拉夫当选总统的“合法性”，最高法院拖着不予裁决。这实际上使“分权协议”很可能流产，穆沙拉夫脱下军装当总统的希望也十分渺茫。

正是在这种情况下，穆沙拉夫破釜沉舟，宣布紧急状态，颁布临时宪法令，争取主动，避免国内局势失控。美国对此装模作样表示“失望”，并要求穆沙拉夫总统尽快取消紧急状态。穆明确予以拒绝，说他实行紧急状态正是为了避免动乱，保证明年初民主选举。穆沙拉夫的断然措施，暂时解决了，或者说避开了第二个问题，但他未料到的是，贝娜姬认为“民众站在她一边”，产生了“民主价值观”冲动，公开声称，现在是穆沙拉夫“该下台的时候了，他必须辞去总统的职务”；还说“只要穆沙拉夫担任总统我就不会出任总理”。穆沙拉夫也不客气，说她太喜欢对抗，与她合作太过困难；说她回到巴基斯坦，理应采取和解姿态，但抵达巴基斯坦后立即采取对抗性姿态……这将产生负面后果”。

“反恐”和“民主”，在一般情况下，不仅不矛盾，而且可以相辅相成。但在特定情况下，人们可以利用“反恐”限制或压制民主；也可以利用“民主”为恐怖主义和极端分子开路。这一点美国领导人是有切身体会的，穆沙拉夫心里也十分清楚。但美国不顾巴基斯坦国情，既要它“反恐”，又要它奉行美式“民主”。这不仅使穆沙拉夫处于两难境地，也使自己陷入困境。很难想象，一个没有穆沙拉夫和军方支持和合作的贝娜姬政府，从巴基斯坦的历史和现状看，可以把“反恐”搞得更好；也很难想象，一个没有贝娜姬及其政党参与的穆沙拉夫政府，在美国领导人心目中是“民主”的。因此，美国对穆沙拉夫和贝娜姬现在是“两面下注”，希望两面皆赢，最好“合而赢之”。但巴基斯坦的局势不一定按照美国的路子走。今后“谁主导巴基斯坦”是一个十分敏感而又回避不了的问题。美国稍有不慎，就可能引发新的、更大的动乱，而且一发不可收拾。这是一切关心巴基斯坦稳定与发展的人们不愿看到的。美国副国务卿内格罗蓬特作为布什总统特使即将访巴，且看他如何调整与平衡美国的“两面下注”，协调穆沙拉夫同贝娜姬的关系。如今美国在国际上的困境已越来越多，但愿他有足够的智慧避免美国再增加一个新的困境，造成又一个“灾区”。

2007年11月19日《解放日报》

千万不要自乱阵脚

巴基斯坦前总理贝·布托27日在拉瓦尔品第市举行的竞选集会上遭炸弹袭击身亡。忽然听到这个消息，人们感到非常震惊和悲痛。这是一件非常不幸的事。对这种恐怖主义行为，全世界都应该强烈谴责。

看来，目前巴基斯坦的当务之急是既要坚决果断地打击日益猖狂的恐怖主义活动，又要注意保持国内的和解势头，加强团结，维持稳定，千万不要自乱阵脚。

人们普遍希望，国际上在充分同情巴基斯坦的同时，能更好地、有效地支持巴基斯坦稳定国内局势，继续促进和解，帮助发展经济和推进民主进程。

巴基斯坦如果进一步动乱，对巴基斯坦和整个地区都是十分不利的。实际上也容易被恐怖主义分子利用——他们制造这一悲剧的目的之一，可能正是为了破坏巴国内和解进程以便浑水摸鱼呢。对此，有关方面、特别是巴基斯坦政府和各派势力需要保持高度警惕。

2007年12月29日《解放日报》

“金砖四国”牵动着时代的脉搏

“金砖四国”第二次峰会4月15日在巴西召开。从会后发表的“联合声明”以及各有关方面反应看来，“金砖四国”在去年16点“联合声明”基础上又向前迈进了一大步，引起人们更加广泛的关注。俗话说得好，“是金子总是要发光的”；“发光的金子”魅力是无穷的。

“金砖四国”（BRIC）是由巴西、俄罗斯、印度和中国四国国名的英文第一个字母构成，“BRIC”原意是“砖头”，把它译成“金砖四国”而不是“转头四国”或“银砖四国”，并非偶然。四国领导人两次峰会和相关实践充分表明，它们是值得称之为“金砖”的新兴大国组合。这不仅因为它们的国土面积占世界各国领土总面积的26%，人口占全球总人口的42%，按购买力平价计算对世界经济增长的贡献率已达50%左右，还因为它们有着组合的政治基础和一些闪光的共同特征，以及符合时代变迁的战略诉求和相关政策。

一、良好的政治基础

2008年5月，“金砖四国”外交部长首次会议在俄罗斯发表的“联合公报”强调，“四国开展对话系基于相互尊重、相互信任和共同利益，对解决全球发展领域的紧迫问题有着相同或相近的看法，对话的前景广阔。”这是“金砖四国”组合的政治基础。为了增强新兴经济体国家的整体声音和影响，也为了世界和平、稳定与共同发展，它们有必要加强合作。

二、“金砖四国”五大闪光的共同特征

第一，它们都是兴起的大国或相对大国，发展速度快，潜力大，而且不同程度上都有着可持续性。全球外汇存底中，“金砖四国”持有30000多亿美元，达四成之多，在国际金融领域举足轻重。目前它们正在率先复苏和摆脱金融危机。

第二，它们都坚持自己的民族传统和国家特性，自主选择发展模式，没有

简单地接受什么“华盛顿共识”或者其它什么“共识”。在各自发挥优势的同时，不断探寻优势互补和合作共赢的新途径。

第三，它们都希望和要求建立更加公平、公正和合理的国际经济和政治秩序，主张相互尊重和帮助弱势群体。它们的组合已为形成一个新的大国合唱的多极世界创造了条件。

第四，它们都希望和寻求和平的国际环境，主张国际关系民主化和平等化，不赞成旧有的冷战思维和对抗政策。

第五，它们社会制度不同，意识形态各异，但它们共同的战略目标是要建立一个“更加民主和公正的多极世界”，支持联合国的中心地位和作用。中俄是联合国安理会常任理事国，今后印度和巴西如果能以某种形式参与，“金砖四国”的国际地位和影响将进一步提高。这是其它组合所没有的。

三、第一次峰会起点高，视野广，战略诉求和承诺引人注目，第二次峰会又迈出了坚实的一步

四国领导人第一次峰会讨论了全球经济形势和发展领域的紧迫问题，以及进一步加强“金砖四国”合作的前景。会后发表的16点联合声明，有些是战略性的诉求，有些是庄严的承诺，有些是现实和急待解决的问题。第二次峰会进一步发展了这些思想，在一些关键性问题上也更具体、更明确了。

第一、16点联合声明首先肯定20集团金融峰会在应对金融危机方面“发挥了中心作用”，有助于促进各国在国际经济和金融领域的合作、政策协调和政治对话；呼吁积极落实20国集团领导人伦敦峰会达成的共识；表示“金砖四国”将同其他伙伴开展密切合作，确保匹兹堡峰会取得更多进展。这次联合声明进一步肯定20国集团，认为“同以往机制相比”，它“成员更广泛，更具包容性、多样性、代表性和有效性”，“有必要在后危机时期发挥积极作用，并制定协调战略”。

严格说来，20国集团并没有像西方某些人说的那样，“已经取代8国集团”，而是“8+5”平台的延伸。不同的是，“8+5”是发达国家绝对主导，5个发展中国家只是“被加上去的”；20国集团基本上是发达国家与发展中国家对话的平台，发展中国家的代表性和影响力大为增加，虽然前者仍然在起某种主导作用，但已不能完全掌控，关系也相对平等了。“金砖四国”在会前和会议进行过程中协调立场，加强合作，提出自己的主张，在维护发展中国家整体利益方面发挥

了引人注目的作用。可以预见，“金砖四国”新的看法和主张将对今年6月20国集团第四次峰会和以后的发展产生更大的影响。

第二，16点联合声明宣示，四国将协调立场，加强团结，共同应对金融危机，争取率先实现经济复苏。去年全世界经济萎缩，发达国家普遍呈现负增长，而中国和印度都有比较好的增长，俄罗斯和巴西虽然仍为负增长，但恢复也比较快，预计今年都将实现正增长。卢拉总统最近说，近些年来，“金砖四国”因经济强有力的增长而引人注目。自2003年以来，我们四国之间的贸易增加500%，这可解释为何现在我们四国经济占世界增长的65%（原话如此），使得我们成为从全球经济衰退中迅速恢复的主要希望。这次峰会在呼吁世界各国加强宏观领域合作的同时，充满信心地表示，“金砖四国”“决心保持本国经济复苏并为促进全球经济发展做出积极努力”；明确敦促世界各国“抵制各种形式的贸易保护主义，打击隐形贸易限制”。这在当前形势下，是难能可贵的。

第三，“金砖四国”正在向“机制化”方向运作和发展。今年巴西峰会是第二次，而且时隔不到一年。明年峰会将在中国举行。与此同时，四国的财政部长和银行行长频繁会晤，在20国峰会以及世界银行和国际货币基金组织年会前协调立场，乃至提出共同主张。四国的农业部长最近也举行会议，签订了加强农业方面合作的协议。这些都表明，“金砖四国”机制化正在逐步发展，合作领域也在拓宽。

第四，“金砖四国”的代表性可能扩大。人们一般都认为，“金砖四国”是新时期发展中国家大面积兴起具有代表性的反映。但不够理想的是，缺少了非洲的代表。所幸的是，在哥本哈根气候大会上出现了“基础四国”（巴西、南非、印度和中国）。客观地说，“金砖四国”是没有南非的新兴大国组合，而“基础四国”是没有迅速兴起的俄罗斯的发展中国家组合。这两个兴起的大国组合如能以某种形式合作，其代表性和影响力势将更有生命力。这次“金砖四国”峰会同一天，印度、巴西和南非三国“准联盟”峰会也在巴西举行。中国领导人胡锦涛也会见了南非总统。据报道，巴西总统卢拉15日晚举行的欢迎“金砖四国”领导人晚宴将有南非参加。这似乎有点微妙，但不失为探讨或体现更大合作的一种“巧安排”。

第五，在国家金融体制改革方面，这次峰会战略目标明确，态度坚决，但十分务实。新的联合声明认为，“世界需要一个经过改革、更加稳健的金融体系，使全球经济能有效地预防和抵御未来危机的冲击”；“有必要建立一个更加稳定、可预见、更多元化的国际货币体系"；改革的"首要目标"，应是"向新兴市场和发展中国家实质性转移投票权"，而且设定了时间表。

最后，值得一提的是，这次峰会领导人表示相信，"深化和拓展四国对话不仅符合新兴市场和发展中国家的共同利益，而且有利于建设一个共同繁荣的和谐世界"。还说，"我们将采取循序渐进、积极务实、开放透明的方式推动四国对话与合作"。这就把"金砖四国"的宗旨、战略和合作共赢的思想说得再清楚不过了。

当然，"金砖四国"的魅力和前景是同我们时代的变迁和国际力量对比的变化紧密相连的，前途仍然任重道远，而且存在一定的变数。当前，它们一是要特别警惕发达国家中的敌对势力利用意识形态和历史遗留的问题挑拨离间；二是要协调立场，推动国际金融体系改革朝着正确方向发展；三是要共同反对各种形式的贸易保护主义；四是要努力做好广大发展中国家的工作，加强团结，共同维护发展中国家的整体利益。只要四国保持清醒头脑，一切以大局为重，继续"以循序渐进、积极务实、开放透明的方式推动对话与合作"，它将越来越具有吸引力和全球影响，定将为建立一个"更加民主和公正的多极世界"做出历史性的贡献。

《外交季刊》2010年第96期

是金子总是要发光的

——写在“金砖国家”峰会前夕

“金砖国家”第三次峰会即将于4月14日即在中国海南三亚举行。南非作为新成员也将参加这次会议，为会议增添更多色彩。“金砖国家”成员将遍及亚非拉欧新兴市场经济体，更具有代表性，进一步展现它的魅力。

“金砖国家”的诞生和逐步向机制化迈进，并非偶然。

首先，它是时代变迁加速发展的反映。冷战结束后20年来，发展中国家大面积兴起，历史性地改变着国际力量对比。不仅俄罗斯浴火重生，迅速恢复了大国地位，中国、印度、巴西和南非也以惊人的发展速度，提高了自己的综合国力。在这种情况下，这五个国家顺应时代的潮流，以及和平与发展的大局，为了扩大国际影响，“共享繁荣”，它们走到一起是很自然的。

第二，“金砖国家”有着基本的共同诉求，如都坚持自己的民族传统和国家特性，坚持自主选择发展模式；都主张建立更加公平与合理的国际经济和政治秩序；都在寻求和平的国际环境，主张国际关系民主化与平等化，以及合作共赢；都支持联合国的中心地位和作用，希望建立一个“更加民主和公正的多极世界”。

第三，“金砖国家”合作（组织）既是中国、俄罗斯和印度三边合作机制的延伸，也是印度、南非和巴西三国“准联盟”机制的延伸。这是世界多极化加速发展过程中新兴市场经济体联合自强的需要，也是它们争取更大发言权的需要。

“金砖国家”第一次和第二次峰会2009年和2010年先后在俄罗斯和巴西举行。这两次会议都是在金融危机严重冲击下召开的。“金砖国家”协调立场和政策，在基本共同诉求方面取得了共识；在妥善应对金融危机和推动国际金融体系改革方面，也取得了比较高度的一致。两年来，“金砖国家”率先摆脱了金融危机的巨大阴影，迅速恢复了增长。2010年，它们国内生产总值约占世界总量的18%；经济平均增长率近7%，比世界平均增长率高出两个多百分点；它们吸引外资总额已占到全球的53%，在IMF的份额也将达到14.81%（接近一票否决权）。它们在一定意义上已成为全球经济复苏和增长的“领跑者”，在G20集团中起着举足轻重的作用，在国际舞台上日益引人注目。

这次三亚峰会，从宏观上看，是在21世纪第二个十年开头召开的，背景有所不同。最令人震惊和忧心的，一是东边日本发生了自然灾害大地震；二是中东发生了政治和军事“大地震”。这两个“大地震”开了个不好的头，提出了严峻的挑战，但随之而来的也有众多机遇。“金砖国家”作为一支兴起的重要合作组织，不能不有所作为。因此，预计这次会议将在前两次峰会的基础上就当前形势深入交换意见，进一步协调立场，加强合作，展现魅力：

1. 在基本的共同诉求方面，估计将有所行动。对安理会1973号决议，“金砖国家”的中国、俄罗斯、印度和巴西都投了弃权票，并持保留或严重保留态度。南非虽然投了赞成票，但事后明确反对美英法军事打击利比亚，并支持了“非洲解决方案”和路线图。这是一个好兆头，全世界都注意到了。峰会如能取得一致，发表政策性声明，或支持某种非洲解决方案，反对利用1973号决议滥杀无辜，维护利比亚的主权和领土完整，为和平与政治解决“给力”，将是很有意义的。

2. 日本大地震和由此而造成的核辐射，引发人们对利用核能问题的一系列反思。“金砖国家”都需要发展和利用核能，因此，应该利用峰会的难得机会，取得一些必要的共识，交换经验和意见，防止自然灾害对人类安全的挑战。

3. 当然也是很重要的，就是为稳定复苏和“可持续的”平衡发展做出新的贡献，为G20今年在法国召开的峰会协调立场，做好准备。在金融体系改革方面，更要沿着积极、包容而又循序渐进的方针迈出坚定的步伐。

从目前国际舆论的反应来看，某些老牌发达国家不愿意看到“金砖国家”联合自强的局面，仍在利用意识形态的差异和历史遗留问题，多方挑拨“金砖国家”的相互关系，与会五国不能不认真对待，妥善处理。至于说什么“金砖国家”将要与G7对抗，甚至“取代”G7，那是不符合事实的。“金砖国家”既没有这个愿望，也没有这个可能。它们需要的是，推动世界向和平与发展的方向发展，是相互关照彼此的基本利益，平等互利，合作共赢。

2011年4月11日中国日报网

金砖国家“十年磨一剑”

金砖国家领导人第6次会晤即将于7月中旬在巴西召开。这是巴西第二次做东道主，也是第二轮会晤的首次，负有承前启后、继往开来的使命。

2003年10月，当“金砖四国”名词出现时，它只是专家学者心目中投资环境和发展前景比较理想的国家而已。所谓“BRIC”，就是巴西、俄罗斯、印度和中国四国国名的英文第一个字母构成的。原意是“砖头”，但有见识的翻译高手把它译成了“金砖四国”。南非加入后，改称为“金砖国家”（BRICS）。金砖国家的诞生，顺应了时代的变迁和国际力量对比的变化，也是发展中国家大面积兴起的象征。它们人口占世界42%，国土面积占世界近30%，经济总量已占到全球的21%，十年间对全球经济增长的贡献超过50%，成为推动全球经济复苏和可持续增长的重要引擎。

十年了，金砖国家不失时机，一步一个脚印，稳步发展。一开始，它们的高官进行非正式会晤和探讨。2007年巴西总统倡议四国会晤后，在联合国和G7会议期间，四国外长和领导人多次聚会，探讨合作和协调立场。2008年5月，四国外交部长首次在它们本土之一的俄罗斯叶卡捷琳堡举行会议并发表“联合公报”，强调“四国开展对话系基于相互尊重、相互信任和共同利益，对解决全球发展领域的紧迫问题有着相同或相近的看法，对话的前景广阔。”

此后，四国之间的会晤更趋频繁。在G20峰会前，它们的财政部长和银行行长都举行会议，进行磋商，协调政策，和提出建议。2009年6月，“金砖四国”领导人首次在俄罗斯叶卡捷林堡正式会晤，并发表了举世瞩目的联合声明，凝聚了共识，表达了共同战略诉求，特别是要寻求建立一个更加民主和公正的多极世界，支持联合国的中心地位和作用；努力推动国际金融体系改革朝着更加公平、公正和合理的方向发展；主张建立一个稳定的、可预期的、更加多元化的国际货币体系，坚决反对贸易保护主义。

金砖国家领导人第一次正式会晤，开启了机制化进程。现在，已逐步形成以领导人会晤为引领、以安全事务高级代表和外长等部长级会议为支撑、在国际政治、国际经济、务实合作三方面开展合作的架构。“十年磨一剑”显然已初见成效。这支“剑”是属于我们时代的，它将为时代的变迁“披荆斩棘”。

一年来，世界一些热点恶性发展、世界经济复苏缓慢、金融体系改革举步维艰。预计这次会晤金砖国家领导人将发出“正能量”的呼声，主张和平对话解决问题，主张包容和平等协商，反对威胁和强加于人。奥巴马声称，这个世界如果美国不领导，谁来领导？金砖国家可以、而且也应该重申：“支持联合国的中心地位和作用”，维护国际公平正义。

在世界金融体系改革方面，连IMF负责人拉加德也对美国颇有微词。她甚至提出可以考虑把世界银行总部搬到北京。话虽说得大发了一点，但也反映了一种值得尊敬的情绪。这次巴西会晤估计将发出强烈的呼声，推动落实国际货币基金组织2010年通过的份额和治理改革方案，尽快启动并完成新一轮份额总检查，保持国际货币基金组织改革的发展势头，增强应对全球金融风险的能力，维护金砖国家和发展中国家利益。

这次会晤还有两个亮点值得关注：

一、去年金砖国家领导人第五次会晤，一致同意设立金砖国家开发银行和建立初始规模为1000亿美元的应急外汇储备库。这两大决策是金砖国家加强务实合作、推进金砖机制建设的重要举措，也将对完善全球金融治理做出积极贡献。一年来，有关工作一直在稳步推进，本次会晤有能取得实质性进展。这将对金砖国家和其他发展中国家的基础设施建设提供有力支持，帮助新兴市场国家更好应对国际资本流动风险和金融动荡冲击。

二、这次会晤期间，领导人还将与部分拉美国家领导人会见，探讨合作事宜。这将产生共同发展和全球治理的“溢出效应”，也是去年德班会议与非洲国家领导人聚会的延续。这种形式如果今后能在俄罗斯、印度和中国举行峰会时继续，金砖国家的代表性将显著增加，生命力将更加旺盛。

此外，这次会晤期间，可能还将宣布启动“中国—拉共体论坛”，这对中国外交新政也是一道彩霞。

2014年7月10日环球网、《北京日报》

“金风”送爽适时流

——谨防“西风”干扰

“金砖国家”领导人第四次会晤今明两日在印度新德里举行。虽然仍称为“会晤”而不是“会议”，但无论从合作的广度和深度来看，“金砖国家”正在稳步地向机制化组织迈进。在时代变迁量变进程加速发展的新世纪，它的代表性是举世公认的；它的影响力是世界各国都试图借重的；它的魅力，可以毫不夸张地说，就像“金子”，持续不断地在发光，可谓“金风”送爽，顺应时代的潮流。

“金砖国家”之所以能走到一起，一是因为它们都是新兴大国或相对大国，发展速度快，潜力大，而且不同程度上都有着可持续性。在全球外汇存底中，它们占有率高达一半左右，对全球经济增长的贡献超过一半，在国际金融和经济领域，特别是在G20，举足轻重。二是它们都坚持自己的民族传统和国家特性，自主选择发展模式，没有简单地接受什么“华盛顿共识”或其它什么“共识”。三是它们都希望和寻求和平的国际环境，主张国际关系民主化和平等的伙伴关系。四是它们尽管社会制度不同，意识形态各异，但它们共同的战略目标是要建立一个“更加民主和公正的多极世界”，支持联合国的中心地位和作用，主张改革不合理的国际政治经济秩序。

2009年，“金砖国家”领导人第一次俄罗斯叶卡捷琳娜会晤后的声明，肯定了它们的这些共同特点和诉求，奠定了发展的大方向。2010年在巴西的第二次会晤，它们为进一步应对金融危机的冲击和G20会议，及时协调立场和政策，在基本共同诉求方面取得了共识；在妥善应对金融危机和推动国际金融体系改革方面，也取得了比较高度的一致。去年在中国三亚的第三次会晤，深化了前两次的共识，而且更具体化了，开始形成了以领导人会晤为引领的多层次合作格局。

这次新德里会晤面临的国际形势，除了气候变化、能源等问题外，主要是：由于美国带头大搞贸易保护主义以及“欧债危机”，全球经济复苏存在诸多不确定因素，国际金融体制和规则都需要改革；中东动乱不已，变革需求也方兴未艾，美国和某些北约国家企图推行新干涉主义，把中东纳入它们设想的轨道；美国战略中心东移，以及由此而引起的一系列地缘政治问题，等等。新德里会晤，“金砖国家”领导人将如何应对？

这次会晤定下的主题是：“金砖国家致力于稳定、安全和增长的伙伴关系”，涉及全球治理、绿色经济和可持续发展等人们普遍关心的问题。会前，还将举行金融论坛、工商论坛和经贸部长会议。据说，会晤将发表“新德里宣言”。纵观各方会前表态以及有关评论，估计“宣言”将强调：

一、在政治和安全方面，它们将顺应时代的诉求，本着平等的伙伴关系，支持“联合国宪章”的原则和精神，特别是尊重国家的主权和独立，主张对话和磋商，和平解决问题。

二、在金融和经贸方面，一是要协调立场，争取在国际金融组织有更大的发言权和代表性；二是要反对贸易保护主义，主张合作和互利共赢；三是要加强金砖国家的金融合作，建立某种“金砖国家”银行合作机制，推动相互直接使用本币进行贸易融资，乃至担保；四是要推动相互之间的贸易和投资，促进“金砖国家”之间的贸易和投资更多的便利化和提升。

三、在绿色经济和可持续发展方面，不仅将交流经验和介绍各自相关考虑和政策，还可能从宏观上探讨合作的可能性，特别是在低碳经济、可再生能源，以及扩大内需等领域。

上述三个方面，金融和贸易将是重点，“合作共赢”可以说是“灵魂”。会议很可能原则上就建立“南南开发银行”达成一致，为发展中国家注入新的动力。

美国和某些老牌发达国家对“金砖国家”联合自强及其国际影响，心里很不是滋味，觉得太不顺眼了。这几年来，它们一直在利用意识形态的差异和历史遗留问题，多方挑拨“金砖国家”的相互关系。现在，随着美国战略中心东移，挑拨离间的重点更是放到了中俄和中印关系方面。所谓中国要在印度洋和南亚建立包围印度的“珍珠链”，完全是子虚乌有的；所谓印度扩军完全是针对中国的，印度的导弹要覆盖整个中国，也是蓄意炒作；所谓中俄互不信任，“同床异梦”，更是别有用心。“金砖国家”、特别是中俄印的专家学者们，需要冷静和客观看待，心中有数，千万不要被忽悠了。

2012年3月27日《解放日报》

发展中国家的兴起与时代的变迁

一、发展中国家迅速兴起的态势和“亮点”

2003年，一家比较权威的国际机构第一次提出，世界上出现了迅速兴起的“金砖四国”（巴西、俄罗斯、印度和中国）和众多新兴市场。4、5年来的实践表明，这一提法是比较符合实际的，也是颇有远见的。2007年，日本一家研究“金砖四国”的机构又提出经济学家们普遍看好的“远景五国”（越南、印度尼西亚、南非、土耳其和阿根廷）。这还没有包括拉丁美洲的智利、墨西哥、委内瑞拉，亚洲的东盟和韩国，中亚的哈萨克斯坦，以及东欧和非洲的一些国家。

综合国际经济权威机构的统计，目前发展中国家、尤其是新兴经济体外汇储备迅速增加，到2007年，已占世界外汇储备的75%，“金砖四国”以及东亚和中东一些国家都是其中“大户”，其中亚洲占60%以上，传统的西方七国只占20%多一点。欧美的一些媒体近来惊呼，新兴经济体的“金融之都”、特别是香港和迪拜，正在同纽约和伦敦竞争，“在国际资本市场上发挥越来越大的作用”。实际上，新兴国家在全球经济所占比重2007年已上升到将近一半。如按购买力平价计算，“金砖四国”对世界经济增长的贡献率已达到50%。“金砖四国”除“中国速度”的发展举世瞩目外，印度经济发展十几年来平均年增长率一直保持在6%—7%左右，2007年高达8.9%。中、印已成为全世界投资最具吸引力的三个国家中的两个（另一个是当前最发达国家美国）。俄罗斯经济近7年来也保持了高速发展。今年2月初，普京回顾执政以来俄罗斯的经济成就时指出，俄罗斯国内生产总值增速达到了8%，俄已成为世界第7大经济体。俄黄金外汇储备已高达4048亿美元，苏联解体时遗留的2000多亿美元外债，现已提前基本还清。巴西外汇储备2007年比前一年翻了一番，已接近2000亿美元；经济增长也达到4.4%（美、日、欧分别是1.9%、2%和2.5%）。

“远景五国”的越南，经济一直比较快地持续发展，国内生产总值2007年同比增长8%左右。在贸易和投资方面现在已是亚洲的佼佼者。2006年东盟对外贸易总量已超过14000亿美元，域内贸易总量也接近3400亿美元，东盟共同体的目标可能提前至2015年实现。拉美和加勒比地区2007年经济增长了5.1%，拉美国家的外汇储备由2002年的1570亿美元增至目前的3500亿美元。撒哈拉以南非洲地区2007年经济增长高达6.1%。中亚地区2007年经济增长也在6.5%左右。

从以上情况不难看出，尽管发展中国家任重道远，前途障碍颇多，可能十分曲折而艰辛，但它们比较迅速的民族复兴已是不可阻挡的趋势，而且已初见成效，闪现着一些令人鼓舞的“亮点”：

1. 发展速度同发达国家形成鲜明对比。国际货币基金组织的最新报告表明，2007年发达国家经济增长速度均大大低于世界平均速度（5.2%），而发展中国家则大大高于世界平均速度。

2. 具有明显的可持续性。发展中国家的迅速兴起实际上在冷战后不久即已逐渐开始，进入新世纪以来更加明显。“金砖四国”2006年的平均经济增长率达到8.3%，2007年达到7.95%，它们显然已经确立了比较“稳固的可持续发展地位”。国际货币基金组织预计，2008年世界经济增长速度将放缓（可能是4.8%），但新兴经济体仍将达到7.1%。

3. 覆盖面比较大。尽管发展中国家的兴起仍有相当大的不平衡性，部分国家仍然发展滞后，甚至有被边缘化的危险，但迅速兴起的主流已是客观事实。继“金砖四国”和“远景五国”之后，去年又出现了成长潜力仅次于“金砖四国”的“新钻11国”（Next-11），包括巴基斯坦、埃及、印度尼西亚、伊朗、韩国、菲律宾、墨西哥、孟加拉国、尼日利亚、土耳其、越南。这11国中，除越南、印度尼西亚和土耳其已名列“远景五国”外，巴基斯坦与埃及2006年的经济增长均在7.0%左右。其中韩国已是“准发达国家”，墨西哥形势也普遍看好，是8国集团与之对话的五大发展中国家之一。

二、发展中国家迅速兴起的时代背景

对发展中国家迅速兴起和诸多“亮点”，很多西方学者惊叹不已。美国一位学者甚至说，他似乎看到了新的“两极世界”：一个充满忧愁的美国和一个充满希望的新兴国家（群体）。此话虽然有些夸张和伤感，但确实反映了一定的现实和西方一些专家学者的某种心态。

历史上，综合国力的赶超，一般都需要以“百年计”。一直长期处于落后和弱势地位的发展中国家，何以在短短十几年间就有如此惊人的发展速度呢？

这与时代的变迁有着明显的关系。

美国有些专家学者强调，这主要是因为美国发动反恐战争和伊拉克战争，一时消耗过度，顾不过来，让人“钻了空子”。这话不能说毫无道理，但这只是一种偶然性和催化剂而已。使之必然的，在笔者看来，主要有以下几大因素：

1. 经济全球化的影响和跨国公司追求最大利润的驱动。

经济全球化，既为发达国家的跨国公司带来巨额利润，更为发展中国家带来前所未有的机遇。资本要追逐最大利润，这似乎是天经地义的规律。因此，在激烈的国际竞争中，它势必要寻求向成本最低、市场最大的国家和地区去投资发展，并带去高新技术。而上述大多数国家在不同程度上都具备了比较合适的条件。在这种情况下，“利益驱动”是第一位的，有关跨国公司同它“落地国家”（发展中国家）的合作和“互利共赢”是难以避免的。跨国公司自己国家政府的所谓“价值观驱动”（经贸关系政治化）只能起次要的干扰作用，甚至起不了什么作用。即使起点作用，也是暂时的，很难持久。如果某一跨国公司听从“价值观驱动”而退缩，它就可能失去大好机会。在经济全球化时代，可谓“东方不亮西方亮”，另一些遵循“最大利益驱动”的跨国公司正在排队等着呢。这一情况在它们同所谓“处于战略十字路口国家”（中俄印越等国）的关系中表现得尤为明显。最近一个很好的例子是，法国和德国新领导人，由于在“利益驱动”和“价值观驱动”方面一时采取了不同态度，有着不同的倾向，前者从中国、利比亚等国获得了巨额订单，利益丰厚；后者“望洋兴叹”，引起国内企业界强烈不满，不得不反思和重新调整政策。

2. “信息无国界”和“高科技无形之手”的推动。

历史上，先进科学技术的掌握和运用、特别是赶超，往往需要很多年、甚至一、二十年时间。现在由于高科技的发展，特别是信息技术的发展，尽管有种种瓶颈（如知识产权和国家安全问题），最先进高新技术的“绝密”时间也保持不了多久。“高科技无形之手”推动着“信息无国界”；“信息无国界”反过来又播撒“高科技的种子”。发展中国家只要认真学习和对待，成功的希望是很大的，而且所需的时间也相对短了很多。如信息技术和生物技术、材料燃料技术和航天技术、激光技术和“可再生能源”技术等等，中国、印度和巴西等很多发展中国家都有比较迅速成功的经验，而且在努力提高自主创新能力。

3. 发展中国家正确的战略和政策取向。

发展中国家迅速兴起是同它们正确的战略和政策取向分不开的。冷战结束后，和平、发展与合作日益成为我们时代的主题。发展中国家大多顺应时代潮流，奉行与此相适应的战略，进行改革开放，制定和完善有关政策，实行与发达国家合作和“互利共赢”的方针。因此，政局比较稳定，投资风险相对比较小。而这正是跨国公司追逐最大利益和资金与技术“落地”所需要的。

三、发展中国家迅速兴起的现实意义和深远影响

国际权威经济集团的一些研究报告认为，全球经济正经历自工业革命以来规模最大的转型，经济中心正从发达国家转移到亚洲、东欧、中东与拉美等地的新兴市场;“金砖四国”和“远景五国”正在改变世界经济格局。法国总统萨科齐近日也提出，世界即将进入“相对大国时代”，强调“金砖四国”已“为形成一个新的大国合唱的多极世界创造了条件”。这些看法不无道理，虽然有些地方言过其实。在笔者看来，从战略和发展趋势的角度观察，发展中国家迅速兴起的意义远远超出这一范畴，具有历史性，而且不可逆转。

如果说二十世纪五、六十年代的民族独立和解放运动是第二次世界大战后对帝国主义和殖民主义体系在政治上一次最为严重的冲击，那么这一次发展中国家的迅速兴起，伴随着“发展模式多样化”，则是在经济上对西方主导的经济体系一次最为严重的冲击，而且正在向政治方面发展。

1. 它加速了世界多极化的发展趋势，并使国际力量对比发生新的、历史性变化。

十年以前，谁会想到8国集团不得不邀请发展中五大国对话呢？谁会想到美日欧纷纷寻求与中、印等国家进行战略性对话呢？谁会想到世界经济的发展在一定程度上也要靠“金砖四国”拉动呢？谁又会想到中国的（官方）外汇储备竟然跃居世界第一呢？在这种情况下，美国独家或西方单边说了算的日子显然已难以为继，“单极稳定论”更不可行。国际关系的发展和国际格局的演变，势必要受到发展中国家迅速兴起的牵动。今年1月21日，印度总理辛格在同英国首相布朗举行的联合记者招待会上说的一句话很有意思：今后“任何一个国际机构如果还要把印度和中国这样的国家排除在外，就会让人们对其处理问题的能力产生怀疑”。显然，传统意义上的“大国”概念（什么G-7、G-8）已经不能适应形势的发展和变化了。

2. 体现了“发展模式多样化”的魅力。

1990年，美国一手策划了美国新自由主义的“华盛顿共识”，提出了指导

拉美经济改革的10条政策主张，名义上是要帮助拉美国家挽回“失去的十年”，实际上是不顾拉美国家的实际情况和利益，干涉它们的内政，要求它们全面开放货物与资本市场，放松外汇管理，实现绝对的新自由主义市场经济，把拉美国家害苦了。墨西哥的一些评论说得好，美国新自由主义的“华盛顿共识”，毫不掩饰它们要将美洲大陆纳入美国轨道的企图，但它们制作的经济和政治“外衣”，“没有一件适合于拉美地区”。

不仅拉美国家有此体会，很多发展中国家也从1997年亚洲金融危机和前苏联“休克疗法”中看到了惨痛教训，因此普遍拒绝所谓“华盛顿共识”（即所谓“绝对的新自由主义市场经济”），纷纷探寻符合本国国情的发展模式。近十多年来，发展中国家的迅速兴起是与此相伴而行的。这实际上是对发达国家占主导地位的单一发展模式的否定。现在有人提出与“华盛顿共识”相对持的所谓“北京共识”。笔者对此不以为然。如果说有什么“北京共识”的话，也就是每个国家都有权在国际大环境下按照自己的国情制定自己的发展战略。

3．经济上，它必然要求确保自身的核心利益和发展，要求参与和改变不合理和不公正的国际经济秩序（包括西方、特别是美国在诸多领域的垄断地位）。它们的大量外汇储存要求合理增值，不可能继续长期放在一、两个国家而受制于人。去年出现的“主权财富基金”（主要是中国、印度和一些海湾国家，俄罗斯也在跃跃欲试）就是这一现象的必然反映，目前方兴未艾，正在以收购股份等方式进入西方金融机构和有影响的名牌企业。与此同时，南南经贸合作也大大加强了。阿联酋的世界港口公司在被美国以所谓“安全”理由拒绝后，已开始在中国、印度、秘鲁和越南投资发展。沙特阿拉伯国有石油公司也已到中国来投资炼油企业。中国和印度已开始在非洲收购银行股权和大规模投资办厂。去年拉美国家组建“南方银行”，更是在西方主导的国际金融组织之外谋求金融独立的一种尝试和挑战。无怪乎美国报纸惊呼，“南南经贸合作正在开创全球化新时代”，巴西、中国、印度和南非等一些新兴发展中国家“越来越依靠彼此之间的发展而不是发达国家”，西方垄断世界经济和金融的局面正在面临瓦解的危险。

4．联合自强，寻求以平等身份进行南北对话。这几年来，8国集团同发展中五大国（巴西、墨西哥、南非、印度和中国）的对话（即所谓8+5会议），西方原本想“借力”继续主导世界事务，同时转嫁国际责任，对话议题都是它们事先设定的。但它们未曾想到，这正好给五大发展中国家提供了一个非常好的联合自强的合作机会。在去年的8+5对话期间，五大国就明确对8国集团单方面设定议题表示不满，认为对话议题应由双方共同商定。这以后，五大发展中国家已形成从司局长到领导人的多层次协调机制。预计今年还会有新的实质性发展（如举行独立于8国集团的5国会议）。此外，印度、巴西、和南非对话论坛已形成年度领导人峰会机制，中国、印度、南非和巴西也建立了四国财长定期会晤机制，“金砖四国”也在酝酿某种形式的会晤机制。这些合作大大丰富了南南合作的内涵，实际上形成了与发达国家的某种均衡和对持的局面，也是我们时代变迁的风向标。这是发达国家、特别是美国不能不认真对待的大问题。

四、发达国家何去何从

面对这一局面，发达国家怎么办？西方专家学者围绕如何看待发展中国家的兴起、如何使用自己的实力、以及如何运用“软实力”、“硬实力”和所谓“巧实力”，纷纷献策。归纳起来，大致有两大派。一派以美国新保守主义理想家们为代表，主张建立新的“民主国家同盟”对付中国等处于“战略十字路口”的国家；对发展中大国进行挑拨离间和分化瓦解（“重中之重”是拉拢印度和挑拨中印关系）；经济上利用尚存优势不断施压（如金融系统汇率问题和贸易保护主义等），力争把发展中国家的兴起纳入西方设定的轨道。另一派以美国新现实主义者为代表，认为尽管美国仍然是国际上的“主导角色”，但美国必须承认三个无情的现实：一是它自身的影响力已经开始下降；二是国际力量对比已经发生了深层次的变化；三是发展中国家不仅是经济竞争对手，还是美国跨国企业的归宿。因此，美国不应继续“沉迷于20世纪的花言巧语中”，以为这个世界还会围绕“美国中心”转，追求美国主导的“过时的联盟”；美国应在“利益驱动”基础上，根据国际形势的变化和问题的性质，进行“灵活的联合”；对中国不妨“两面下注”，可考虑推动美日中三边合作。

过去一、两年来的实践已经充分证明，前一种意见是行不通的。后一种意见比较务实，似有可取之处。但由于陈旧历史观和冷战思维的影响，西方的专家学者很多人没有看清楚：现在时代不同了，发展中国家的迅速兴起在性质上不同于历史上帝国的兴起。它们要求的并不是重新瓜分势力范围，而是平等相待、互相关照彼此利益，以及“合作共赢”与“和谐共处”。它们并不主动寻求对抗。目前看来，美国新现实主义派意见略占上风。在今后一个相当长的历史时期，发展中国家迅速兴起的“大趋势”(包括南南合作和内部关系的协调)同发达国家（尤其是美国）在应对这一“大趋势”方面的战略取向，将严重影响国际局势的发展和国际格局的演变，以及世界和平与发展进程。

2008年3月25日《半月谈》

“金砖四国”合作：我们时代的“亮点”

5月16日，“金砖四国”（巴西、俄罗斯、印度和中国）外交部长在它们本土之一的俄罗斯叶卡捷琳堡举行了一天会议。“金砖四国”是由四国国名英文第一个字母组成的综合词组，2003年出现后，四国外长已在联合国会议期间会晤过几次，但在四国本土会晤这还是第一次。四国外长还商定，他们除继续在今年联合国大会期间再次会晤外，将在印度举行下次会议。中俄印三国外长还欢迎巴西关于召开四国经济或财政部长会议以讨论全球经济和金融问题的倡议。这表明，“金砖四国”在组织机制方面已经“更上一层楼”了，而且可望向峰会和更广泛的合作领域发展。

这次四国外长会晤还发表了“联合公报”，强调“四国开展对话系基于相互尊重、相互信任和共同利益，对解决全球发展领域的紧迫问题有着相同或相近的看法，对话的前景广阔”。从公报涉及的一些重大问题来看，很显然，“金砖四国”在政治上也“更上一层楼”了。一些冷战思维严重的西方媒体在报道中有意回避或淡化公报的主旨和意向，甚至有意渲染社会制度等方面的矛盾，但公报表明，四国对当今世界面临的主要问题取得了具有深远意义的共识，顺应了时代潮流。特别值得一提的是：

一、他们一致认为，“在法治和多边主义基础上建立更加民主的国际体系是当今时代的要求”。这实际上是共同主张国际关系民主化，对“单边主义”说“不”。

二、他们重申，“当今世界秩序的基础应是国际法治、加强多边主义和发挥联合国的中心作用”。这不仅是对“单边主义”的否定，实际上也是反对任何国家把自己驾临于联合国之上，为所欲为；也为印度和巴西等发展中大国“在联合国发挥更大作用”作了某种铺垫；更是对联合国积极而有力的支持。

三、他们认为，应通过政治和外交努力和平解决国际关系中的争端，应对国际安全领域的共同挑战；要本着对话和相互理解的精神，考虑各方关切，采取合作方式。这显然带有反对强权政治以及随意动武和制裁的图谋，符合世界人民对和平、合作与发展的诉求。

四、他们还在“反对恐怖主义”、“气候变化”、“能源合作”“粮食危机”等其它领域取得了诸多共识，并一再强调要发挥联合国的作用和“致力于加强多边努力”，共同解决问题。

“金砖四国”合作“更上一层楼”显然是当今国际形势发展的一大“亮点”。

“金砖四国”除“中国速度”的发展举世瞩目外，印度经济发展十几年来平均年增长率一直保持在6%—7%左右，2007年高达8.9%。中、印已成为全世界投资最具吸引力的三个国家中的两个（另一个是当前最发达国家美国）。俄罗斯经济近7年来也保持了高速发展，国内生产总值增速达到了8%，已成为世界第7大经济体。巴西外汇储备2007年比前一年翻了一番，已接近2000亿美元；经济增长也达到4.4%（美、日、欧分别是1.9%、2%和2.5%）。如按购买力平价计算，“金砖四国”对世界经济增长的“贡献率”已达到50%。

“金砖四国”的兴起既不是偶然的，也不是孤立的，而是具有一定的时代特征。

由于经济全球化的影响和跨国公司追求最大利润的驱动，也由于“信息无国界”和“高科技无形之手”的推动，以及发展中国家采取了正确的战略和政策，继“金砖四国”之后，去年又出现了经济学家们普遍看好的“远景五国”（越南、印度尼西亚、南非、土耳其和阿根廷）。这还没有包括拉丁美洲的智利、墨西哥、委内瑞拉，亚洲的东盟和韩国，中亚的哈萨克斯坦，以及东欧和非洲的一些国家。这实际上是发展中国家大面积兴起和我们时代变迁的一种反映。国际上有些专家学者认为，“金砖四国”很快将“取代”七国集团，这似乎有点言过其实。但不可否认的是，发展中国家大面积兴起，加速了世界多极化的发展趋势，并使国际力量对比发生新的、历史性变化。如果说二十世纪五、六十年代的民族独立和解放运动是第二次世界大战后对帝国主义和殖民主义体系在政治上一次最为严重的冲击，那么这一次发展中国家的迅速兴起，伴随着“发展模式多样化”，则是在经济上对西方主导的经济体系一次最为严重的冲击，而且正在向更深层次发展。

2008年6月10日中国日报网

卡恩的“风流债”和“政治美誉”

国际货币基金组织掌门人卡恩的“风流债”问题以及有关“阴谋论”的广泛传播，最近闹得沸沸扬扬。6月6日，卡恩将出庭受审，“好戏”似乎还在后头。

国际重量级人物的风流韵事，人们时有所闻，美国和法国也不乏其人。但像卡恩这样的案例，实属少见；美国警方的行动之快捷和严厉，下招之狠，实属罕有。拘捕卡恩的当天，美国财政部长即匆忙声称，卡恩“显然不适合继续担任总裁”，也值得玩味。

卡恩的风流韵事和“风流债”早有前科。他自己也不否认，他就是“喜欢女人”；这是他从政的一大障碍（“软肋”）。人们说，他“英雄难过美人关”，自毁前程，白白丢掉了可能登上法国的总统宝座（据报道，还没宣布参加竞选，他的名望就已大大超过现任总统萨科奇），不无道理。他现在也许悔恨交加。

不过话又说回来，卡恩位高权重，既有金钱，又有魅力，身边据说并不缺年轻貌美的女子。因此，说他“英雄难过女人关”，见“公共汽车”就上，企图强奸一般女服务员，法国人似乎难以理解，认为“不合逻辑”。法国和国际上大量“阴谋论”、“陷害论”、“请君入瓮”论，盖源于此，而且同卡恩的“政治美誉”也不无关系。

卡恩的这笔“风流债”如何算，何时了，能否算清，不确定因素很多，尚待观察。他也许是咎由自取，被判刑，锒铛入狱；也许“清白无罪”，“无辜受辱”，虚惊一场。但无论如何，他在政治上的一些“美誉”似乎不应忽视。

1997—1998年他担任法国财政部长期间，为法国经济发展和加入欧元区立下了汗马功劳，被法国人称之为“法国经济重建的设计师”；他对欧元和欧洲国家债务危机都十分“给力”，有“欧元先生”的美称。他主张国际外汇储备多元化，希望推行非主权国家综合性外汇储备，增加“特别提款权”货币的币种（如人民币等）。他公开声称，（美国视为至宝的）“华盛顿共识”已经失败了。去年在印度的一次讲话中，他还公开主张，国际货币基金组织和世界银行掌门人长期由美欧把持的局面不应该再继续下去，新兴经济体国家也应该有掌门的机会。这一切都是美国非常忌讳的，甚至是不能容忍的。难怪有的欧洲媒体一针见血地指出，卡恩的“性丑闻”是“整个欧洲的失火”，给了美国打击欧元的一块好石头。

看来，美国一些人的确是兴奋了，不过似乎太早了一点；法国很多人似乎迷惑了，不知底细，想要讨个说法。

2011年6月3日《解放日报》

G20生命力有赖于顺应时代诉求

G20第七次峰会6月18—19日将在墨西哥举行。去年11月在法国戛纳举行的第六次峰会主题是“新世界，新思维”。主题思想很好，但到底什么是“新世界”，应该有什么样的“新思维”，G20领导人似乎并没有深入研究，更谈不上有什么战略性“共识”。尽管如此，他们经过协调立场和一定程度的妥协，在稳定经济复苏和促进经济增长方面，还是有贡献的。

G20峰会诞生于危难之际，也是时代变迁和国际力量对比发生历史性变化的产物。它是新世纪老牌发达国家同新兴经济体对话和协调立场，以及为“全球治理”寻求“良方”的平台。它既不同于已是明日黄花的“8+5”机制，更不同于32年前在墨西哥坎昆举行的22国南北对话（其中8个发达国家就是现在所谓的G8）。过去是它们说了算，现在它们虽然仍在诸多方面起主导作用，但已不能“朕即天下”了。事情正像西方一些领导人说的，现在是“相对大国时代”，一切重大国际问题，离开中国、印度和巴西等新兴大国经济体是无法解决的。

作为国际经济合作的主要论坛，G20的历史地位和代表性都十分明显。它们的国内生产总值占全球的90%，贸易额占全球的80%，人口也占全球的三分之二。它的成员兼顾了发达国家和发展中国家以及不同地域的平衡。因此，它的每次峰会都举世瞩目，人们对它寄予相当的厚望，希望它多做一些好事，多释放一些积极的信号，顺应时代和平、发展与“合作共赢”的诉求。

这次墨西哥峰会能否不负众望，证明自己有强大的生命力，首先在于对“新世界，新思维”采取务实态度，从而初步取得一定的共识。在这方面，新兴经济体问题不大，它们需要一个更加公正和平等的国际经济和政治秩序，但并不寻求对抗，也并不奢望一步到位，而是不断探寻“合作共赢”。老牌发达国家如果能看清自己新的身份，认可新时代的诉求，相向而行，一定程度的共识是有可能的。

IMF前任总裁卡恩虽然桃色新闻缠身，但他政治上有些说道还是蛮好的。他主张国际外汇储备多元化，希望推行非主权国家综合性外汇储备，增加“特别提款权”货币的币种。他还公开声称，国际货币基金组织和世界银行掌门人长期由美欧把持的局面不应该再继续下去，新兴经济体国家也应该有掌门的机会。新兴经济体并不奢望这些主张可以“立竿见影”，但作为一种方向，也是不可避免的。G20峰会已定IMF股权和投票权份额的重新分配年内要到位，墨西哥峰会应努力推动完成，不容个别国家拖延。

法国戛纳峰会以来，贸易保护主义有进一步抬头趋势，特别是美国表现比较差。想当年，美国高官在APEC经常“开导”我说，自由贸易和投资多么、多么重要，保护主义是“死路一条”，没有前途。现在，美国好像在“自砍”一手树立起来的自由贸易和投资的大旗。墨西哥峰会在这方面也应该有所作为，坚持反对各种形式的贸易保护主义和双重标准。

最后要强调的一点是，当前世界经济复苏和增长仍面临诸多不确定因素，除了美国主导的新干涉主义造成政治动荡和引起大宗商品价格“非正常波动”外，希腊等国为代表的“欧债危机”也是一个突出问题，影响全局。此次峰会应该在要求欧洲“自救”基础上，寻求“他助”，如通过IMF“注资贷款”等方式。在这方面，中国是不会缺席的，“金砖国家”也不会缺席。问题是美国持什么态度。有人说，美国是“落井下石”。此话似乎言过其实，但说美国乐见欧元“日渐式微”，可能比较符合事实。美国至今尚无出手相助的表示。欧盟和“金砖国家”应分别做工作，让美国明白：在经济全球化的当今世界，为了一己私利，企图独善其身，不顾大局，到头来自己也是要倒霉的；G20各国现在实际上已是一种“相互依存关系”，让这种关系“舒服一点”，至少“比较舒服一点”，“合作共赢”，可能是最佳选择，对各方都有好处。

2012年6月19日《文汇报》

G7需要新思维和新定位

在克里米亚公投、回归俄罗斯前，七国集团（G7）威胁要制裁俄，声称将不去索契参加G8峰会预备会。对此，普京总统十分淡定、沉稳，说如果他们不想来，就不必来了。近日，G7又在海牙举行“紧急会议”，宣布不参加原定6月在索契举行的G8峰会，暂时中止G8活动。对此，俄外长拉夫罗夫也表现得毫不在乎，说如果G8认为这种形式已经没有存在的必要，那就暂停好了。

G7与俄罗斯这种“热制裁”与“冷应对”的新型博弈，引起人们很多思考和疑问。虽然议论纷纷，但集中到一点，就是：“徐娘半老”的G7尚存多少诱人的姿色？俄罗斯离开她伤心几许？

当年，由于戈尔巴乔夫和叶利钦的“老天真”（那是真心实意的幻想），G7恩赐了俄罗斯一个“1”，勉强被加上去了，叫7+1。后来进一步拉拢俄罗斯，并为自身增添色彩，索性把G7改成了G8。但俄罗斯仍然是“二等公民”，很多重要议题都被拒之门外，好不憋屈！

G7原本是世界“拳王”和“美女”，其GDP占世界的50%左右，影响几乎遍及全球；有些事，它说一不二。但随着时代变迁量变进程的加速发展和力量对比的变化，新兴经济体大面积发展，出现了法国前总统称之为“相对大国时代”的状况，它在全球所占GDP已下降到40%，而且前景评估是“负面的”。

真是三十年河东转河西。1981年我曾有幸参加墨西哥坎昆会议（8个发达国家和12个发展中国家对话）。那时候，美国等G7绝对主导。我们有发言权，但分量很轻。这以后，它们就开始搞7+1和8+5，但还是它们主导，连议题和时间长短都是它们决定的。及至2008年7月，在日本召开的洞爷湖G7峰会，就开始了新的变化。不仅“5”单独开会，“5”与“8”的对话议题也是共同商定的。“8＋X”方式也出现了。这表明，G8在处理全球政治、经济和社会事务时，已力不从心，不得不“借力”发展中国家。时任日本首相的福田康夫就公开表示，面对目前形势，G8已“无法独自稳定全球经济”。法国总统萨科齐也说，G8会议撇开中国和印度是“不明智的”。

后来，美国发生了金融危机，G20峰会也就应运而生。有人说，G20取代了G8，那是不对的。G8（现在是G7）仍然是一支独立的、很有影响的国际力量，在诸多方面，它仍然在发挥主导作用。但不可否认的是，它现在已独木难支，不可能说一不二了。G20实际上已成为G7和金5（金砖五国）各为主要一方的对话平台，也就是说，是发达成员同发展中成员对话的平台。这同坎昆会议已不可同日而语。

这是任何人都不可否认的客观事实，也是G7不能不面对的残酷现实。在这种情况下，G7理应认清形势，摒弃“我说了算”的思维，特别是霸道行为，共同制定时代变迁形势下新的定位，寻求不冲突、不对抗、相互尊重和合作共赢的新型国际关系，享受相对衰落沿途的风景，继续发挥举足轻重的作用。否则，衰落可能加速，沿途更加凄惨，更加孤独。

俄罗斯是不是也受到伤害？当然，答案是肯定的。有点伤心和不悦，但无关大局，只不过早点丢掉幻想而已。俄罗斯可用武之地的国际组织颇多。它是金砖国家和G20的重要成员，是上海合作组织和中俄印三国机制的先驱之一。就在G7发表海牙声明排除俄罗斯于G8的同时，金砖国家也举行外长会议，给俄罗斯吃了“定心丸”，声称要把俄罗斯排挤出G20，没门。

这里且不说G7、特别是美国，近二十年来，不断挤压俄罗斯战略空间、步步向俄罗斯家门口逼近，终于酿成了乌克兰危机这个“因”，但必须指出，它们自己酿造的苦酒，还得它们自己来品尝。主动权不在它们手里，但“球”在它们一边。时代不同了，踢球的方法不能一成不变。记住啊，G7的朋友们。

2014年4月1日《北京日报》

乌克兰民众要亲手培植自己的鲜花

2004年11月，当乌克兰发生选举风波、反对派以“橙色革命”名义“和平夺取政权”成功后，美国一些媒体喜形于色，期待甚至鼓吹，继美国推动的格鲁吉亚“天鹅绒革命”后，“玫瑰”也将在乌克兰绽放。当时我国有些学者提出质疑，认为美国新保守主义理学家们“高兴得太早”，太“一厢情愿”了。11月26日，《新民晚报》发表“玫瑰会在乌克兰绽放吗？”一文，认为由于地缘政治等诸多因素的影响，“玫瑰在乌克兰可能绽放不了”，因为，再好的花，如果“水土不服”，也是开不了的；相信乌克兰人民在自己肥沃的土地上，能种出真正让自己喜爱的鲜花。

5年过去了，当年“橙色革命”领军人物尤先科许下的主要诺言一个也没有兑现。乌克兰政局并没有实现稳定，经济反而越来越差（2009年乌克兰国内生产总值比上年下降15%），津津乐道要早日加入北约的梦想也遥遥无期；美国口惠而实未至，而同俄罗斯的关系又搞得一塌糊涂，好处尽失。在这次选举中，尤先科所得选票不到6%，第一轮就被淘汰出局；当年橙色革命的另一个领军人物季莫申科得票也只有25%。两人得票加在一起，仍低于当年“被革命的”亚努科维奇。显然，乌克兰民众要亲手培植自己的鲜花。

2月7日将举行第二轮投票。亚努科维奇得票率高于季莫申科11个百分点，但还不能说已稳操胜券，还要看其他出局竞选人的得票主要流向哪一方。不过，无论谁当选，都将调整甚至改变现行外交政策，奉行相对平衡的全方位外交。不同的是，两人各有其国际政治“倾斜度”，前者是俄罗斯，后者是美国。过去5年，两人都当过总理，他们的实践已充分说明了这一点，无需赘述。

2010年2月7日《新民晚报》

“西风”吹不活乌克兰的“玫瑰”

乌克兰总统选举第二轮投票2月7日晚结束。据报道，亚努科维奇已获胜，素有“美女总理”之称的季莫申科终于败北。但她并不认输，指责亚努科维奇有“舞弊”嫌疑。此前，她还嚷着要再次发动“橙色革命”，而且要比2004年“更为激烈”。美国一些媒体评论说，这个“美女”（一语双关）胆子大，不争气；虚张声势，底气不足。乌克兰媒体则认为，这是她行将败落的“最后表演”；担心她“成事不足，败事有余”。

2004年，现任总统尤先科和现任总理季莫申科打着“橙色革命”的旗号，乘着美国在俄罗斯周边策划“颜色革命”的“西风”，大搞街头示威游行和抗议，迫使已宣布当选的亚努科维奇未能走马上任。此后，他两人一个当了总统，另一个当了总理，基本上都奉行亲美反俄路线。当时，美国也大喜过望，以为它一手培植的“玫瑰”就要在乌克兰绽放了。

现在，5年多过去了，“西风”吹不活乌克兰的“玫瑰”。所谓“橙色革命”也随风而去了。

5年多来，外交上，乌克兰政治舞台的背后始终晃动着美俄博弈的影子。乌克兰同俄罗斯的关系搞得很僵，而美国又“远水不救近火”，口惠而实不至。乌克兰“橙色革命”领导人迫切要求加入北约的呐喊，只得到美国隔洋的微弱回音，实际上遥遥无期。

内政方面，更是搞得一团糟，经济情况和人民生活每况愈下。尤先科和季莫申科争权夺利，勾心斗角。前者一意孤行，后者出尔反尔，让民众看不到所谓“橙色革命”能培育出什么“白色玫瑰”的前景。因此，大选第一轮投票尤先科就被淘汰出局。季莫申科现在败落，并不出人意外。

尤先科目前似乎已不在话下。但季莫申科“芳龄”尚属60后一代，活动能量很大，同美国的关系至深。当年美国国务卿赖斯曾专门邀请季莫申科访问美国，称赞她从早期的反对派生涯开始就与美国合作了，是乌克兰“橙色革命”真正的推动者。美国媒体当时也曾评论说，“美国看准了季莫申科，认为她是个说到做到、不达目的决不罢休的人”。此言不谬。

曾记否，2007年，美俄唇枪舌战。美国副总统切尼攻击俄罗斯“民主大倒退”，俄罗斯外长拉夫罗夫反唇相讥，说“民主又不是一袋土豆”。季莫申科迅即“参战”，在美国《外交季刊》杂志发表文章，呼吁遏制俄罗斯。她坚称，西方国家不能指望俄罗斯改变其“帝国本质”，应该在车臣、能源、伊朗等问题上协调立场，共同对付俄罗斯。当时俄罗斯和不少国际媒体斥责她发表“反俄宣言”，企图重回冷战。近年来，她为了竞选总统，同俄罗斯关系有所缓解。但她关键时刻的表演，美国不会忘记，俄罗斯更不会忘记，乌克兰民众也难以忘记。至于她能否发动第二次更激烈的“橙色革命”，“美女总理”是否能再“美”起来，这既需要看乌克兰民众的智慧，也还要看美俄的博弈和策略。

但乌克兰民众要稳定，不要内乱；要独立自主，不要依附于人；要发展经济，改善民生，不要贪污腐化，显然是大势所趋。这次乌克兰大选的结果在一定程度上反映了这一趋势。亚努科维奇历史上同俄罗斯关系比较好，不赞成参加北约；主张稳定和改革，大力发展经济；宣称将改变“橙色革命”政府错误的内外政策，奉行“平衡”或“全方位”外交。现在乌克兰人民决定要让他试一试。

2010年2月8日中国日报网

“文明冲突论”可以休矣

2006年12月，联合国资助的“文明联盟”研究小组发表一份报告，公开批评“文明冲突论”不符合《联合国宪章》精神，危害世界和平与稳定。之后，世界两大国际组织——“环球扫描公司”和“国际政策民意研究计划”，又受英国广播公司委托，从去年11月3日至今年1月29日，用了将近3个月的时间，就西方与伊斯兰世界紧张关系问题，对27个国家2.8万人进行了调查。2月19日，它们公布的调查结果显示，大多数人不相信“文明冲突”，认为西方与伊斯兰世界的紧张关系，主要根源是政治和经济利益的矛盾与冲突，“是由偏执的少数人引起的”，并非由于文化和宗教的根本分歧。将近60%的受访者认为，伊斯兰世界与西方之间可以找到共同的东西。特别值得注意的是，在欧洲发达国家的意大利、英国和法国，认为双方可能“存在共同基础”的人高达69%—78%，在北美的加拿大和墨西哥也高达70%以上。

几乎与此同时，2月中旬，在多哈举行的第四届美国—伊斯兰会议也号召美国“摒弃单边主义和双重标准”，通过对话以及商业、文化和教育的参与，寻求同伊斯兰世界的和解。美国《华盛顿邮报》也呼吁美国政府倾听伊斯兰世界的声音，放弃傲慢政策和单边主义。不少国际评论尖锐地指出，布什总统在“9·11事件”5周年发表的讲话把“反恐”定性为“为文明而战”是错误的，这实际上是亨廷顿“文明冲突论”的翻版，既不符合现实，也无助于反恐斗争，更无助于从根本上消灭恐怖主义温床；抛弃“文明冲突论”和“文明战争”这一套，努力寻求与伊斯兰世界的真诚对话与和解，才是上策。

实践是检验真理的唯一标准。现在世界上越来越多的人已开始认识到，目前中东动乱的根源并非源于“文明冲突”，而是（主要）源于美国的错误政策。世界各国有着不同的文化和历史传统，不同文明之间既有共性，又有特性，不可能用一种文化与价值观来统领，更不能相互压抑。相反，应该提倡包容、兼容与宽容，相互尊重和学习。各种文明都应该承认和接受共性，并用自己的特性去丰富它；同时，也要承认和尊重特性（个性），并在自愿的基础上，用共性去丰富和发展它。其实，据笔者观察，中东国家和人民并不反对美国，对美国一切美好和优秀的东西，他们还是喜欢的，甚至向往。他们反对的是美国的错误政策。美国领导人如若有点谦虚谨慎和“时代的灵气”，现在该是好好反思的时候了。所谓“文明冲突论”和“文明战争”也可以休矣。至于“十字军东征”那一类伤害民族感情的话语，更需要强权之国的领导人把它“深深埋葬”。

2007年2月21日《新民晚报》

"全球治理"呼唤G20新型国际关系

G20第八次峰会9月5—6日将在俄罗斯圣彼得堡举行。对会议，人们有期盼，也有质疑。有三方面情况引人注目。

一是墨西哥会议以来，全球经济复苏仍然乏力，甚至疲软，加之美日等老牌发达国家都在为一己私利搞量化宽松政策与可能退出伎俩，及其"蝴蝶效应"的负面影响，新兴发展中大国发展趋势也在放缓，世界经济面临诸多不确定因素。肩负"全球治理"的G20能否不负众望，共避风险，保复苏，促增长。

二是这次峰会的主题是"增长与就业"。东道主俄罗斯"既是G8成员，又是"金砖国家"成员，"一身而二任焉"，能否发挥建设性的桥梁作用，促进G20在这方面达成一定程度的共识。

三是各主要国家领导人都在进行各种形式的双边会谈安排，或回避会谈，微妙而富有色彩，人们从中略可窥视G20和大国关系动向。

G20峰会在起初几年，由于各方面、特别是美国的客观需要，在协调立场、共同应对全球金融危机和促进经济复苏方面，多少有点"同舟共济"的味道，发挥了积极作用，可谓"功不可没"。但这几年来，显然遇到了不少阻力，进展缓慢。2011年法国峰会提出的"新世界，新思维"主题很好，可惜没有认真探讨和形成共识。

三十年河东转河西。由于时代变迁量变进程的加速发展，以及国际力量对比的变化，现在的G20，早已不是"坎昆会议"时期的南北对话，也不是什么10+5时期G7主导的峰会。G20中，既有G7（G8），也有金砖5国，还有众多的新兴发展中国家。前者的垄断地位已是"明日黄花"，后者的发展势不可挡，而且已形成新的组合。这就是我们生活的"新世界"。"新世界"呼唤各自新的定位，新的思维，以及新的责任和政策行为。老一套垄断和"转嫁危机"的做法不得人心，越来越吃不开了。在世界经济全球化的时代，任何国家都休想独善其身。

其实，广大新兴经济体是通情达理和顾全大局的，它们只希望"同舟共济"

与“平等伙伴关系”，要求更加公平合理一点的体制和责任，并不寻求对抗。在这方面，中国关于“新型大国关系”的思维和理念，特别是相互尊重与关照彼此核心利益，以及“合作共赢”战略，也许有些借鉴作用。这是牵涉全球的大战略。明乎此，G20在“全球治理”方面将造福于人类。反之，便有沦为“空谈俱乐部”的危险。

东道主俄罗斯为峰会的成功召开做了大量工作，普京总统亲自向G20发出呼吁书，表示俄罗斯将集中«二十国集团»的力量，制定刺激经济增长的措施和创造就业岗位；强调“需要刺激投资、在市场上的信任与透明和有效调节”。他还再次呼吁对国际货币基金组织进行大刀阔斧的综合性改革，使其能客观反映国际经济现实，首当其冲的是重新分配组织内部的份额及表决权，提升发展中国家的地位。他说出了我们时代的诉求，值得赞赏。

奥巴马因斯诺登问题取消了与普京的双边会晤，这对双方和峰会都没什么好处，有点遗憾，但也无碍大局。安倍一连两次国际会议没能同奥巴马双边会谈，很是失落。这次要拼命争取。其实日美是同盟国，迟早是要面谈的。日本“穆仁志心态”暴露无遗，但谈了又怎样？“黄世仁”会让“穆仁志”与它平起平坐吗？至于日本放风说要争取同中国领导人“站着谈”，同过去所谓“走廊会见”等宣传如出一辙，无非是要造成一种假象，好像日本想谈，中国“僵硬”拒谈。其实这些“小动作”，能骗谁？他一面顽固不化，歪曲事实，硬说什么钓鱼岛“是日本领土”，　面表示两国领导人要“无条件会谈”，岂不可笑！中日迟早也是要谈的，但绝不是为谈而谈，而是要有诚意。

2013年9月4日《北京日报》

金融危机形势逼人　国际格局不改不行

20国集团金融峰会11月15日即将在华盛顿召开。10月25日，亚欧领导人会议在北京共同发表了关于国际金融形势的声明，呼吁国际社会继续加强协调合作，共同应对当前的全球金融危机。11月7日，“金砖四国”财政部长在巴西圣保罗首次举行正式会议，提出了新兴经济体四大国应对金融危机的主张。同日，欧盟领导人也在布鲁塞尔举行会议，协调立场，并提出了应对金融危机的战略方针和“蓝图”。11月8—9日，20国集团的财政部长和银行行长在今年东道国巴西举行了实际上是为华盛顿峰会“热身”的年会，广泛探讨了应对金融危机的各种方案。在华盛顿金融峰会前的短短十几天内，地跨全球的四大国际组织纷纷探寻应对和解决金融危机之道，这在历史上是十分罕见的。

这充分表明，由美国金融体系危机引发的全球性灾害已经到了非解决不可的时候，有着极大的紧迫性。同时，这也反映了国际社会对现行国际金融体制的广泛不满。有关各方在四大会议上的主张不尽一致，出发点也有所不同，但就好像奥运会“同一个世界，同一个梦想”的口号一样，也有一个同样响亮的“关键词”:“改革”！携手合作，协调立场，改革不合理和不公正的现行金融体制，以适应世界多极化的发展趋势和时代的变迁。

从四大会议的声明、宣言和主要表态看来，对“改革”的内涵的认识可谓“接近趋同”：一是要增加新兴发展中国家的代表权和发言权，以体现世界力量对比的变化。巴西总统卢拉说得好，美国等发达国家已经无法单独左右世界经济，新兴市场经济国家2007年对世界经济增长的贡献率已达到四分之三，在这种情况下，由世界主要发达国家和发展中国家组成的二十国集团大有可为。二是要增加金融系统的“透明度”，实行“严格的国际监控”（包括对信用评级机构），避免金融业为追求高回报忽视高风险。欧盟峰会关于金融体系改革“蓝图”在这方面有可取之处，即加强金融监管要不留任何“死角”。三是改组现行国际金融机构，特别是国际货币基金组织，使之反映国际社会代表权和发言权的变化，体现公正和公平，避免任何垄断行为。在这方面，欧盟改革“蓝图”

只讲“加强”，回避如何加强，比较虚，而且有趁机谋取同美国“平分秋色”的嫌疑。

当然，在四大会议的某些会议上，还有些不同声音。如加拿大不赞成“仓促行事”和急于改组，英国和瑞典担心“过度监控”对自由经济产生负面影响，特别是美国对大规模加强监管的主张仍持保留和消极态度，等等。美国一些知名经济学家更多地强调，解决金融危机比较好的办法是通过实行降息、减税和向金融市场注资等方式，避而不谈与改革有关的实质问题。实际上是只想治标，不想治本。说白了，就是想要大家出钱出力，“共同救市”，帮助摆脱危机，压根儿不想触及美国在金融系统独家垄断的地位。

以上这一切势必都要影响华盛顿金融峰会的进程和成果。美国的算盘打得很精，也有一些追随者。但现在毕竟是：时代不同了，力量对比变化了，形势逼人，不改不行啊！美国候任总统奥巴马赢得大选的一个“关键词”就是“变革”（Change）。这是美国民众的愿望，也是世界人民的愿望。11月9日，二十国集团财政部长和中央银行行长发表的公报强调，必须对“布雷顿森林体系”框架内的机构进行全面改革，使之能够更加准确地反映当今世界的经济格局，更加有效地应对未来的挑战。这是值得欢迎的。但愿美国领导人能有足够的聪明才智，与时俱进，在这次峰会上同其它国家一起，在应对金融危机和经济发展方面，真正携手合作，标本兼治，为共同繁荣做出贡献。

2008年11月13日中国日报网

中国对APEC的贡献和影响

——写在APEC领导人雁栖湖峰会前夕

1991年，中国与APEC签署一份“谅解备忘录”，中国以主权国家身份、中国台北和香港以地区经济体身份同时加入了APEC，并出席了汉城（现在的首尔）会议。从此，APEC便出现了崭新的全面。因为，一个没有中国参加的APEC，就不成其为名副其实的APEC；一个没有APEC的中国，也是不可想象的。

在APEC，中国一直是一个平等的伙伴成员，始终遵循、维护和坚持APEC共同制定的基本原则——实际上也就是它独特的“价值观”：平等的伙伴关系，自主自愿，协商一致，以及开放性和包容性。尽管有的成员块头很大，但APEC从来没有、也不承认有什么“老大”和“老二”。

二十几年来，中国对APEC发挥了什么作用？有过那些贡献？

从总体和综合的角度看，中国在APEC领导人承诺要深化“大家庭精神”、制定有两个时间表的“茂物目标”（贸易和投资自由化和便利化）等方面，发挥了积极的协调作用，坚持了务实和互利原则，反对持强凌弱，维护了发展中成员的利益，对APEC贸易和投资自由化起到了稳步推动的正面作用。

从战略层面看，中国对APEC的贡献有两点值得大书特书：

一、把一个什么样的世界带向21世纪？

1993年APEC领导人第一次非正式会议前夕，邓小平很有针对性地提出“把一个什么样的世界带向21世纪”的问题。他指出：本世纪是人类文明大有进步、科技和生产力大放异彩的世纪，也是战乱频仍、很不安宁的世纪。本世纪打了两次世界大战，扔了两颗原子弹，其它冲突和局部战争不计其数，把这个世界搞得乱糟糟的。现在冷战和两极格局已经结束，国际关系发生了一些积极变化，同时也爆发了许多地区冲突和错综复杂的矛盾，天下还很不太平，世界的和平与发展面临新的严峻挑战。把一个什么样的世界带到二十一世纪，这是我们这一代领导人必须认真探索和解决的重大问题。他还说，到本世纪结束还有好几年，我们还来得及做些事情，应该有所作为。如果经过我们的努力，克服困难，排除障碍，为人类迎来真正的和平与繁荣，那么世界人民将会感到我们做了一件有意义的大好事；如果进入二十一世纪的时候，世界还是一个乱糟糟的、没有安全感、经济艰难的世界，我们就向世界人民“交不了账”。作为新旧世纪之交的领导人，历史注定我们要承担这样的责任。

后来，在西雅图APEC领导人第一次非正式会议上，江泽民主席据此发表了“把一个什么样的世界带到二十一世纪”的著名讲话（主旨发言），为APEC的健康发展，以及营造“APEC大家庭精神”，做出了卓越的贡献。这个讲话无异于一颗和平与精神的“原子弹”，震撼了世界，表明中国心中不仅装着中国和APEC的命运，也装着整个世界，装着世界人民的疾苦和希望，装着人类的未来；而且，高度概括了二十世纪的主要经历和问题，描述了世界人民对新世纪的基本希望，指出了世纪之交领导人义不容辞的责任。后来胡锦涛提出构建“和谐世界”的理念，显然与此有关。习近平提出的建立“新型大国关系”，更是中国外交战略的传承和创新。

二、“APEC方式”的诞生和生命力

1993年，APEC领导人庄严承诺要努力深化APEC“大家庭精神”时，还来不及探讨究竟什么是“大家庭精神”。经过三年的实践，中国于1996年苏比克领导人会议上提出“APEC方式”：一是承认多样性（APEC成员在历史、文化、社会制度、经济发展水平等很多方面差异很大）；二是强调灵活性、渐进性和开放性；三是遵循相互尊重、平等互利、协商一致、自主自愿的原则；四是单边行动与集体行动相结合。这些原则实际上照顾了合作伙伴不同的经济发展水平和承受能力，使他们不同的权益和要求得到较好的平衡。

苏比克会议《领导人宣言》明确指出，“按照APEC方式深化大家庭精神，对于APEC在本地区和全球发挥积极影响是至关重要的”。1997年温哥华会议上，APEC领导人又进一步指出，这是当今“国际经济合作的全新方式”。当时，除个别发达国家对此有点“勉强接受”外，发展中国家普遍感到高兴，认为这实际上是构建“APEC大家庭”不可或缺的支柱和灵魂，反映了冷战后世界人民追求和平、发展与合作的愿望，体现了真正的平等伙伴关系，肯定了“协商一致”和“自主自愿”等一系列基本原则，具有重要的战略意义和深远影响。

十几年来，APEC之所以长盛不衰，正是由于这一“方式”的独特作用和它指引的方向。

如今，和平、发展与“合作共赢”正在逐步成为时代的“主旋律”；发展中国家大面积兴起正在推动我们时代的变迁，促使国际力量对比发生历史性变化。

今年中国是领导人会议的东道主。从会议的主题词不难看出，中国顺应时代诉求，正在做出新的贡献；会议将推动APEC向着自贸区和一体化大方向迈进，让APEC大家庭更加兴旺发达。

2014年10月26日《北京日报》

APEC战略成果与时代的变迁

今年是APEC成立25周年，也是中国第二次做东道主。

十几年过去了，国际形势以及地缘政治和经济都有了很大变化。真是三十年河东转河西，随着时代变迁量变进程的加速发展和力量对比的历史性变化，APEC也在与时俱进，进一步发展和演变，一步一步更上一层楼。

APEC是国际上最重要的区域性合作组织，一直在战略上引导着合作发展方向。它的“核心价值观”，从一开始就是“平等伙伴关系”、“自主自愿，协商一致”，以及开放性和包容性；战略目标和诉求，始终是贸易投资自由化和便利化，合作发展。它一路走来，尽管有各种干扰，仍能坚持原则，顺应时代潮流，而且不断深化。

从战略层面观察，二十几年来，它主要取得了以下引人注目的成就：

一、1993年西雅图会议，领导人庄严承诺要“深化APEC大家庭精神”。这是在政治上引领APEC发展方向。当时，由于条件还不够成熟，包括中国在内，各方面对其重要性和历史意义认识不足；美国想搞“共同体”，也由于不切实际没有成功。现在时代不同了，适时推进和深化，很有必要，它将具有强大的生命力和时代性。

二、1994年印尼做东道主，经过多轮磋商，领导人达成一致，宣布要实行APEC贸易投资自由化和便利化，而且有两个时间表，即发达成员要在2010年完成，发展中成员要在2020年完成（简称“茂物目标”）。后来又制定了“大阪行动纲领”，规定所有成员都要全面地和无条件地执行“茂物目标”，不过，当成员遇有困难时，允许有“灵活性”。这是在经济上引领APEC贸易投资自由化和合作发展方向，也是意义重大和深远的。

三、1996年制定和宣布了“APEC方式”，即承认APEC成员的多样性（经济发展水平和发展阶段不一样，社会制度、文化历史和宗教等都不一样）；允许灵活性和渐进性；遵循自主自愿和协商一致原则，平等互利；集体制定战略目标，各成员按照自己的实际情况制定达标措施。当年宣布要深化大家庭精神时，未来得及探讨什么是“大家庭精神”。“APEC方式”实际上解决了这个问题，成了“大家庭精神”的灵魂。

这些战略性成果，为APEC的发展和国际影响奠定了坚实的基础。十几年来，APEC正是在这些战略性的指引下运作和开拓前进的。

磋商、协调和合作发展，始终是APEC的主旋律，但这25年来，也并非一帆风顺。由于各自利益有异，战略考虑不同，矛盾和斗争在所难免。最大的分歧和博弈，主要是秉持什么样的价值观，是坚持“平等的伙伴关系”，还是一家或几家说了算的问题，也就是“主导权”问题。说实话，发达成员、特别是美国，并不喜欢“平等伙伴关系”和“自主自愿”原则，它们更多的是关心自己产品的市场准入，尤其是“主导权”，而这正是广大发展中成员不喜欢的。

今年中国做东道主，共同商定的主题词是：面向未来的伙伴关系，要共商APEC一体化大政方针，推动建立自由贸易区、加速互联互通，以及创新合作，不仅要推动如期和提前完成茂物目标，而且要着力推动APEC贸易与投资自由化和便利化“更上一层楼”（茂物目标的“升级版”）。20年以前，美国热衷于搞由它主导的APEC“共同体”，但条件不成熟，未能如愿。现如今，时代不同了，条件也比较成熟了，它20年以前主张的自由贸易区和一体化，现在正当其时，美国理应大大“给力”。否则，人们不禁要问：美国是不是变了？难道又要另搞什么新花样？聪明的美国人应该明白：“一支独秀”固然值得羡慕和骄傲，但“孤芳自赏”毕竟不讨人喜欢。一支花或几支花，也许有点“春意”，但毕竟不是完美的春天。人类社会需要的，是“万物并育而不相害，道并行而不相悖”，是一个万紫千红和阳光绚烂的春天，一个“合作共赢”与“共同繁荣”的春天。

2014年11月3日人民网

编者后记

说起王嵎生大使，恐怕熟悉国际问题的人，对他都不会太过于陌生。他是一位在当今媒体上非常活跃的国际时评家，也是电视出境率很高的资深外交官之一。每当国际上发生什么大事，我们多能在第一时间看到他为大家解读新闻及其背后的故事。其表达之流畅，言语之犀利，涉猎之广泛，见解之独到，均为一般人所不具备。作为图书策划人，每每看到这位满头银发的老人在电视上侃侃而谈的时候，我就有一种遏制不住的冲动想去拜访他。

今年7月的一天，经沈国放大使的介绍，我见到了这位年届85岁的老人。老人个子高大，风趣健谈，素净利落的外表难掩其年轻时的倜傥风流和折冲樽俎时的翩翩身姿。难怪在APEC任上，各国同行异口同声地称之为“APEC（亚太经合组织）最帅的中国高官”了。

“喝茶还是喝咖啡？最好还是喝点酒吧。”刚一进门，老人热情地招呼。

“我想请你整理我的最后一本书。”

“最后一本?!”

“写书费劲，我想将精力转移到微博微信上。”

呵呵，好一个与时俱进的时髦老人！

王大使的经历，简单而丰富，从事的一直是其钟爱的外交领域。自从1954年入外交部后，历任新闻司处长、驻科威特大使馆政务参赞、驻尼日利亚大使和驻哥伦比亚大使。1993年至1998年，还担任中国APEC高官。1998年至2004年，任外交部特邀研究员。他与多国政要和外交同行结下了深厚的友谊。现在还担任中国国际问题研究基金会战略研究中心执行主任。其多彩的人生阅历和丰富的外事实践，成就了他的全球视野，这也成为他对国际事务烂熟于心的背景和注脚。老人早年在浙江大学中文系肄业，喜欢文学，难怪他的文章读来一气呵成，没有任何的艰涩和累赘了。见面的那天,他正打开一个包裹,发现是本很厚的《中国现代文学史料》。许是看出了客人的疑惑，对曰：这是中国作协会员的待遇，每年都寄。

本书是王大使近些年来的国际时评选集。按文章归类，可大致分为：“‘美国病’与时代的变迁”、“国际形势与中国外交”、“俄罗斯‘牛’了吗？”、“周边与国际组织”四个专题。基本上涵盖了中国人普遍关注的与中国国家利益直接互动的周边国家发展现状以及国际格局的发展趋势。如何认识这个世界，王大使首先引用的最近国际上流传的一句顺口溜给我印象很深。“美国病了，欧洲老了，俄罗斯牛了，中国醒了——起来了！”。他说，尽管这并没有全面反映现实，但也认为从这句话的“调侃”中，人们还是可以看出一些大国的处境和动向，特别是“美国病”和我们时代的变迁。王大使认为，时代变迁量变进程正在加速发展，国际力量对比正在发生历史性变化。作为世界第一大国，美国需要重新认识这个世界，为自己找一个新的定位，好好走路，别摔了！其送给美国两幅“对联”很有意思。他说，在国际上，美国是“无可奈何花渐落，情不自禁苦争春”。横批是“力不从心”。对中国，美国是“无可奈何要合作，情不自禁图遏制”，横批是“两面下注”。这两幅对联，比较幽默地道出了美国在国际社会的真实处境和面对中国崛起的犹疑复杂心态。

说起中国崛起，我觉得有篇文章《千万莫被“忽悠”了》不得不提。文章写于2007年6月。当时中国崛起正是国际社会的“热词”。国内媒体大多高歌一片可以理解。毕竟衰败腐朽的旧中国形象一去不复返了，国人为之自豪。但是，境外政客和媒体也一改往日刻意宣传“中国威胁论”的面孔，对中国也是赞赏有加，甚至不顾常识对中国进行捧杀。对此，王大使在他《解放日报》的专栏上发表了这篇很理性的思考。文章很快引起了中央和外交部有关领导的关注和好评。这件事，王大使没有跟任何人说起。只是被好事的记者披露后，人们才知道这一消息。当我提起此事时，他只是笑笑，说：“我们这些一辈子做外交的退休老大使，观察问题一定不能随国外舆论起舞，而要头脑清醒，有自己的思考。为国内提供建设性建议是我们的职责所在。”

职责所在，就是王大使长期坚持国际问题分析的原动力，也是他对国际问题倾注了大量精力并乐此不疲的原因所在。正是这种职责所在,令我感动。感动于他的无私和一片赤子之诚。“有稿费当然好，没有稿费我也会写。”“特别商业化的出版社要对我的书进行商业包装，给我很高的版税，但我说不可以，我要的是平实、客观和理性。”奉献，好似是那个年代出生的人与生俱来的品质，活络于市场经济的我们，身上还存留多少家国情怀呢。我常常在想。

是雅可颂。写下些许文字，传递一份正能量，也时刻提醒我们不忘老人的这种境界。国际问题常给人如坠云端、雾里看花之感，希望此书的面世，能为大家看世界多一份助力。

思想者不老。在此，我们祝愿王大使永远年轻。

胡孝文

2014年12月25日